Private Sicherheitsdienste und Waffenrecht

Europäische Hochschulschriften
Publications Universitaires Européennes
European University Studies

Reihe II
Rechtswissenschaft

Série II Series II
Droit
Law

Bd./Vol. 3103

PETER LANG
Frankfurt am Main · Berlin · Bern · Bruxelles · New York · Oxford · Wien

Thomas Storch

Private Sicherheitsdienste und Waffenrecht

PETER LANG
Europäischer Verlag der Wissenschaften

Die Deutsche Bibliothek - CIP-Einheitsaufnahme

Storch, Thomas:

Private Sicherheitsdienste und Waffenrecht / Thomas Storch.
- Frankfurt am Main ; Berlin ; Bern ; Bruxelles ; New York ;
Oxford ; Wien : Lang, 2001
(Europäische Hochschulschriften : Reihe 2,
Rechtswissenschaft ; Bd. 3103)
Zugl.: Bielefeld, Univ., Diss., 2000
ISBN 3-631-36362-1

D 361
ISSN 0531-7312
ISBN 3-631-36362-1

In Gedenken an meinen Vater

und mit Dank meiner Mutter

Vorwort

Die vorliegende Arbeit wurde im Wintersemester 1999/2000 vom Fachbereich Rechtswissenschaften der Universität Bielefeld als Dissertation angenommen. Danken möchte ich meinem Doktorvater, Herrn Professor Dr. Christoph Gusy, für seine Förderung und seine gezielten Anregungen und Herrn Professor Dr. Armin Hatje für die Erstellung des Zweitgutachtens.

Mein herzlicher Dank gilt Alexander Grau, Ira Janzen, Susanne Knöpfle und Christine Schlie, die mich mit ihrer konstruktiven Kritik und ständigen Diskussionsbereitschaft unterstützt und ermutigt haben.

Schließlich möchte ich meiner Mutter danken, deren aufopfernde Unterstützung diese Arbeit erst ermöglicht hat.

Berlin, November 2000 Thomas Storch

Inhaltsverzeichnis

Abkürzungsverzeichnis:

Es werden die üblichen Abkürzungen verwendet, die - bis auf die nachfolgend aufgeführten - dem Abkürzungsverzeichnis der Rechtssprache, bearbeitet von Hilbert Kirchner, 4. Aufl., Berlin und New York 1993, folgen.

BM: Der Büchsenmacher

Bericht des BMI I: Bericht des Bundesministers des Inneren an den Innenausschuß und den Haushaltsausschuß des Deutschen Bundestages zur privaten Wahrnehmung von Wach- und Sicherheitsaufgaben vom 30. April 1982.

Bericht des BMI II: Fortschreibung des Berichts des Bundesministers des Inneren an den Innenausschuß des Deutschen Bundestages zur privaten Wahrnehmung von Wach- und Sicherheitsaufgaben, 1986.

BMI: Bundesministerium des Inneren.

DSD: Der Sicherheitsdienst, offizielles Organ des Bundesverbandes Deutscher Wach- und Sicherheitsunternehmen, Vorgänger: W+S Information.

DWJ: Deutsches Waffenjournal

KreisG: Kreisgericht

NPA: Neues Polizeiarchiv, Loseblatt-Sammlung mit ausgesuchten höchst- und obergerichtlichen Entscheidungen (bearbeitet für die Polizei), interessanten Kriminalfällen, Praxisfragen und Prüfungsaufgaben, Stuttgart, München, Hannover, Berlin, Weimar, Dresden.

VG: Verwaltungsgericht

WBK: Waffenbesitzkarte

WS: Waffenschein

WS/W+S/W&S: Wirtschaftsschutz (ab Heft 1/1979; Wirtschaftsschutz und Sicherheitstechnik bzw. Zeitschrift für das Sicherheitswesen in der Wirtschaft (ab Heft 2/1980); auf dem Titelblatt, im Impressum und in den Fußzeilen auf den einzelnen Seiten werden jeweils unterschiedliche Abkürzungen verwandt; Zitierweise erfolgt nach Abkürzungen in den Fußzeilen (WS bis Heft 1/1980; W+S bis Heft 11/1987; W&S ab Heft 12/1987).

W+S Information: Offzielles Organ des Bundesverbandes Deutscher Wach- und Sicherheitsunternehmen e.V., Nachfolger: DSD.

Einleitung

Mit dem Anstieg der Zahl der im Bewachungsgewerbe beschäftigten Personen[1] hat sich auch die Zahl derjenigen erhöht, die ihre Tätigkeit bewaffnet durchführen[2]. Während im Jahre 1986 ca. 3% der Beschäftigten mit Schußwaffen ausgerüstet waren[3], ist 1997 der Anteil der Schußwaffenträger nach Angaben des Bundesverbandes Deutscher Wach- und Sicherheitsunternehmen e.V. (BDWS) auf 6%[4] angestiegen. Allerdings ist weder bekannt, wieviele Schußwaffen privaten Sicherheitsdiensten[5] bundesweit tatsächlich zur Verfügung stehen[6], noch wie hoch die Gesamtzahl der an diese Unternehmen ausgestellten Waffenbesitzkarten (WBK) und Waffenscheine (WS) ist. Zwar hat ein Großteil der Bundesländer auf diesbezügliche Parlamentsan-

---

[1] Schätzungen gehen von einer Zahl von ca. 38.000 sozialversicherten Beschäftigten im Jahre 1986 aus, die sich bis 1998 auf ca. 118.000 dauerhaft Beschäftigte erhöht hat. Zu den Zahlen aus dem Jahre 1986 siehe Mauersberger, in: Handbuch, S.770f.; Olschok-Tautenhahn, in: Pitschas/Stober, Quo vadis Sicherheitsgewerberecht?, 91 (95); Stober, NJW 1997, 889 (890). Zu den Angaben für das Jahr 1998 siehe DIE ZEIT 22/1998, 23 (25) und Peilert, DVBl. 1999, 282 (282).

[2] Vgl. für Nordrhein-Westfalen, Drucks.9/2293, S.1ff. und für Hamburg, BT-Drucks.12/5562, S.4. Auch nach der Begründung zu § 15 des Ersten vorläufigen Entwurfs zu einer strukturellen Neuordnung des Waffenrechts vom 20.Mai 1997 soll durch diese Vorschrift ergänzend zu der kürzlich erlassenen gewerberechtlichen Verordnung über das Bewachungsgewerbe auch im Waffenrecht dem Umstand Rechnung getragen werden, daß "im Bewachungsgewerbe zunehmend Bewachungspersonal mit Schußwaffen eingesetzt wird".

[3] Diederichs, Bürgerrechte & Polizei, Nr.3/1992, 24 (26), geht für das Jahr 1986 von insgesamt 1.571 zum Waffentragen berechtigten Personen aus, was bei einer Gesamtstärke von 60.000 Mann knappe 3% ausmache. Dieser Einschätzung legt Diederichs die im Bericht des BMI I, in: Innere Sicherheit, Nr.64/1982, 28ff. und im Bericht des BMI II, in: W+S Information 1986, 91ff., ermittelten Zahlen zugrunde.

[4] Olschok-Tautenhahn, DSD 2/1997, 6 (7). Glavic, Die Polizei Nr.2/1994, 36 (40) gibt für das Unternehmen Raab Karcher an, daß von den rund 8000 Mitarbeitern rund 500 Mitarbeitern bewaffnet sind und dies für die Branche repräsentativ sei. Daraus errechnet sich ein Prozentsatz von 6,25 %.

[5] Der Begriff private Sicherheitsdienste umfaßt den Werkschutz, das Bewachungsgewerbe und die Detektive, vgl. Peilert, Das Recht des Auskunftei- und Detekteigewerbes, S.59.

[6] Nach Hammes, in: Handbuch, S.162 ist die Zahl der einsetzbaren und die der eingesetzten Waffen offen.

fragen im Jahre 1993 Auskünfte erteilt[7]. Die genaue Zahl der den Sicherheitsunternehmen verfügbaren Schußwaffen bzw. der ihnen erteilten WBK und WS läßt sich jedoch aus diesen Angaben nicht erkennen, da einzelne Länder entweder überhaupt keine Angaben gemacht haben oder die Zahlen aufgrund unterschiedlicher Erhebungsverfahren nur eingeschränkt vergleichbar sind[8]. Baden-Württemberg und Schleswig-Holstein führen keine landesweiten Statistiken und haben daher keine Angaben gemacht. Die fehlenden oder nur ungenauen Angaben werden vor allem damit begründet, daß der erforderliche Verwaltungsaufwand zu groß sei[9]. Bayern hat beispielsweise nur Angaben für den Bereich von Flughäfen gemacht[10]. Danach wurde 33 Bediensteten der Sicherheitsgesellschaft am Flughafen Nürnberg eine Erlaubnis zum Führen von Waffen erteilt. Weitere Angaben liegen hier nicht vor. Bei den übrigen Bundesländern ergeben sich im einzelnen folgende Zahlen[11]:

In Berlin wurden seit dem 3. Oktober 1990 75 WBK und 380 WS für 438 Kurzwaffen ausgestellt. In Brandenburg wurden bis zum 31.Dezember 1992 387 WS - weit überwiegend für Kurzwaffen - an Sicherheitsunternehmen bzw. deren Inhaber erteilt[12]. In Bremen waren bis zum Jahre 1993 für sechs Sicherheitsunternehmen 25 WBK und 5 WS für 193 Waffen erteilt worden. Für Hamburg wird die Zahl der mit Schußwaffen ausgerüsteten Sicherheitsunternehmen für das Jahr 1993 mit 14 und die Zahl der Waffen mit 506 angegeben. In Hessen wurden 1296 WS und 185 WBK für 2059 registrierte Schußwaffen ausgestellt[13]. Bis zum 1.Quartal 1993 wurden in Mecklenburg-Vorpommern 238 WS und 51 WBK ausgestellt. Die WBK berechtigten zur

[7] Vgl. BT-Drucks.12/5562.

[8] BT-Drucks.12/5562, S.3. So auch schon Stacharowsky, Krim. Journal, 1985, 228 (231), für die Angaben des BMI aus den Jahren 1982 und 1986, die bei Diederichs, Bürgerrechte & Polizei, Nr.3/1992, 24 (25), in einer Tabelle zusammengestellt sind.

[9] Vgl. z.B. Bayerischer Landtag, Drucks.13/2571, S.3; Landtag von Sachsen-Anhalt, Drucks.2/3591, S.9.

[10] BT-Drucks.12/5562, S.3.

[11] Vgl.BT-Drucks.12/5562, S.3ff.

[12] Nach Angaben der SPD-Bundestagsfraktion sollen in Brandenburg im Jahre 1995 auf 50 Bewachungsfirmen insgesamt 1.100 Schußwaffen als zugelassen registriert worden sein, vgl. BT-Drucks.13/3432, S.7.

[13] Vgl. auch die Angaben in Hessischer Landtag, Drucks.13/4516, S.2.

Ausübung der tatsächlichen Gewalt über 644 Waffen[14]. Durch Eintragung nach § 35 Abs.3 des Waffengesetzes sind 559 Mitarbeiter von Sicherheitsunternehmen zum Führen von Waffen berechtigt. In Niedersachsen wurden 918 WS und 654 WBK für Kurzwaffen erteilt. In Nordrhein-Westfalen waren im Jahre 1990 106 Bewachungsunternehmen im Besitz von waffenrechtlichen Erlaubnissen. Dabei handelte es sich um 1.185 WBK zum Erwerb und Besitz von 1.917 Schußwaffen und 919 WS zum Führen von Schußwaffen durch 1.224 Personen mit Wach- und Sicherheitsaufgaben. In Rheinland-Pfalz wurden 173 WS für 458 Kurzwaffen und 4 Flinten ausgestellt. Weiterhin wurden an einen luxemburgischen Sicherheitsdienst 57 WS erteilt. Darüber hinaus wurden WBK für 250 Kurzwaffen erteilt. Im Saarland wurden von 1981 bis 1991 10 WS für 12 Waffen und 12 WBK ausgestellt. In Sachsen wurden bis zum 1.April 1993 208 WBK bzw. WS für Kurzwaffen erteilt. Bis Juni 1993 wurden in Sachsen-Anhalt 434 WS und 138 WBK erteilt[15]. Schließlich wurden in Thüringen seit dem 3.Oktober 1990 an 69 Wach- und Sicherheitsunternehmen 175 WS und 103 WBK für 298 Kurzwaffen erteilt.

Auch was den Gebrauch bzw. Mißbrauch von Schußwaffen seitens privater Sicherheitsdienste anbetrifft, liegen keine repräsentativen Erkenntnisse vor[16]. Ein Bericht des Bundesministeriums des Innern[17] aus dem Jahre 1982 führt hierzu lediglich aus, daß in Nordrhein-Westfalen im Zeitraum vom 1. Januar 1975 - 1. Oktober 1977 bei 30 gemeldeten Fällen von Schußwaffengebrauch allein 17mal unberechtigt geschossen wurde. Ende 1979 wurden durch die Presse auch einige Mißstände im Umgang mit Schußwaffen bei der Bewachung des Kernkraftwerkes Isar I bekannt[18]. Ansonsten sind in

---

[14] 1997 waren in Mecklenburg-Vorpommern 445 Schußwaffen im Besitz von Bewachungsunternehmen (= 0,8 % der gesamten Schußwaffen), wobei 36 WBK und 53 WS erteilt worden sind, vgl. Landtag Mecklenburg-Vorpommern, Drucks.2/3070, S.2.

[15] 1997 waren in Sachsen-Anhalt insgesamt 280 Schußwaffen für private Sicherheitsgesellschaften und individuellen privaten Schutz registriert, vgl. Landtag von Sachsen-Anhalt, Drucks.2/3591, S.10.

[16] BT-Drucks.12/5562, S.5. Hat der Gewerbetreibende oder eine seiner Wachpersonen im Wachdienst von der Schußwaffe Gebrauch gemacht, so hat der Gewerbetreibende dies unverzüglich der zuständigen Behörde und, falls noch keine Anzeige nach § 10 Abs.1 Satz 3 der Bewachungsverordnung (BewachVO) erfolgt ist, der zuständigen Polizeidienststelle anzuzeigen, vgl. § 13 Abs.2 BewachVO in der Fassung vom 07. Dezember 1995, BGBl.I S.1602.

[17] Bericht des BMI I, in: Innere Sicherheit, Nr.64/1982, 28ff.

[18] Hierzu Roßnagel, ZRP 1983, 59 (60).

jüngster Zeit lediglich Einzelfälle bekannt geworden, bei denen Mitarbeiter von Sicherheitsdiensten mißbräuchlich von ihren Schußwaffen Gebrauch gemacht haben. In Mecklenburg-Vorpommern hat beispielsweise ein Beschäftigter eines Sicherheitsunternehmens auf junge Autodiebe geschossen und dabei eine Person getötet und eine schwer verletzt[19]. Im Englischen Garten in München soll sich ein Mitarbeiter eines privaten Sicherheitsdienstes entwaffnen haben lassen, während der andere in die Luft geschossen haben soll, um dadurch Hilfe herbeizurufen[20].

Wenngleich weder gesicherte Angaben über die Gesamtzahl der sich im Besitz von privaten Sicherheitsdiensten befindlichen Schußwaffen noch repräsentative Angaben über den Gebrauch bzw. Mißbrauch von Schußwaffen existieren, ist festzustellen, daß sich der Ausstattungsstandard des Sicherheitsgewerbes - gerade was die Ausrüstung mit Waffen anbetrifft - immer mehr dem der Polizei angeglichen hat[21]. Das Bild des Nachtwächters mit Schlüsselbund, Taschenlampe, Wachhund und Schlagstock ist längst überholt. Neben Funkgeräten, Videoüberwachungen und technischen Alarmeinrichtungen jeder Art gehören heute Reizgas, Schlagstöcke, Rettungsmehrzweckstöcke (Tonfa) und auch Schußwaffen zur Ausstattung der Unternehmen[22].
Obwohl damit private Sicherheitsdienste bei der Art der Bewaffnung nahezu den Standard der Polizei erreicht haben[23], richtet sich die Ausstattung der Unternehmen mit Waffen und die Bewaffnung ihrer Mitarbeiter im Gegensatz zur Bewaffnung der Polizei[24] ausschließlich nach den Vorschriften des

[19] Marken, Drucks. der Bremischen Bürgerschaft, 14/617, S.2434. Vgl. dazu auch die Entscheidung des BGH, NStZ-RR 1998, 50 (50).
[20] Dr. Fleischer, Plenarprotokoll 13/86 des Bayerischen Landtages, S.6216.
[21] Stacharowsky, Krim Journal 1985, 228 (231).
[22] Stacharowsky, Krim Journal 1985, 228 (231); Siemens, in: Handbuch S.708f.; Bueß, Private Sicherheitsdienste, S.167ff.; Lehne, in: Werkschutzhandbuch, 349ff.
[23] Zu den Waffen, die privaten Sicherheitsdiensten nach wie vor nicht zur Verfügung stehen vgl. die Ausführungen in Teil 2, B.
[24] Nach § 6 Abs.1 WaffG ist das Waffengesetz auf die obersten Bundes- und Landesbehörden nicht anzuwenden. Durch Rechtsverordnung können weitere Dienststellen des Bundes und der Länder einbezogen werden. Maßgebend sind dafür die entsprechenden Freistellungsverordnungen, die den Umfang der Freistellung vom Waffengesetz im einzelnen regeln. Insoweit wird auch die Polizei in den Freistellungsverordnungen der jeweiligen obersten Landesbehörden (Innenministerium) mit erfaßt. Vgl. dazu Schürer, Polizei und WaffR, S.127.

Waffengesetzes (WaffG) [25]. Welche Anforderungen das Waffengesetz im einzelnen an die Bewaffnung privater Sicherheitsdienste stellt und welche Probleme sich bei der Anwendung des Gesetzes auf die Tätigkeit privater Sicherheitsdienste ergeben, ist Gegenstand dieser Arbeit. Geklärt werden soll beispielsweise, ob das Waffengesetz für die Bewaffnung privater Sicherheitsdienste irgendwelche Sondervorschriften enthält bzw. ob deren Tätigkeit die Erlangung von Waffen erleichtert oder ob diese Eigenschaft bei der Erteilung einer waffenrechtlichen Berechtigung überhaupt nicht berücksichtigt wird.
Trotz der aufgezeigten Fragen und der Tatsache, daß die Bewaffnung privater Sicherheitsdienste immer wieder Thema in der Tagespresse ist[26] und in diesem Zusammenhang regelmäßig das Schlagwort der "Privatarmee"[27] aufgeworfen wird, hat sich die juristische Literatur[28] und die Rechtsprechung[29] bislang nur ansatzweise mit dieser Problematik befaßt. Anlaß genug für den Verfasser, die für die Bewaffnung von privaten Sicherheitsdiensten maßgeblichen Vorschriften des Waffengesetzes zum Gegenstand einer Untersuchung zu machen, in der auch die diesbezügliche Literatur und Rechtsprechung - soweit vorhanden - systematisch dargestellt und ein Blick auf die aktuelle Entwicklung des deutschen Waffenrechts geworfen wird.

Zur Beantwortung der oben angedeuteten Problemkreise wird die Arbeit in fünf Teile untergliedert. In Teil 1 werden die für das Verständnis des Waffengesetzes maßgeblichen Definitionen erklärt. Im Anschluß daran sollen die Waffen dargestellt werden, die privaten Sicherheitsdiensten ohne Erlaubnis zur Verfügung stehen und diejenigen, die generell für Privatper-

---

[25] In der Fassung der Bekanntmachung vom 8. März 1976 (BGBl. I S.432), zuletzt geändert durch Art.11 des Gesetzes vom 28. Oktober 1994 (BGBl. I S.3186) und Art.2 ÄndG. vom 21. November 1996 (BGBl. I S.1779).
[26] Z.B. Frankfurter Rundschau vom 25.Mai 1994, S.1; Focus 22/1994, S.74f.
[27] Vgl. hierzu zuletzt Bueß, Private Sicherheitsdienste, S.42ff.
[28] Zur Bewaffnung privater Sicherheitsdienste äußern sich z.B.: Peilert, Das Recht des Auskunftei- und Detekteigewerbes, S.271ff.; Bueß, Private Sicherheitsdienste, S.167ff.; Gusy, Polizeirecht, Rn.162; Hornmann, HSOG, § 81, Rn.15; Schnekenburger, Rechtsstellung und Aufgaben des Privaten Sicherheitsgewerbes, S.120ff. und S.262f.; Stüllenberg, Criminal Digest 4/93, S.68ff.; Scholzen, DWJ 1995, 90ff.; Stübiger, Protector 10/97, 34ff.
[29] Vgl. BVerwG, NVwZ-RR 1993, 619ff.; OVG Hamburg, GewArch 1992, 453ff.; BayVGH, GewArch 1989, 37ff.; BayVGH, GewArch 1988, 393ff.; VG Darmstadt, GewArch 1982, 37ff.

sonen verboten sind und damit auch von Bewachungspersonal nicht erworben werden dürfen (Teil 2). In Teil 3 der Arbeit soll ein allgemeiner Überblick zu der bestehenden Rechtslage in Hinblick auf erlaubnispflichtige Waffen gegeben werden. Hierbei werden insbesondere die wichtigsten Erlaubnisformen mit den jeweiligen Nebenbestimmungen und die Versagungs-, Rücknahme- und Widerrufsgründe dargestellt. Den Schwerpunkt der Arbeit bildet Teil 4, in dem die einschlägigen Vorschriften des Waffengesetzes auf die Tätigkeit privater Sicherheitsdienste angewendet und die sich daraus resultierenden Probleme dargestellt werden sollen. Schließlich wird am Ende der Arbeit auf die bestehenden Bestrebungen eingegangen, das Waffengesetz in Hinblick auf die Tätigkeit privater Sicherheitsdienste zu reformieren (Teil 5).

Teil 1: Wichtige Definitionen nach dem Waffengesetz

Zum Verständnis der für die Bewaffnung von privaten Sicherheitsdiensten geltenden Regelungen des Waffengesetzes ist es erforderlich, der Arbeit die wichtigsten waffenrechtlichen Definitionen voranzustellen. Dabei werden zunächst die im Waffengesetz verwendeteten Waffenbegriffe erläutert (A.). Das Waffengesetz unterscheidet diesbezüglich zwischen Schußwaffen (A.I.), Schußwaffen gleichgestellte tragbare Geräte (A.II.), Handfeuerwaffen (A.III.), Selbstladewaffen (A.IV.) und Hieb- und Stoßwaffen (A.V.). Im Anschluß daran werden die Begriffe des Erwerbens und Überlassens (B.) und des Führens (C.) erläutert.

A. Waffen

Der in § 1 WaffG[30] verwendete Waffenbegriff gilt eigenständig für das Waffengesetz und ist nicht etwa gleichbedeutend mit dem Begriff der "Waffe" im allgemein-strafrechtlichen Sinne der §§ 224 Abs.1 Nr.2, 244 Abs.1 Nr.1a), 250 Abs.1 Nr.1a) Strafgesetzbuch (StGB), wonach er jedem gefährlichen Werkzeug gleichzusetzen ist[31]. Allgemein ist als Waffe ein Gegenstand anzusehen, dessen Zweckbestimmung darin besteht, seinem Besitzer bei einem Kampf, in den er verwickelt werden sollte, als Angriffs- oder Verteidigungsmittel zu dienen[32]. Orientiert an dieser grundlegenden Definition und unter Einbeziehung von Sport, Spiel und Jagd sowie gewerblicher und technischer Verwendungsmöglichkeiten als weitere Zweckbestimmungen definiert § 1 die rechtserheblichen Begriffe

[30] Paragraphen ohne Gesetzesangabe sind solche des WaffG in der Fassung der Bekanntmachung vom 8. März 1976 (BGBl. I S.432), zuletzt geändert durch Art.11 des Gesetzes vom 28. Oktober 1994 (BGBl. I S.3186) und Art.2 ÄndG. vom 21. November 1996 (BGBl. I S.1779).

[31] Steindorf, WaffR, § 1 Rn.2.

[32] RG JW 1932, 952 (953). Steindorf, WaffR, § 1 Rn.2 und Kurth/Lehle/Lehmann, Aktuelles WaffR, § 1 Rn.1, nehmen auf diese Entscheidung Bezug.

- der Schußwaffen im engeren Sinne (§ 1 Abs.1),
- der den Schußwaffen gleichgestellten tragbaren Geräte (§ 1 Abs.2)
- der Handfeuerwaffen (§ 1 Abs.4)
- der Selbstladewaffen (§ 1 Abs.5)
- Hieb-und Stoßwaffen (§ 1 Abs.7).

I. Schußwaffen, § 1 Abs.1

Der Schußwaffenbegriff im engeren Sinne ist durch zwei Merkmale gekennzeichnet:
Zum einen muß die Schußwaffe über einen Lauf verfügen, der gemäß § 3 Abs.2 Nr.1 zu den wesentlichen Bestandteilen der Schußwaffe gehört. Den Begriff Lauf definiert das Gesetz nicht näher. Nach dem Sprachgebrauch ist hierunter ein durchbohrtes, glattes oder mit Zügen versehenes Metallrohr zu verstehen, das an beiden Seiten eine Öffnung hat und über eine geradlinige Seelenachse verfügt[33].
Zum anderen muß der Zweck des Laufes darin liegen, daß durch ihn Geschosse getrieben werden[34]. Nach § 2 Abs.3 sind Geschosse im Sinne des Waffengesetzes entweder feste Körper oder gasförmige, flüssige oder feste Stoffe in Umhüllungen. Flüssigkeiten und Gase gelten gemäß § 2 Abs.3 Nr.2 nur dann als Geschosse, wenn sie aus Umhüllungen verschossen werden.
Schußwaffen im engeren Sinne sind Gewehre (einschließlich der Büchsen und Flinten) sowie Pistolen und Revolver[35]. Dagegen fallen sogenannte Tränengassprühgeräte, die als Öffnung nur eine Düse haben und bei denen der Wirkstoff unmittelbar aus dem Sprühgerät versprüht wird, wegen Fehlens eines Laufes und mangels eines Geschosses nicht unter den Schußwaffenbegriff[36].
Ebenfalls werden Schreckschußwaffen nicht vom Schußwaffenbegriff des Waffengesetzes erfaßt. Dies ist darauf zurückzuführen, daß sie nicht über einen Lauf im Sinne des Waffengesetzes verfügen. Wird eine solche Waffe von vorn in Augenschein genommen, so scheint eine Laufmündung zwar vorhanden zu sein. Hierbei handelt es allerdings um keine wirkliche Lauf-

---

[33] Steindorf, WaffR, § 1 Rn.4; Apel, WaffR, § 1 Erl.2 a).
[34] Steindorf, WaffR, § 1 Rn.5.
[35] Kurth/Lehle/Lehmann, Aktuelles WaffR, § 1 Rn.2.
[36] BT-Drucks. V/528 S.19; Steindorf, WaffR, § 1 Rn. 4 und 7.

mündung, sondern um eine 1 bis 2 cm tiefe Anbohrung, die eine Laufmündung nur vortäuscht[37]. In Wirklichkeit sind echte Schreckschußwaffen nach vorn völlig geschlossen. Die Pulvergase der verfeuerten Platzpatronen entweichen bei ihnen nach oben oder seitlich[38].
Wegen Fehlens eines Laufes sind solche Schreckschußwaffen, aus denen ausschließlich Knallpatronen verfeuert werden können, keine Schußwaffen im Sinne des § 1 Abs.1[39]. Sie stellen jedoch tragbare Geräte dar, die zum Abschießen von Munition bestimmt sind und stehen gemäß § 1 Abs.2 den Schußwaffen gleich[40].
Bei den Gaspistolen kommt es ebenfalls auf die Konstruktion an. Keinesfalls kann gesagt werden, daß Gaspistolen schlechthin Schußwaffen im engeren Sinne sind[41]. Denn bestimmungsgemäß dient bei der Gaspistole der Lauf zum Entweichen der in der Kartusche entstehenden Gase nach vorn. Durch Sperrhöcker, Querstifte oder Verengungen im Lauf wird allgemein verhindert, daß ein festes Geschoß durch den Lauf getrieben werden kann[42]. Eine andere Frage ist dagegen, ob Verbrennungsrückstände, die beim Abfeuern den Lauf verlassen, als "feste Körper" anzusehen sind[43]. Diese Streitfrage dürfte im Hinblick darauf, daß diese Rückstände nicht als Geschosse im Sinne des Gesetzes anzusehen sind, nunmehr zu verneinen sein[44].
Auch bei Gaspistolen handelt es sich demnach um Geräte im Sinne von § 1 Abs.2, die Schußwaffen gleichgestellt sind[45].

---

[37] Steindorf, WaffR, § 1 Rn.10. Vgl. hierzu auch Apel, WaffR, § 1 Erl.2 a).
[38] Steindorf, WaffR, § 1 Rn.10.
[39] OLG Schleswig, SchlHA 1957, 312.
[40] BGHSt.37, 330 (330) und Apel, GewArch 1985, 295 (297).
[41] Steindorf, WaffR, § 1 Rn.11 mit Verweis auf BayObLG NJW 1971, 392 (393).
[42] Krüger, Kriminalistik 1968, 410 (413).
[43] Bejahend BayObLG, OLGSt. § 1 WaffG S.1 (2); a.M. OLG Schleswig SchlHA 1957, 312.
[44] Steindorf, WaffR, § 1 Rn.6 und § 2 Rn.11; Krüger Kriminalistik 1968, 410 (413); Hinze, WaffR, § 1 Anm.5.
[45] Vgl. Apel, GewArch 1985, 295 (295).

II. Gleichgestellte Geräte, § 1 Abs.2

Den Schußwaffen i.e.S. werden in Abs.2 tragbare Munitionsabschußgeräte gleichgestellt, die wegen Fehlens eines Laufes an sich nicht als Schußwaffen zu betrachten wären, vorausgesetzt, daß mit ihnen gezielt oder wenigstens gerichtet geschossen werden kann[46]. Voraussetzung ist weiterhin, daß die betreffenden Geräte tragbar sind.
Zu den den Schußwaffen gleichgestellten tragbaren Geräten gehören u.a. die bereits erwähnten Schreckschußwaffen und die Reizstoffwaffen nach § 22, die keinen Lauf im technischen Sinne besitzen[47]. Tragbar im Sinne von § 1 Abs.2 sind Geräte, die nach ihrer Beschaffenheit dazu bestimmt sind, von einer Person üblicherweise getragen und bei der Schußauslösung in der Hand gehalten zu werden[48].

III. Handfeuerwaffen, § 1 Abs.4

Der Begriff der Handfeuerwaffe hat in erster Linie für die Beschußpflicht, §§ 16ff., Bedeutung. Unter den Begriff fallen neben den in § 1 Abs.2 angeführten Munitionsabschußgeräten und den Schußapparaten diejenigen Schußwaffen, bei denen zum Geschoßantrieb heißes Gas verwendet wird, also nicht nur Kaltgas wie bei den CO 2-Waffen[49]. Die Einbeziehung der Handfeuerwaffen im oben dargelegten Sinn in die Beschußpflicht und Beschußprüfung soll den Schützen vor Verletzungen durch Zerstörung der Waffe bewahren. Da bei Kaltgas eine höhere Beanspruchung des Materials nicht stattfindet, sind die Schußwaffen, bei denen das Geschoß mittels kalten Gases durch den Lauf getrieben wird, nicht in den Handfeuerwaffenbegriff und damit auch nicht in die Beschußpflicht einbezogen worden[50].
Die früher im Gesetz enthaltenen Begriffe "Langwaffe" und "Kurzwaffe"[51] werden vom Waffengesetz nicht mehr verwendet[52]. Es unterscheidet in

---

[46] Steindorf, WaffR, § 1 Rn.16.
[47] Vgl. Nr.1.2.1 der Allgemeinen Verwaltungsvorschrift zum Waffengesetz (WaffVwV) in der Fassung der Bekanntmachung vom 29. November 1979 (BAanz. Nr.229a vom 7.Dezember 1979), zuletzt geändert durch die Allgemeine Verwaltungsvorschrift zur Änderung der WaffVwV vom 20. Oktober 1994 (BAnz. Nr.206a vom 29. Oktober 1994).
[48] Nr.1.2.1 WaffVwV.
[49] Steindorf, WaffR, § 1 Rn.26.
[50] Steindorf, WaffR, § 1 Rn.26.
[51] Vgl. § 1 Abs.4 BWaffG 1968.

einigen Bestimmungen vielmehr zwischen "Waffen mit einer Länge von mehr als 60 cm" und "Waffen mit einer Länge von weniger als 60 cm". Dennoch werden beide Begriffe in der Praxis häufig benutzt, so daß sie an dieser Stelle erwähnt werden. Während Langwaffen in erster Linie Gewehre sind, handelt es sich bei den Kurzwaffen um solche Schußwaffen, die auch zum einhändigen Abfeuern geeignet sind und primär hierzu konstruiert sind[53]. Die Hauptvertreter der Kurzwaffen sind die Pistole und der Revolver.

IV. Selbstladewaffen, § 1 Abs.5

Selbstladewaffen im Sinne des Gesetzes sind Schußwaffen, bei denen nach dem ersten Schuß lediglich durch Betätigen des Abzuges weitere Schüsse aus demselben Lauf abgegeben werden können.
Gewehre und Pistolen sind dann Selbstladewaffen, wenn nach der Auslösung eines Schusses selbsttätig mindestens die abgeschossene Hülse ausgeworfen, eine neue Patrone in das Patronenlager eingeführt, die Feder gespannt und der nächste Schuß lediglich durch Betätigung des Abzuges gelöst wird[54].
Revolver gehören zu den Selbstladewaffen nur in der Ausführung "double action", bei der mit der Betätigung des Abzuges zunächst die Trommel weitergedreht wird, so daß ein Lager mit einer neuen Patrone vor den Lauf und den Schlagbolzen zu liegen kommt; ferner wird dabei die Feder gespannt. Die Schußauslösung erfolgt erst nach vollständigem Durchziehen des Abzuges[55].

V. Hieb- und Stoßwaffen, § 1 Abs.7

Gemäß § 1 Abs.7 Satz 1 sind Hieb- und Stoßwaffen im Sinne dieses Gesetzes als Waffen definiert, die ihrer Natur nach dazu bestimmt sind, unter unmittelbarer Ausnutzung der Muskelkraft durch Hieb, Stoß oder Stich Verletzungen beizubringen. Hierzu zählen beispielsweise Gummiknüppel,

---

[52] Steindorf, WaffR, § 1 Rn.28; Dobler, Schußwaffen und Schußwaffenkriminalität, S.11.
[53] Dobler, Schußwaffen und Schußwaffenkriminalität, S.12.
[54] Vgl. Nr.1.5 WaffVwV.
[55] Vgl. Nr.1.5 WaffVwV.

Schlagstöcke der Polizei, Ochsenziemer, Totschläger, Stahlruten und Schlagringe[56].

Den Hieb- und Stoßwaffen stehen Geräte gleich, die ihrer Natur nach dazu bestimmt sind, unter Ausnutzung einer anderen als mechanischen Energie durch körperliche Berührung Verletzungen beizubringen, § 1 Abs.7 Satz 2. Darunter fallen nach Nr.1.9 Abs.2 Allgemeine Verwaltungsvorschrift zum Waffengesetz (WaffVwV) insbesondere sog. Elektro-Kontaktgeräte, z.B. Kontaktstäbe nach Art des "Leibgardisten". Das sind zur Verteidigung bestimmte Geräte, die ähnlich wie ein Gummiknüppel aussehen und nach Betätigen einer Auslösevorrichtung, etwa auf Knopfdruck, der mit dem batteriebetriebenen Gerät berührten Person schmerzhafte elektrische Schläge versetzen[57]. Hierzu gehört auch der sogenannte "Paralyser", der einen Strom von 38.000 Volt zwischen 2 Stiften entstehen läßt[58]. Diese Geräte haben, wie der erwähnte Kontaktstab zeigt, vielfach eine Form, die der einer gewöhnlichen Hieb- und Stoßwaffe sehr nahe kommt[59].

B. Erwerben und Überlassen i.S.v. § 4 Abs.1 und Abs.2

Unter Erwerben ist die Erlangung der tatsächlichen Gewalt zu verstehen, d.h. die Möglichkeit, über den Gegenstand nach eigenem Willen zu verfügen. Entsprechendes gilt für das Überlassen[60]. Nach dieser Definition ist unter Erwerben und Überlassen nicht das schuldrechtliche Rechtsgeschäft (Kaufvertrag, Schenkungsvertrag) zu verstehen. Es kommt ferner nicht darauf an, ob das Eigentum an dem Gegenstand auf einen anderen übergeht. Für die Annahme des Erwerbens oder Überlassens ist ein zweiseitiges Rechtsgeschäft nicht erforderlich; es genügt die Erlangung der tatsächlichen Gewalt, z.B. im Wege der Erbfolge oder durch Fund[61].

---

[56] Steindorf, WaffR, § 1 Rn. 38; Apel, WaffR, § 1 Erl.8; Kurth/Lehle/Lehmann, Aktuelles WaffR, § 1 Rn.28; Lehne, in: Werkschutzhandbuch, S.355.

[57] Steindorf, WaffR, § 1 Rn. 45; Hinze, § 1 Anm. 38; Kurth/Lehle/Lehmann, Aktuelles WaffR, § 1 Rn.30.

[58] Allgemein zu Elektroschockgeräten vgl. Rothschild/Kahl/Schneider, Kriminalistik 1996, 428ff.

[59] Steindorf, WaffR, § 1 Rn.45.

[60] Nr.4.1 WaffVwV.

[61] Nr.4.1 WaffVwV.

Nach den Umständen des Einzelfalles können auch mehrere Personen zusammen die tatsächliche Gewalt über einen Gegenstand ausüben, z.B. Eheleute. Die tatsächliche Gewalt setzt einen Herrschaftswillen und damit Kenntnis vom Entstehen der Sachherrschaft voraus. Die tatsächliche Gewalt erfordert nicht die Anwesenheit des Inhabers; so bleiben z.B. Waffen, die in einer Wohnung eingeschlossen sind, in der tatsächlichen Gewalt des abwesenden Inhabers[62].
Wer Schußwaffen erwerben und die tatsächliche Gewalt über sie ausüben will, bedarf grundsätzlich der Erlaubnis der Behörde. Die Erlaubnis wird nach § 28 Abs.1 Satz 2, 1.HS durch eine WBK[63] erteilt.

C. Führen i.S.v. § 4 Abs.4

Im Sinne dieses Gesetzes führt eine Waffe, wer die tatsächliche Gewalt über sie außerhalb seiner Wohnung, Geschäftsräume oder seines befriedeten Besitztumes ausübt, § 4 Abs.4. Für den Begriff des "Führens" kommt es nicht darauf an, ob jemand eine Waffe in der Absicht, mit ihr ausgerüstet zu sein, bei sich hat. Ebensowenig wird darauf abgestellt, ob die Waffe zugriffsbereit oder schußbereit ist oder ob die zugehörige Munition mitgeführt wird. Entscheidend ist allein die Ausübung der tatsächlichen Gewalt über die Waffe[64].
Wer Schußwaffen führen will, bedarf grundsätzlich der Erlaubnis der zuständigen Behörde, welche gemäß § 35 Abs.1 Satz 1 in der Form eines WS[65] erteilt wird.

---

[62] Nr.4.1 WaffVwV.
[63] Vgl. hierzu im einzelnen die Ausführungen unter Teil 3, B.I.
[64] Nr.4.2 WaffVwV.
[65] Siehe im einzelnen die Ausführungen unter Teil 3, B.III.

Teil 2: Für private Sicherheitsdienste frei erhältliche und nicht zur Verfügung stehende Waffen

A. Erlaubnisfreie Waffen

Der Umgang mit Waffen soll nur soweit der Erlaubnis bedürfen, als das im Sicherheitsinteresse erforderlich ist[66]. Der Gesetzgeber hat deshalb bestimmte, seiner Ansicht nach wenig gefährliche Arten von Waffen von der Erlaubnispflicht freigestellt[67].
Für welche Waffen private Sicherheitsdienste keine waffenrechtliche Erlaubnis benötigen und welche Voraussetzungen hierbei berücksichtigt werden müssen, wird im folgenden dargestellt. Dabei wird zwischen Schreckschuß-, Reizstoff- und Signalwaffen (I.), Hieb- und Stoßwaffen (II.) und Reizstoffsprühgeräten (III.) unterschieden. In einem Exkurs wird der Frage nachgegangen, ob bei Schreckschuß-, Reizstoff- und Signalwaffen eine Erlaubnispflicht eingeführt werden sollte (V.)

I. Schreckschuß-, Reizstoff- und Signalwaffen

Nach § 2 Abs.4 Nr.2 der ersten Verordnung zum Waffengesetz[68] (1. WaffV) sind u.a. die Vorschriften über die WBK auf Schreckschuß-, Reizstoff- und Signalwaffen, die der zugelassenen Bauart entsprechen und das Zulassungszeichen nach der Anlage 1 Abbildung 2 tragen, nicht anzuwenden. Daher bedarf es zum Erwerb und zur Ausübung der tatsächlichen Gewalt über sie keiner WBK nach § 28 Abs.1[69]. Wegen ihrer geringen Waffenwirkung sind diese Waffen ebenso nach § 35 Abs.4 Nr.1 von der Waffenscheinpflicht freigestellt[70]. Da auch der Umgang mit solchen Waffen ein Mindestmaß an Besonnenheit und Reife erfordert, sah es der Gesetzgebers als geboten, den

---

[66] So die Begründung des Gesetzgebers für die Ausnahmen von der Waffenscheinpflicht nach § 35 Abs.4, BT-Drucks. VI/2678, S.32.
[67] Vgl. die Begründung des Gesetzgebers für die damalige Freistellung von der Erwerbscheinpflicht, BR-Drucks.658/70, S.30.
[68] In der Fassung der Bekanntmachung vom 10. März 1987 (BGBl. I S.777).
[69] Vgl. Nr.28.2.2 WaffVwV.
[70] BT-Drucks. VI/2678, S.32.

Erwerb von einem Mindestalter abhängig zu machen[71]. Schußwaffen und Munition, zu deren Erwerb es ihrer Art nach keiner Erlaubnis bedarf, darf daher nach § 33 Abs.1 nur erwerben, wer das achtzehnte Lebensjahr vollendet hat, es sei denn, daß er zu dem in § 28 Abs.4 Nr.1 bis 6, 8 und 9 genannten Personenkreis gehört.

Die Freistellung von der Erlaubnispflicht gilt jedoch nur dann, wenn diese Waffen gemäß § 22 von der Physikalisch-Technischen-Bundesanstalt zugelassen sind und das sogenannte PTB-Freigabezeichen tragen. Die Zulassung soll verhindern, daß Schreckschuß-, Reizstoff- und Signalwaffen auf den Markt kommen, aus denen scharfe Munition verschossen werden kann oder die mit allgemein gebräuchlichen Werkzeugen in scharfe Waffen umgearbeitet werden können[72]. Waffen ohne dieses Zeichen - dies sind fast nur vor 1972 gebaute oder selbst "importierte" Waffen - sind dagegen waffenbesitzkarten- und waffenscheinpflichtig[73].

II. Hieb- und Stoßwaffen

Der Erwerb von Hieb-und Stoßwaffen (beispielsweise Gummiknüppel, Schlagstöcke der Polizei, sog. "Hampelmänner" (Gummischläuche) und Ochsenziemer ist nach § 33 Abs.1 2. HS ebenfalls erlaubnisfrei[74]. Gleiches gilt für die Geräte im Sinne von § 1 Abs.7 Satz 2 (z.B. Elektro-Kontaktgeräte). Einzige Voraussetzung ist, daß der Erwerber das 18. Lebensjahr vollendet hat[75].

---

[71] BR-Drucks. 658/70, S.30; BT-Drucks. VI/2678, S.31.

[72] BT-Drucks. V/528, S.34.

[73] Dobler, Schußwaffen und Schußwaffenkriminalität, S. 153.

[74] Steindorf, WaffR, § 33 Rn.2; Schrötter, Waffen und WaffR, S.46 und 29. Zu den Bestrebungen, das Waffengesetz in bezug auf Hieb- und Stoßfwaffen zu verschärfen, vgl. Antrag der Hansestadt Hamburg, BR-Drucks.589/97. Kritisch zu diesem Antrag, Dicke, Deutsche Polizei 11/97, 12ff.

[75] Zu beachten sind allerdings die Verbote des § 37 Abs.1 Nr.4-6.

III. Reizstoffsprühgeräte

Das überwiegend von der Polizei eingesetzte Reizstoffsprühgerät "Chemical Mace" stellt keine Schußwaffe im Sinne des § 1 Abs.1 dar, weil es keinen Lauf aufweist und aus ihm keine Geschosse verschossen werden können[76].
Es wäre aber unter den weiteren Schußwaffenbegriff des § 1 Abs.2 zu subsumieren, wenn es sich bei ihm um ein tragbares Geräte handelte, das zum Abschießen von Munition bestimmt ist. Gemäß § 5 Abs.1 Nr.2 a) der 1. WaffV sind die Vorschriften über Schußwaffen[77] auf solche tragbaren Geräte anzuwenden, die, ohne Schußwaffen zu sein, zum Angriff oder zur Verteidigung bestimmt sind und bei Menschen in einer Entfernung von mehr als zwei Metern[78] eine angriffsunfähig machende Wirkung durch ein gezieltes Versprühen oder Ausstoßen von Reiz- oder anderen Wirkstoffen hervorrufen können.
Das Reizstoff-Sprühgerät "Chemical-Mace" gestattet ein gezieltes Versprühen von angriffsunfähig machenden Reizstoffen bis zu einer Entfernung von ca. fünf bis sieben Metern[79]. Es erfüllt somit die Voraussetzungen des § 5 Abs.1 Nr.2 a) der 1. WaffV. Da das Gerät den Schußwaffen gleichgestellt ist, ist zur Ausübung der tatsächlichen Gewalt darüber eine WBK und zum Führen ein WS erforderlich[80].
Im Umkehrschluß[81] folgt aus § 5 Abs.1 Nr.2 a) der 1. WaffV, daß die Vorschriften des Gesetzes für Schußwaffen auf solche Reizstoffsprühgeräte nicht anzuwenden sind, deren Wirkungsbereich 2 m nicht überschreitet und die hinsichtlich ihrer Beschaffenheit und den verwendeten Wirkstoffen den Anforderungen des § 10 1. WaffV entsprechen. Diese Geräte können ohne behördliche Erlaubnis erworben und geführt werden[82].

---

[76] Vgl. hierzu Bueß, Private Sicherheitsdienste, S.171.
[77] Mit Ausnahme des III. Abschnittes des WaffG.
[78] Eine Entfernung von mehr als 2 m ist gewählt worden, da solche Geräte auch zu Angriffszwecken geeignet erscheinen, BR-Drucks.74/76, S.51.
[79] Bueß, Private Sicherheitsdienste, S.172.
[80] Hammacher, W+S 10/1980, 387, (390).
[81] Dörflinger, Handbuch des Waffenrechts, S.261.
[82] Bueß, Private Sicherheitsdienste, S.172; Lehne, in: Werkschutzhandbuch, S.355; Schrötter, Waffen und WaffR, S.43.

IV. Ergebnis

Für bauartzugelassene Schreckschuß- und Reizstoffwaffen, Gummiknüppel, Schlagstöcke, Ochsenziemer, Elektro-Kontaktgeräte und allgemein verkäufliche Reizstoff-Sprühgeräte im Sinne von § 10 1. WaffV benötigen private Sicherheitsdienste weder eine WBK noch einen WS. Da Mitarbeiter von privaten Sicherheitsdiensten darüber hinaus zu den von § 28 Abs.4 Nr.5 erfaßten Personen gezählt werden[83], die die tatsächliche Gewalt über Schußwaffen weisungsgebunden und auf Grund eines Arbeitsverhältnisses ausüben, sind sie nach § 33 Abs.1 eigentlich auch vom Mindestalter befreit. Allerdings darf ein Gewerbetreibender nach § 9 S.1 BewachVO nur Personen beschäftigen, die das 18. Lebensjahr vollendet haben.
Bei öffentlichen Veranstaltungen (z.B. Volksfesten, Märkten, Messen, Sportveranstaltungen und Wahlversammlungen[84]) ist das Führen von erlaubnisfreien Schußwaffen und Hieb-oder Stoßwaffen durch private Sicherheitsdienste nur dann erlaubt, wenn eine Sondererlaubnis im Sinne von § 39 Abs.2 erteilt wurde.
Bei Schreck- oder Gasschußwaffen ist unabhängig vom freien Erwerb nach dem Waffengesetz zu beachten, daß das Bereithalten dieser Waffen bei der Durchführung von Wach- und Sicherheitsaufgaben nach § 19 Abs.4 der Unfallverhütungsvorschrift Wach- und Sicherungsdienste (VGB 68)[85] unzulässig ist. Diese Waffen sind bei der Durchführung von Wach- und Sicherungsaufgaben als gefährlich anzusehen, da sie ein trügerisches Sicherheitsgefühl vermitteln und ihr Einsatz bei Konfrontationen mit schußwaffentragenden Tätern zu einer extremen Gefährdung ohne ausreichende Selbstverteidigungsmöglichkeit führt[86].

---

[83] Zu der Anwendbarkeit von § 28 Abs.4 Nr.5 auf private Sicherheitsdienste vgl. die Ausführungen unter Teil 4, A.I.
[84] Steindorf, WaffR, § 39 Rn.2.
[85] In der Fassung vom 1.Oktober 1990 mit Durchführungsanweisungen von Januar 1997.
[86] Vgl. die Durchführungsanweisung zu § 19 der Unfallverhütungsvorschrift Wach- und Sicherungssdienste (VGB 68).

V. Exkurs: Einführung einer Erlaubnispflicht für Schreckschuß-, Reizstoff- und Signalwaffen ?

Wie dargelegt, können Schreckschuß-, Reizstoff- und Signalwaffen, die ihrer Bauart nach von der Physikalisch-Technischen Bundesanstalt zugelassen worden sind und ein entsprechendes Zulassungszeichen tragen, von jedermann nach Vollendung des 18. Lebensjahres frei erworben werden. Die dieser Regelung zugrundeliegende Annahme des Gesetzgebers, diese Gegenstände seien weniger gefährlich, wird zunehmend als überholt erachtet[87]. Die fraglichen Geräte, die scharfen Schußwaffen häufig verwechslungsfähig nachgebildet sind, finden zunehmend Verbreitung, vor allem bei Jugendlichen und bei der Begehung von Straftaten[88]. Schätzungen gehen davon aus, daß inzwischen über 60% aller Raubdelikte mit solchen Waffen verübt werden[89]. Mit ihnen können schwere Verletzungen gerade auf kurze Distanz verursacht werden[90]. Bei aufgesetzten Schüssen mit Schreckschußwaffen im Halsbereich kann die Halsschlagader zerfetzt werden, was auch bei sofortiger ärztlicher Hilfe zum Tode führt. Im Bauchbereich werden bei aufgesetzten Schüssen in der Regel sämtliche Hautschichten aufgerissen und häufig auch Darmschlingen verletzt. Hinzu kommen die Verletzungen durch die Hitzewirkung und die Infektionen durch die unsterilen Pulver- und Dreckpartikel[91]. Aber auch auf größere Entfernungen können durch

---

[87] BÜNDNIS 90/DIE GRÜNEN, BT-Drucks.12/5948, S.4; Antrag des Landes Berlins, BR-Drucks.891/92, S.2f.; Dobler, Schußwaffen und Schußwaffenkriminalität, S.153ff.; Dicke, Deutsche Polizei, 11/97, 12 (12); Sattler/Wagner, Kriminalistik 1986, 485ff.

[88] BÜNDNIS 90/DIE GRÜNEN, BT-Drucks.12/5948, S.4; Antrag des Landes Berlins, BR-Drucks.891/92, S.2f.; Graf, BT-Plenarprotokoll 11/59, S.4121 C; Landtag Mecklenburg-Vorpommern, Drucks.2/3070, S.8; Antrag der CDU-Fraktion im Sächsischen Landtag, Drucks.2/7192, S.3 und Antwort der Staatsregierung, S.4; Dobler, Schußwaffen und Schußwaffenkriminalität, S.153ff.; Dicke, Deutsche Polizei, 11/97, 12 (12). A.A.: Bärlin, DWJ 1996, 902 (908), der darauf hinweist, daß nach Ansicht des Bund der Militär- und Polizeischützen die Statistiken bis dato keinen schlüssigen Beweis dafür lieferten, daß es in letzter Zeit tatsächlich zu einer vermehrten kriminellen Verwendung dieser Waffen gekommen sei.

[89] Dicke, Deutsche Polizei, 11/97, 12 (12). Vgl. dazu auch BÜNDNIS 90/DIE GRÜNEN, BT-Drucks.12/5948, S.4 und Landtag Mecklenburg-Vorpommern, Drucks.2/3070, S.8.

[90] Sattler/Wagner, Kriminalistik 1986, 485ff; Rothschild/Krause, Archiv für Kriminologie 1996, 70ff; Antrag des Landes Berlins, BR-Drucks.891/92, S.3.

[91] Vgl. dazu Dobler, Schußwaffen und Schußwaffenkriminalität, S.156f; Sattler/Wagner, Kriminalistik 1986, 485ff.

gezieltes Schießen mit pyrotechnischen Geschossen (z.B. Leuchtmunition) erhebliche Verletzungen hervorgerufen werden[92].
Zudem führt die leichte Verwechselbarkeit dieser Waffen mit scharfen Schußwaffen, insbesondere für Polizisten, zu erheblichen Problemen. Halten nämlich Polizeibeamte die Bewaffnung eines Straftäters fälschlicherweise für eine Schreckschußwaffe, laufen sie Gefahr, erschossen zu werden. Gehen sie dagegen zu Unrecht von einer Schußwaffe aus und schießen[93], so müssen sie mit der Einleitung eines Ermittlungsverfahrens wegen mißbräuchlichen Schußwaffengebrauchs rechnen[94].
In Anbetracht der aufgezeigten Gefahren im Umgang mit Schreckschuß-, Reizstoff- und Signalwaffen und des häufigen Mißbrauchs dieser Waffen wird vielfach eine Tätigkeit des Gesetzgebers gefordert[95]. Über die Frage, wie eine gesetzliche Regelung im einzelnen aussehen könnte, gehen die Ansichten allerdings auseinander. Während die einen die Einführung eines sogenannten "kleinen" WS zum Führen von Schreckschuß- und Reizstoffwaffen für erforderlich halten[96], erscheint anderen die Schaffung eines Ordnungswidrigkeitentatbestandes als ausreichend[97].

---

92 Vgl. Antrag des Landes Berlins, BR-Drucks.891/92, S.3.

93 Vgl. dazu das von Graf, BT-Plenarprotokoll 11/59, S.4121 C, erwähnte Beispiel.

94 Dobler, Schußwaffen und Schußwaffenkriminalität, S.155f.

95 Vgl. den Antrag des Landes Berlins, BR-Drucks. 891/92; Stellungnahme der sächsischen Staatsregierung vom 14.Januar 1998 zur Drucks.2/7192; Sattler/Wagner, Kriminalistik 1986, 485ff; Dicke, Deutsche Polizei, 11/97, 12 (12); Rothschild/Krause, Archiv für Kriminologie 1996, 65 (74).

96 Vgl. den Entwurf der Bund-/Länder-Arbeitsgruppe, veröffentlicht in: DWJ 1996, 786f., wonach die Prüfung der in § 2 Abs.5 Nr.1 der 1. WaffV entsprechen soll. Danach müßten mit Ausnahme des waffenrechtlichen Bedürfnisses sämtliche Voraussetzungen des § 30 Abs.1, d.h. Zuverlässigkeit, Sachkunde und körperliche Eignung, überprüft werden. BÜNDNIS 90/DIE GRÜNEN, BT-Drucks.12/5948, S.2, fordern demgegenüber die Einführung einer Bedürfnisprüfung für Schreckschuß- und Signalwaffen. Andere wiederum verstehen unter dem sog. "kleinen" WS, daß die Erwerber registriert werden und ein Begleitpapier für diese Waffen eingeführt und die Kennzeichnung von Neuwaffen für Gas- und Schreckschußwaffen ermöglicht wird, vgl. Stellungnahme der sächsischen Staatsregierung vom 14.Januar 1998 zur Drucks.2/7192. Gegen die Einführung eines "kleinen" WS, Bärlin, DWJ 1996, 902 (906) und Zöller, BR-Plenarprotokoll 716, S.389 A, die vor allem den Verwaltungsaufwand für unverhältnismäßig halten.

97 Vgl. die Presseinformation der Bundestagsabgeordneten Marschewski (CDU/CSU-Fraktion) und Dr. Stadler (FDP) vom 21. März 1997. Diese ist abgedruckt in: Caliber, 4/97, S.102. In § 21a des Ersten vorläufigen Entwurfs zu einer strukturellen Neuordnung des Waffenrechts vom 20.Mai 1997 ist festgelegt, daß derjenige, der eine Schreckschuß-, Reizstoff- oder Signalwaffe führt, jeglichen leichtfertigen oder mißbräuchlichen Umgang

Bei den diesbezüglichen Forderungen nach einer stärkeren staatlichen Kontrolle des Erwerbes und des Tragens der bezeichneten Waffen muß grundsätzlich beachtet werden, daß nach dem Verhältnismäßigkeitsgrundsatz die Festsetzung von Kontrollkriterien der Gefahr angepaßt sein muß, der begegnet werden soll. Vor diesem Hintergrund ist von Bedeutung, daß die Gefahren, die von Schreckschuß- Reizstoff- und Signalwaffen ausgehen, zwar erheblich, jedoch nicht mit denen vergleichbar sind, die aus dem Umgang mit "scharfen" Schußwaffen resultieren können. Daraus folgt, daß eine wie bei "scharfen" Schußwaffen in § 30 Abs.1 vorgesehene Kontrolle der Zuverlässigkeit, Sachkunde, körperlichen Eignung und des waffenrechtlichen Bedürfnisses, als unverhältnismäßig erachtet weden müßte. Auf der anderen Seite reicht es nach den bisherigen Erfahrungen nicht aus, lediglich ein Mindestalter von 18 Jahren festzulegen. Die in der Praxis recht "großzügige" Handhabung[98] des Alterserfordernis hat dazu geführt, daß die Gegenstände gerade bei Jugendlichen und Heranwachsenden weit verbreitet sind. Bei diesem Personenkreis besteht neben der Gefahr einer vorsätzlichen Verwendung auch ein besonders hohes Risiko eines leichtfertigen Umganges. Daher müßten zu allererst die bestehenden waffenrechtlichen Sanktionsmöglichkeiten ausgeschöpft werden. Wer vorsätzlich oder fahrlässig erlaubnisfreie Schußwaffen entgegen § 33 Abs.1 erwirbt oder entgegen § 34 Abs.1 Satz 2 eine Schußwaffe oder Munition, zu deren Erwerb es keiner Erlaubnis bedarf, einem Nichtberechtigten (einer Person unter 18 Jahren) überläßt, handelt nach § 55 Abs.1 Nr.16 ordnungswidrig. Die Ordnungswidrigkeit kann nach § 55 Abs.3 mit einer Geldbuße bis zu zehntausend Deutsche Mark geahndet werden. Darüber hinaus könnten auch gewerberechtlichen Maßnahmen gegen die Verkäufer derartiger Waffen an Minderjährige ergriffen werden.

Das aufgezeigte Gefährdungspotential, die zunehmende Anwendung bei Straftaten, die hohe Verwechslungsgefahr und die Tatsache, daß sich zunehmend rechts- und linksradikale Gruppen mit diesen Waffen ausrüsten und sie bei Auseinandersetzungen einsetzen[99], macht darüber hinaus

---

mit dieser Waffe zu unterlassen hat. Der diesbezügliche Ordnungswidrigkeitstatbestand ist in § 38 Abs.1 Nr.10a festgesetzt.

[98] Vgl. die Stellungnahme der sächsischen Staatsregierung vom 14.Januar 1998 zur Drucks.2/7192.

[99] Vgl. den Antrag des Landes Berlins, BR-Drucks.891/92, S.3 und Landtag Mecklenburg-Vorpommern, Drucks.2/3070, S.8.

deutlich, daß diese Waffen nicht nur in den Händen von Jugendlichen, sondern auch im Besitz von von Erwachsenen eine erhebliche Bedrohung darstellen können. Auch der diesbezügliche Einwand, die Waffen könnten aufgrund der von den Herstellern vorgenommenen Veränderungen nicht mehr "scharf" gemacht werden[100], überzeugt nicht. Trotz der Vorkehrungen der Hersteller kommt es immer wieder zu Manipulationen, die zur Herstellung einer beschußfähigen Waffe führen[101]. Vielfach beabsichtigen die Erwerber von vornherein, unerlaubte Veränderungen an diesen Waffen vorzunehmen[102] und sie dann bei der Begehung von Straftaten anzuwenden. Aufgrund der zunehmenden Verwendung dieser Waffen bei Straftaten erscheint es auch nicht ausreichend, lediglich eine diesbezügliche Sorgfaltspflicht festzulegen[103]. Wer ohnehin schon zur Begehung von Straftaten entschlossen ist, wird sich kaum von einem Ordnungswidrigkeitstatbestand davon abhalten lassen, bei der Tat auch eine Schreckschuß- oder Gaspistole bei sich zu tragen. Es ist mithin erforderlich, bereits den Erwerb und damit die Verbreitung dieser Waffen zu beschränken. Hierzu müßten zunächst eine Kennzeichnungspflicht von Neuwaffen eingeführt werden[104]. Wenngleich der Verfasser das Problem des Altbesitzes nicht verkennt, erscheint eine Beschränkung auf Neuwaffen - vor dem Hintergrund, daß die Materialien von vielen Altwaffen eine Einprägung von Nummern nicht zulassen und des mit der Registrierung von Altwaffen verbundenen Verwaltungsaufwandes - als sinnvoll. Um die Verbreitung der Waffen einzuschränken und ihren Mißbrauch nach Möglichkeit zu verhindern, sollte ferner ein sog. "kleiner" WS eingeführt werden. Dieser sollte zumindest eine Zuverlässigkeitsprüfung festlegen, wonach die Begehung bestimmter Straftaten den Erwerb von Schreckschuß, Reizstoff- und Signalwaffen ausschließt. Eine dementsprechende Kontrolle würde einerseits zuverlässigen und verantwortungsbewußten Personen den Erwerb dieser Waffen ohne weiters ermöglichen und dabei insbesondere dem von Art.2 Abs.1 Grundgesetz (GG) erfaßten Recht auf angemessene

---

[100] So aber Bärlin, DWJ 1996, 902 (906).

[101] Vgl. Thüringer Landtag, Drucks.2/1717, S.3f und BT-Drucks.12/5948, S.4.

[102] BÜNDNIS 90/DIE GRÜNEN, BT-Drucks.12/5948, S.4.

[103] So aber in § 21a des Ersten vorläufigen Entwurfs zu einer strukturellen Neuordnung des Waffenrechts vom 20.Mai 1997.

[104] Vgl. die Stellungnahme der sächsischen Staatsregierung vom 14.Januar 1998 zur Drucks.2/7192, die darüber hinaus noch die Kennzeichnung und Anmeldung von Altwaffen in einer Übergangsfrist von drei Jahren vorsieht.

Selbstverteidigung[105] Rechnung tragen. Andererseits würde eine solche Regelung dazu beitragen, daß die Rechte Dritter auf Leben und körperliche Unversehrtheit und die öffentliche Sicherheit nicht durch den mißbräuchlichen Umgang mit Schreckschuß-, Reizstoff- und Signalwaffen verletzt werden.

B. Verbotene Gegenstände im Sinne von § 37 Abs.1

Im Zusammenhang mit der Bewaffnung von privaten Sicherheitsdiensten wird immer wieder der Begriff der "Privatarmee" aufgeworfen. Unter Privatarmee versteht man eine nichtstaatliche, militärisch organisierte und ausgerüstete größere Zahl von Personen[106]. Übersehen wird hierbei oftmals, daß das Waffengesetz (und das Kriegswaffenkontrollgesetz) überhaupt keine militärische Ausstattung - beispielsweise die Ausrüstung mit vollautomatischen Schußwaffen - privater Sicherheitsdienste zuläßt.
Nach § 37 Abs.1 ist der Umgang mit den dort aufgezählten Gegenständen grundsätzlich - wenn nicht im Einzelfall eine Ausnahmebewilligung nach § 37 Abs.3 erteilt wurde - untersagt. Welche Gegenstände von diesem Verbot erfaßt werden und damit privaten Sicherheitsdiensten praktisch nicht zur Verfügung stehen, wird im folgenden aufgezeigt.

Chemical Mace

Das Reizstoff-Sprühgerät "Chemical-Mace" ist ein verbotener Gegenstand im Sinne von § 37 Abs.1 Satz 1 Nr.9, weil es ein "sonstiger Gegenstand mit Reizstoff" ist, der zu Angriffs- oder Verteidigungszwecken bestimmt ist und nicht den Anforderungen der gemäß § 6 Abs.4 Nr.4 erlassenen Rechtsvorschrift entspricht. Diese Rechtsvorschrift ist die 1. WaffV. § 10 Abs.1 der 1. WaffV schreibt vor, daß der Verwendung findende Reizstoff und das Sprühgerät den Anlagen 2 bis 4 entsprechen müssen. Daher darf der Entladevorgang nicht länger als eine Sekunde dauern[107].
Die Patrone des Sprühgerätes "Chemical Mace" enthält eine solche Menge Reizstoff, daß länger als eine Sekunde Reizstoff versprüht werden kann.

---

[105] Allgemein hierzu BVerwG, DÖV 1960, 147 (148).
[106] Bueß, Private Sicherheitsdienste, S.43.
[107] Vgl. Nr.2.2. Anlage 2 der 1. WaffV.

Das Gerät besitzt auch keine technische Sperre, die den Ausstoß nach einer Sekunde beendet[108]. Daher entspricht es nicht der Anlage 2 und erfüllt die Voraussetzungen eines verbotenen Gegenstandes im Sinne von § 37 Abs.1 Satz 1 Nr.9.
Ebenso unterfallen vollautomatische Gewehre oder Maschinenpistolen als vollautomatische Selbstladewaffen[109] im Sinne von § 37 Abs.1 Nr.1 d) dem Verbot des § 37 Abs.1. Auch Stahlruten, Totschläger und Schlagringe sind als typische von Verbrechern benutzte Angriffs- und Verteidigungswaffen[110] nach § 37 Abs.1 Nr.6 grundsätzlich verboten. Nach § 37 Abs.1 verbotene Gegenstände dürfen nur erworben werden, wenn das BKA im Einzelfall eine Ausnahmegenehmigung nach § 37 Abs.3 erteilt. Da das BKA solche Ausnahmegenehmigungen nur ausgesprochen selten erteilt[111], sind Sprühgeräte nach der Art der "Chemical Mace", Maschinenpistolen, Maschinen- und Sturmgewehre, Totschläger, und Schlagringe für private Sicherheitsdienste praktisch nicht zu erlangen[112].

[108] Bueß, Private Sicherheitsdienste, S.172.
[109] Steindorf, WaffR, § 1 Rn.31; Kurth/Lehle/Lehmann, Aktuelles WaffR, § 1 Rn.21.
[110] Steindorf, WaffR, § 37 Rn.15; Hinze, WaffR, § 37 Anm.11.
[111] Steindorf, WaffR, § 37 Rn.27.
[112] So Bueß, Private Sicherheitsdienste, S.172, für das Reizstoff-Sprühgerät "Chemical-Mace"; Roßnagel, ZRP 1983, 59 (60) und Radioaktiver Zerfall der Grundrechte?, S.134f, für vollautomatische Gewehre, Maschinenpistolen und Handgranaten beim Werkschutz; Lehne, in: Werkschutzhandbuch, S.349, für vollautomatische Selbstladewaffen beim Werkschutz. Zum Verbot, Schlagringe und Stahlruten seitens einer Detektei zu besitzen und zu führen, vgl. BVerwG, NJW 1979, 1563f.

Teil 3: Allgemeine Rechtslage für erlaubnispflichtige Waffen

Da es sich beim deutschen Waffenrecht um eine ausgesprochen komplexe und schwierige Materie handelt, wird zunächst ein allgemeiner Überblick zu den wichtigsten waffenrechtlichen Regelungen gegeben. Dabei wird zuerst der mit der Einführung einer Erlaubnispflicht bei Schußwaffen verfolgte Gesetzeszweck dargelegt (A.). Im Anschluß daran sollen unter (B.) die wichtigsten waffenrechtlichen Erlaubnisarten (die WBK, § 28 Abs.1 (B.I.), der Munitionserwerbschein, § 29 Abs.1 (B.II.) und der WS, § 35 Abs.1) (B.III.) und unter (C.) die diesbezüglichen Auflagen und inhaltlichen Beschränkungen erläutert werden. Daran schließt sich eine Darstellung der Erlaubnisversagungsgründe an (D). In Hinblick darauf sehen die §§ 30 Abs.1, 36 Abs.1 Satz 1 vor, daß die WBK und der Muntionserwerbschein bzw. der WS zu versagen sind, wenn der Antragsteller das achtzehnte Lebensjahr noch nicht vollendet hat (D.I.), Tatsachen die Annahme rechtfertigen, daß der Antragsteller die erforderliche Zuverlässigkeit (D.II.), Sachkunde (D.III.) oder körperliche Eignung (D.IV.) nicht besitzt. Im übrigen muß ein waffenrechtliches Bedürfnis nachgewiesen werden (D.V.). Schließlich soll unter (E.) der Frage nachgegangen werden, ob dem jeweiligen Antragsteller bei Nichtvorliegen der Versagungsgründe ein Rechtsanspruch auf Erteilung einer WBK oder eines WS zukommt. Am Ende des 3. Teils werden die Möglichkeiten zum Entzug (Rücknahme und Widerruf) der WBK und des WS aufgezeigt (F.) und die allgemeine Rechtslage unter (G.) noch einmal kurz zusammengefaßt.

A. Generelle Erlaubnispflicht bei Schußwaffen zum Schutz der öffentlichen Sicherheit

Grundlage für die Einführung von Erlaubnispflichten ist die Erkenntnis des Gesetzgebers, daß es notwendig ist, bestimmte gefahrträchtige menschliche Verhaltensweisen "zum gemeinen Besten" einer behördlichen Kontrolle zu unterziehen[113]. Bei bestimmten gefährlichen Sachverhalten sollen die mit der Gefahrenabwehr betrauten Behörden nicht erst abwarten müssen, bis sich eine Gefahr im Einzelfall herausstellt oder eine Störung schon einge-

---

[113] Steindorf, WaffR, Vor § 52a, Rn.2.

treten ist, sondern sie werden bereits vorbeugend eingeschaltet[114]. In welchen Fällen der Gesetzgeber eine vorherige Kontrolle für notwendig erachtet und wie er diese - unter Beachtung des Übermaßverbotes - im einzelnen ausgestaltet, ist eine rechtspolitische Frage, die sehr unterschiedlich beantwortet werden kann[115].
Das deutsche Waffengesetz ist nach Inhalt und Zielsetzung ein Kontroll- und Überwachungsgesetz mit gewissen Schwerpunkten im gewerblichen Bereich[116]. Es wird in Hinblick auf den Umfang seiner Erlaubnispflichten und Sanktionsbestimmungen im internationalen Vergleich als ungewöhnlich restriktiv eingestuft[117]. Dennoch wird das Gesetz von dem Grundsatz beherrscht, die persönliche Freiheit des Einzelnen nicht mehr einzuschränken, als aus vorrangigen Gründen des allgemeinen Wohls - der öffentlichen Sicherheit - erforderlich ist[118]. Bei der Einführung der generellen Erlaubnispflicht für Schußwaffen war für den Gesetzgeber richtungsweisend, daß erfahrungsgemäß in Staaten, in denen jedermann Schußwaffen in beliebiger Zahl befugt erwerben kann, mit Schußwaffen begangene Straftaten besonders zahlreich sind[119]. "Die einzig wirksame Methode, Unzuverlässigen den Erwerb und damit den Umgang mit Schußwaffen soweit wie möglich zu erschweren, besteht nach wie vor darin, den Erwerb von Schußwaffen von einer Erlaubnis abhängig zu machen. Dadurch wird zwar unbefugter Erwerb von Schußwaffen nicht schlechthin verhindert, doch spricht die kriminalistische Erfahrung dafür, daß nicht wenige Schußwaffentäter ihre Waffe nicht in verbrecherischer Absicht erworben haben, sondern erst nach dem Erwerb der Schußwaffe den Entschluß faßten, die Waffe als deliktisches Hilfsmittel zu verwenden. Ferner liegt es auf der Hand, daß eine wahllose Verbreitung von Schußwaffen dazu führt, daß solche Waffen öfter entwendet werden und auf diese Weise in die Hände von Straftätern gelangen"[120]. Schließlich werden durch eine generelle Erlaubnispflicht auch die Gefahren gemindert, die durch unsachgemäßen und leichtsinnigen Um-

---

114 Drews/Wacke/Vogel/Martens, Gefahrenabwehr, § 26 1 a), S.443.
115 Steindorf, WaffR, Vor § 52a, Rn.2.
116 Kurth/Lehle/Lehmann, Aktuelles WaffR, § 5 Rn.1.
117 Kurth/Lehle/Lehmann, Aktuelles WaffR, Abschnitt IX Rn.1; Császár, DWJ 1995, 556 (556); Dicke, Deutsche Polizei 2/1994, 19 (19).
118 BR-Drucks. 658/70 S.17.
119 BR-Drucks. 658/70 S.19f. Kritisch zu dieser Ansicht, Scholzen, DWJ 1994, 556ff.; Császár, DWJ 1995, 556ff.
120 BR-Drucks. 658/70 S.19f.

gang mit Schußwaffen entstehen[121]. Statistische Erhebungen in den damaligen Ländern der Bundesrepublik hatten ergeben, daß nur bei 17 %[122] der Schußwaffendelikte illegaler Erwerb vorlag[123].
Die überragende Bedeutung der öffentlichen Sicherheit hat der Gesetzgeber des Waffengesetzes von 1972 dadurch unterstrichen, daß er in der Gesetzesbegründung[124] bereits in den ersten Zeilen das Waffenrecht als eines der "für die Aufrechterhaltung der öffentlichen Sicherheit bedeutsamen Rechtsgebiete" ausweist. "Das Sicherheitsbedürfnis der Öffentlichkeit verbiete es, jedem ohne weiteres die Möglichkeit zu geben, Schußwaffen frei zu erwerben"[125]. Wie ernst es dem Gesetzgeber mit seiner Orientierung an dieser Ziel- und Zwecksetzung ist, zeigt der wiederholte Hinweis auf die "öffentliche Sicherheit" in der Begründung der einzelnen Regelungen[126]. Gerade bei der zentralen Norm des § 32, der die Fälle aufzählt, in denen ein waffenrechtliches Bedürfnis vorliegt, wird besonders intensiv auf den sicherheitsrechtlichen Aspekt hingewiesen[127].
Auch die Rechtsprechung betont, daß das Waffengesetz nach den Vorstellungen des Gesetzgebers einen wichtigen Beitrag zur Erhöhung der öffentlichen Sicherheit leisten soll[128].

Um eine Gefährdung der öffentlichen Sicherheit durch ungeeignete Schußwaffenträger zu verhindern, hat der Gesetzgeber im Waffengesetz umfangreiche Erlaubnispflichten festgeschrieben. Die für den "Umgang" mit Schußwaffen wichtigsten Erlaubnisformen sind die im folgenden näher dargestellte WBK (§ 28), der Munitionserwerbschein (§ 29) und der WS (§ 35).

---

121 BT-Drucks. VI/2678, S.29.
122 Diese Statistik gilt gegenwärtig nicht mehr. Sie hat sich ganz entscheidend zugunsten des legalen Waffenbesitzes verschoben, vgl. Schulz, DWJ 1994, 1306, 1307.
123 Steindorf, WaffR, Vor § 52a Rn.2.
124 BT-Drucks. VI/2678, S.23ff.
125 BT-Drucks. VI/2678, S.29.
126 BT-Drucks. VI/2678, S. 24,29 und 30.
127 Vgl. BT-Drucks. VI/2678, S.31f.
128 So schon zum Waffengesetz von 1938: BVerfGE 8, 143 (153) und OVG Rheinland-Pfalz, OVGE Rh-Pfl. und Saarland, Bd.6, 94 (95). Zum geltenden Waffengesetz: BVerwGE 49, 1 (3); BayVGH: NPA 893, Waffengesetz, § 32 Bl.27 und Bl.30, GewArch 1989, 37 (37), GewArch 1988, 394 (394), BayVBl. 1994, 732 (733).

B. Die wichtigsten Erlaubnisse nach dem Waffengesetz

I. Waffenbesitzkarte, § 28 Abs.1

§ 28 Abs.1 Satz 1 enthält im Vergleich zum Reichswaffengesetz (RWaffG) eine erhebliche Ausdehnung der Erlaubnispflicht, da er grundsätzlich den Erwerb von Schußwaffen - auch von Langwaffen - und die Ausübung der tatsächlichen Gewalt über diese erlaubnispflichtig macht[129]. Die bisherige Beschränkung der Erlaubnispflicht auf Faustfeuerwaffen (§ 11 RWaffG) erschien dem Gesetzgeber aus Sicherheitsgründen nicht mehr vetretbar[130].

1. Erlaubnispflicht sowohl zum Erwerb als auch zur Ausübung der tatsächlichen Gewalt über Schußwaffen

Die Entscheidung, nicht nur den Erwerb, sondern auch die Ausübung der tatsächlichen Gewalt über Schußwaffen von einer behördlichen Erlaubnis abhängig zu machen, beruhte auf kriminalistischen Erwägungen[131]. Nach der früher geltenden Regelung konnte illegaler Waffenerwerb, der dem tatsächlichen Besitz vorausgegangen sein mußte, oft nicht bewiesen werden, oder es war bereits Verjährung hinsichtlich des allein strafbaren illegalen Erwerbs eingetreten[132]. Mit der tatbestandlichen Anknüpfung an den Besitz werden nun auch diese Fälle vom Gesetz erfaßt. Illegaler Waffenbesitz stellt heutzutage aufgrund der mangelnden Legitimierung durch eine WBK ein Dauerdelikt dar[133]. Ein Schußwaffenbesitzer kann sich nicht mehr darauf berufen, er habe die Waffen vor langer Zeit zwar illegal erworben, jedoch sei inzwischen Verjährung eingetreten[134].
Um die Erlaubnispflicht auch des bloßen Waffenbesitzes zum Ausdruck zu bringen, hat der Gesetzgeber anstelle des bisherigen Waffenerwerbscheines

---

129 Vgl. Steindorf, WaffR, § 28 Rn.1; Apel, WaffR, § 28 Erl.1; Ehmke, Waffen und WaffR, § 28, Anm. zu Abs.1; Schürer, Polizei und WaffR, S.71.
130 BT-Drucks.VI/2678, S.29.
131 Reiber, Schußwaffenrecht, S.172f.
132 Sitzungsprotokoll des UA zum 4. A. des BT, S.7 (lfd. Nr.24 des Fundstellennachweises zu den Gesetzesmaterialien zum WaffG vom 19.9.1972).
133 BT-Drucks.VI/3566, S.2; Reiber, Schußwaffenrecht, S. 173.
134 BT-Drucks.VI/3566, S.2 und Schürer, Polizei und WaffR, S.72f.

die WBK eingeführt[135]. Wie sich schon aus der Bezeichnung ergibt, berechtigt die WBK nur zum Erwerb und Besitz, nicht dagegen zum Führen von Schußwaffen.

2. Ausweitung der Erlaubnispflicht auf Langwaffen

Die frühere Beschränkung der Erlaubnispflicht auf Faustfeuerwaffen, also Revolver und Pistolen, erschien dem Gesetzgeber aus Sicherheitsgründen nicht mehr vertretbar[136]. Nach der amtlichen Begründung[137] läßt sich der freie Erwerb von Schußwaffen, die keine Faustfeuerwaffen sind, nicht mit der Erwägung rechtfertigen, solche Waffen könnten nicht verborgen mitgeführt werden oder seien schwerer zu handhaben. Die weite Verbreitung von Kraftwagen ermögliche es jedem Täter ohne weiteres, auch Gewehre verborgen mit sich zu führen. Ferner seien gerade in den letzten Jahren halbautomatische Waffen entwickelt worden, die einen relativ kurzen Lauf sowie einen im Verhältnis dazu sehr langen Schaft hätten und sich geradezu anböten, durch Absägen eines Teils des Schaftes in Faustfeuerwaffen umgewandelt zu werden[138]. Schließlich zeigten polizeiliche Erkenntnisse, daß schwere Schußwaffendelikte in zunehmender Zahl auch mit anderen als Faustfeuerwaffen begangen worden seien[139].

3. Personen- und waffenbezogene Erlaubnis

Die WBK stellt eine höchstpersönliche Erlaubnis[140] dar, die weder einer Personengesellschaft noch einer juristischen Person erteilt werden kann. Dies folgt aus den gesetzlichen Voraussetzungen für ihre Erteilung (z.B.

---

[135] Steindorf, WaffR, § 28 Rn.2.
[136] Dazu auch Apel, WaffR, § 28 Erl.1. Kritisch dazu Hinze, § 28 Anm.1; Ehmke, Waffen und WaffR, § 28, Anm. zu Abs.1.
[137] BT-Drucks. VI/2678, S.29.
[138] BT-Drucks. VI/2678, S.29.
[139] BT-Drucks. VI/2678, S.29. Zu den Bestrebungen der Bundesregierung aus dem Jahre 1984, bei nichtautomatischen Langwaffen auf einen Bedürfnisnachweis zu verzichten und damit den Erwerb dieser Waffen wiederum zu erleichtern, vgl. BT-Drucks.10/1748, Begründung zu § 30, S.32 und die Stellungnahme des Bundesrates auf S.49.
[140] Vgl. BVerwG, NVwZ-RR, 1993, 619 (619); Steindorf, WaffR, § 28 Rn.6; Apel, WaffR, § 28 Erl.2.

Vollendung eines Mindestalters, persönliche Zuverlässigkeit und körperliche Eignung, vgl. § 30 Abs.1 Satz 1), die nur von natürlichen Personen erfüllt werden können[141]. Wird die WBK von einer Vereinigung beantragt, so ist sie bei juristischen Personen auf ein Mitglied des vertretungsberechtigten Organs und bei Personengesellschaften auf einen vertretungsberechtigten Gesellschafter auszustellen[142].
Die WBK ist schließlich waffenbezogen, weil sie nur zum Erwerb und Besitz der in ihr eingetragenen Art und Zahl von Waffen bzw. Waffenarten berechtigt[143]. Anzugeben ist etwa, ob es sich um eine Lang- oder Kurzwaffe und hier wiederum um eine Pistole oder einen Revolver handelt[144]. Nach der gängigen Verwaltungspraxis[145] wird in der WBK bei Neuerwerb einer Schußwaffe zunächst nur die Art der Schußwaffe und möglicherweise noch das Kaliber eingetragen, während die weiteren Daten (Fabrikat und Herstellungsnummer) erst nach dem Erwerb in die vorzulegende WBK vermerkt werden[146].

4. Gültigkeitsdauer

Hinsichtlich der Gültigkeitsdauer ist zwischen der Erwerbserlaubnis und der Ausübung der tatsächlichen Gewalt über die erworbene Schußwaffe zu unterscheiden. Während die Erwerbserlaubnis gemäß § 28 Abs.1 Satz 3 auf die Dauer eines Jahres begrenzt ist[147], wird die Besitzerlaubnis nach Satz 4 der Vorschrift unbefristet erteilt. Nach § 28 Abs.1 Satz 5 1. Hs kann die Besitzerlaubnis zur Abwehr von Gefahren für die öffentliche Sicherheit allerdings auch befristet werden, beispielsweise wenn nur ein vorübergehendes Bedürfnis im Sinne von § 32 gegeben ist[148].

---

[141] BVerwG, NVwZ-RR, 1993, 619 (619). Hiervon geht auch § 28 Abs.6 aus, vgl. BT-Drucks.7/2379, S.20.
[142] Nr.28.7.1 WaffVwV.
[143] Apel, WaffR, § 28 Erl.2.
[144] Steindorf, WaffR, § 28 Rn.7. Welche Angaben im einzelnen in die WBK einzutragen sind, ergibt sich aus Nr.28.8.ff WaffVwV.
[145] BayObLG, Beschluß vom 11.4.1973, RReg 8 St 1/73.
[146] Steindorf, WaffR, § 28 Rn.7; Ehmke, Waffen und WaffR, § 28 Anm.3 zu Abs.1.
[147] Vgl. im einzelnen BT-Drucks.7/2379 S.19.
[148] Steindorf, WaffR, § 28 Rn.12.

II. Munitionserwerbschein, § 29

Wer Munition erwerben will, bedarf ebenfalls grundsätzlich der Erlaubnis der zuständigen Behörde. Diese wird gemäß § 29 Abs.1 Satz 2 durch einen Munitionserwerbschein erteilt. Im Interesse einer Verwaltungsvereinfachung[149] schränkt § 29 Abs.2 diese Erlaubnispflicht jedoch stark ein.

1. Ausnahmen von der Erlaubnispflicht nach § 29 Abs.2 Nr.1

Nach § 29 Abs.2 Nr.1 bedarf ein WBK-Inhaber dann keinen Munitionserwerbschein, wenn die Munition für die in seiner WBK bezeichneten Schußwaffe bestimmt ist. Voraussetzung für diese Erleichterung ist gemäß § 29 Abs.4 allerdings, daß bei Erteilung der WBK die aus § 30 Abs.1 Satz 1 ersichtlichen Erfordernisse vorgelegen haben oder als nachgewiesen gelten und daß die Berechtigung zum Munitionserwerb in der WBK vermerkt ist[150].

2. Ausnahmen von der Erlaubnispflicht nach § 29 Abs.2 Nr.2

Eines Munitionserwerbscheins bedarf es nicht zum Erwerb von Munition in den Fällen des § 28 Abs.4 Nr.1 bis 5[151] oder 8 bis 10.

III. Waffenschein, § 35 Abs.1

1. Erlaubnis zum Führen von Schußwaffen

Zum Führen einer Schußwaffe, das heißt zum Ausüben der tatsächlichen Gewalt außerhalb der eigenen Wohnung, der eigenen Geschäftsräume oder des eigenen befriedeten Besitztums[152], bedarf es eines WS nach § 35 Abs.1. Für den Begriff des Führens kommt es nicht darauf an, ob jemand eine Waffe in der Absicht bei sich hat, mit ihr ausgerüstet zu sein. Ebensowenig

---

[149] Apel, WaffR, § 29 Erl.1.
[150] Zum Inhalt des Vermerks, siehe Nr.29.3 WaffVwV.
[151] Zu § 28 Abs.4 Nr.5 vgl. die Ausführungen unter Teil 4, A.I.
[152] Vgl. die Legaldefinition in § 4 Abs.4.

wird darauf abgestellt, ob die Waffe zugriffsbereit oder schußbereit ist bzw. ob die zugehörige Munition mitgeführt wird[153]. Entscheidend ist vorbehaltlich der Ausnahmen in § 35 Abs.4 allein die Ausübung der tatsächlichen Gewalt über die Waffe.
Der WS wird zum Führen bestimmter, im WS genau bezeichneter Schußwaffen ausgestellt[154]. Werden andere als die im WS bezeichneten Schußwaffen geführt, dann fehlt es an der erforderlichen Erlaubnis[155] und der Führende macht sich je nach Art der Schußwaffe entweder nach § 53 Abs.1 Nr.3a. b) oder nach § 53 Abs.3 Nr.1 b) strafbar.

2. Gültigkeitsdauer

Der WS wird gemäß § 35 Abs.1 Satz 3 für höchstens 3 Jahre erteilt. Der Gebrauch des Wortes "höchstens" im Gesetzestext impliziert, daß die Ausstellung des WS auch für einen kürzeren Zeitraum statthaft ist[156]. Eine Fristverkürzung[157] kommt nach § 35 Abs.2 Satz 1 dann in Betracht, wenn nur ein vorübergehendes Bedürfnis nachgewiesen wird. Die in § 35 Abs.1 Satz 4 vorgesehene Verlängerungsmöglichkeit um zweimal jeweils höchstens 3 Jahre dient der Verwaltungsvereinfachung[158], da durch die Weiterverwendung der alten Waffenscheinformulare der Verwaltungsaufwand im Vergleich zur Neuerteilung wesentlich verringert wird[159]. Materiell ist die Verlängerung der Geltungsdauer von denselben Voraussetzungen abhängig wie die Neuerteilung[160].

---

[153] Nr.4.2 WaffVwV.
[154] Vgl.Nr.35.2 i.V.m. Nr.28.8 WaffVwV.
[155] Schürer, Polizei und WaffR, S.117.
[156] Steindorf, WaffR, § 35 Rn.3.
[157] Eine Fristverkürzung soll nach Hinze, WaffR, § 35 Anm.6, die Ausnahme darstellen.
[158] BT-Drucks. VI/2678 S.31. Dazu auch Apel, WaffR, § 35 Erl.3.
[159] Apel, WaffR, § 35 Erl.3.
[160] BVerwG, GewArch 1980, 348 (349); BayVGH, GewArch 1989, 37 (37). Zustimmend Steindorf, WaffR, § 35 Rn.3.

C. Auflagen zur Waffenbesitzkarte oder zum Waffenschein und inhaltliche Beschränkungen des Waffenscheins

Die WBK kann gemäß § 28 Abs.1 Satz 5 zur Abwehr von Gefahren für die öffentliche Sicherheit mit Auflagen, insbesondere hinsichtlich der Aufbewahrung der Schußwaffen, verbunden werden.
Sie können alsbald bei der Ausstellung oder auch nachträglich festgesetzt werden. Die Auflagen werden im allgemeinen die Sicherung der Waffe gegen Abhandenkommen (Diebstahl) oder Mißbrauch (unbefugten Gebrauch, z.B. durch Herausnahme des Schlagbolzens bzw. des ganzen Schlosses oder getrennte Aufbewahrung der Munition) betreffen[161].
Auch der WS kann gemäß § 35 Abs.2 Satz 3 zur Abwehr von Gefahren für Leben, Gesundheit oder Sachgüter sowie für die öffentliche Sicherheit mit Auflagen, insbesondere über das Führen der Schußwaffe, verbunden werden. Dadurch soll die Behörde die Möglichkeit erhalten, Anordnungen zu treffen, "die ein Führen von Schußwaffen in der Öffentlichkeit in einer den Belangen der Sicherheit zuwiderlaufenden Weise unterbinden"[162]. In Betracht kommt etwa die Auflage, Schußwaffen nur gesichert mitzuführen[163].

Darüber hinaus ist auch die inhaltliche Beschränkung des WS möglich. Der Grundsatz, daß Waffenführungsbefugnisse nicht generell gelten sollen, sondern nur für den jeweiligen Schutzzweck, für den sie beantragt und erteilt worden sind, macht verschiedene Arten von inhaltlichen Beschränkungen zulässig[164]. § 35 Abs.2 Satz 2 sieht beispielsweise vor, daß der Geltungsbereich des WS auf bestimmte Anlässe oder Gebiete zu beschränken ist, wenn ein darüber hinausgehendes Bedürfnis nicht nachgewiesen wird.
Der Unterschied zur Auflage besteht darin, daß die inhaltliche Beschränkung den Begünstigungsumfang von Anfang an materiell-rechtlich be-

---

[161] Steindorf, WaffR, § 28 Rn.10; Ehmke, Waffen und WaffR, § 28 Anm.5 zu Abs.1. Zu den Sicherheitsvorkehrungen siehe auch Nr.42.4 WaffVwV.
[162] ABer. BT-Drucks.7/4407, S.8.
[163] Apel, WaffR, § 35 Erl.4.
[164] Hinze, WaffR, § 35 Anm.7. Ähnlich Steindorf, WaffR, § 35 Rn.4, wonach sich die zugelassenen Beschränkungen aus dem Bedürfnisgrundsatz ergeben.

grenzt[165] und damit den Inhalt der Erlaubnis berührt. Unter inhaltlichen Beschränkungen im Sinne des Waffengesetzes versteht man Bestimmungen, die die Wirksamkeit der Erlaubnis entsprechend den Gegebenheiten des Einzelfalles einschränken. Die Behörde hat hierdurch die Möglichkeit, bestimmte Umstände zum Inhalt der Erlaubnis zu machen, die ansonsten nicht Inhalt des Verwaltungsaktes würden[166]. Dementsprechend hängt auch der Bestand der Erlaubnis von der Befolgung der inhaltlichen Beschränkung ab. Beachtet ein Erlaubnisinhaber eine inhaltliche Beschränkung nicht, so setzt er sich über den Begünstigungsumfang der Erlaubnis hinweg und handelt außerhalb der in Betracht kommenden Berechtigung[167]. Im Rahmen der Straf- und Bußgeldvorschriften des Abschnitts IX des Waffengesetzes ist er so zu behandeln, als ob ihm eine Berechtigung nicht erteilt worden wäre[168]. Demgegenüber läßt die Auflage die Begünstigung zunächst in vollem Umfang entstehen. Sie ist nicht integrierter Bestandteil des Verwaltungsaktes, sondern tritt selbständig zu dessen Hauptinhalt hinzu und ist für seinen Bestand und seine Wirksamkeit ohne unmittelbare Bedeutung[169]. In der Regel sind Auflagen auf ein bestimmtes Tun, Dulden oder Unterlassen gerichtet[170]. Die Gültigkeit einer Erlaubnis hängt nicht von der Erfüllung der Auflage ab und die Mißachtung der Auflage macht das Handeln nicht zu einem solchen ohne Erlaubnis[171]. Gegen den Erlaubnisinhaber kann jedoch nach § 55 Abs.1 Nr.1 ein Bußgeld verhängt werden und die Behörde kann

---

165 Hinze, WaffR, § 47 Anm.8; Apel/Keusgen, Sprengstoffgesetz, Bd.2, § 5 SprengG Erl.8a).

166 Pottmeyer, Kriegswaffenkontrollgesetz, § 10 KWKG Rn.74, für inhaltliche Beschränkungen im Sinne von § 10 Abs.1 KWKG.

167 Apel/Keusgen für die Erlaubnis nach § 10 SprengG, Sprengstoffgesetz, Bd.2, § 10 SprengG Erl.5. Ebenso für das Waffengesetz Kurth/Lehle/Lehmann, Aktuelles WaffR, 12. Erg.Lfg., § 55 Rn.9. Diese gehen weiterhin in § 47 Rn.19, 24.Erg.Lfg., davon aus, daß im Rahmen von § 47 Abs.2 Satz 2 der Begriff der Auflage als Oberbegriff auch die inhaltliche Beschränkung umfaßt. Soweit sie jedoch für diese Interpretation darauf verweisen, daß auch § 55 Abs.1 Nr.1 die Schlußfolgerung zulasse, daß dort die Auflage den Oberbegriff bildet, der sowohl die Auflagen schlechthin als auch die in einzelnen Basistatbeständen vorgesehenen inhaltlichen Beschränkungen erfaßt, widerspricht dies ihrer Feststellung in § 55 Rn.9, 12. Erg.Lfg., wonach Auflagen keinesfalls mit inhaltlichen Beschränkungen verwechselt werden dürfen.

168 Kurth/Lehle/Lehmann, Aktuelles WaffR, § 55 Rn.9.

169 Kurth/Lehle/Lehmann, Aktuelles WaffR, § 55 Rn.9.

170 Vgl. § 36 Abs.2 Nr.4 VwVfG.

171 Steindorf, WaffR, § 53 Rn.4.

die Erfüllung der Auflage im Wege des Verwaltungszwanges durchsetzen[172], sofern diese vollziehbar ist.

Nach der Darstellung der wichtigsten Erlaubnisformen einschließlich der möglichen Auflagen zur WBK bzw. zum WS und den inhaltlichen Beschränkungen des WS drängt sich die Frage auf, von welchen Voraussetzungen der Gesetzgeber die Erteilung waffenrechtlicher Erlaubnisse abhängig gemacht hat. Die Voraussetzungen, die ein Antragsteller für die Erteilung einer WBK bzw. eines WS erfüllen muß, sind in den §§ 30 Abs.1 Satz, 36 Abs.1 festgelegt, wobei dort keine Erteilungsgründe, sondern Versagungsgründe aufgeführt sind.

D. Zwingende Erlaubnisversagungsgründe nach §§ 30 Abs.1 Satz 1, 36 Abs.1 :

Der legale Zugang zum Erwerb und Besitz von Schußwaffen und Munition und zum Führen von Schußwaffen ist gemäß §§ 30 Abs.1 Satz 1, 36 Abs.1 vom Vorliegen folgender Voraussetzungen abhängig:

- Mindestalter
- Haftpflichtversicherung (nur für WS)
- Zuverlässigkeit
- Sachkunde
- körperlicher Eignung
- Bedürfnis

Die mit dem Vollzug des Waffengesetzes betrauten Behörden haben bei einem Antrag auf Erteilung einer WBK bzw. eines WS alle sogenannten Versagungsgründe der §§ 30 Abs.1 Satz 1, 36 Abs.1 zu prüfen[173]. Liegt ein Versagungsgrund beim Antragsteller vor, dann ist die Erlaubnis zwingend zu versagen[174].

---

[172] So Apel/Keusgen für Auflagen nach nach § 10 SprengG, Sprengstoffgesetz, Bd.2, § 10 SprengG Erl.5; Pottmeyer, Kriegswaffenkontrollgesetz, § 10 Rn.70, für § 10 Abs.1 KWKG.

[173] BayVGH, GewArch 1989, 37 (37).

[174] Steindorf, WaffR, § 30 Rn.1.

I. Fehlendes Mindestalter und fehlende Haftpflichtversicherung beim Waffenschein

Nach § 30 Abs.1 Satz 1 Nr.1 muß der Antragsteller das achtzehnte Lebensjahr vollendet haben. Gemäß § 30 Abs.2 kann die zuständige Behörde für den Einzelfall eine Ausnahme von dem Versagungsgrund im Sinne des Absatzes 1 Satz 1 Nr.1 zulassen, wenn öffentliche Interessen nicht entgegenstehen.

Für den WS statuiert § 36 Abs.1 Satz einen weiteren Versagungsgrund. Die zuständige Behörde hat die Erteilung eines WS davon abhängig zu machen, daß der Antragsteller das Bestehen eines angemessenen Haftpflichtversicherungsvertrages nachweist. Als angemessen ist ein solcher Vertrag im Interesse potentieller Geschädigter anzusehen, wenn mögliche Personenschäden mit mindestens 500.000,- DM und mögliche Sachschäden mit mindestens 50.000,- DM gedeckt sind. Die Erteilung des WS ist nicht nur zu versagen, wenn die Haftpflichtversicherung nicht in der vorgeschriebenen Höhe, sondern auch dann, wenn sie nicht in dem entsprechenden sachlichen Umfang abgeschlossen worden oder der Versicherungsschutz noch nicht in Kraft getreten ist[175]. Schließlich sollte gewährleistet sein, daß der erforderliche Haftpflichtversicherungsschutz während der gesamten Gültigkeitsdauer des WS besteht, also der Vertrag während der Frist nicht kündbar ist[176].

II. Unzuverlässigkeit

Eine der wichtigsten Voraussetzungen des Waffengesetzes, zu gewährleisten, daß unzuverlässigen Personen der Umgang mit Waffen - insbesondere mit Schußwaffen - verwehrt werden kann, ermöglicht die Vorschrift des § 5. Dort ist die bedeutsamste Zugangsvoraussetzung, nämlich die Frage der waffenrechtlichen Unzuverlässigkeit, geregelt.
Nach §§ 30 Abs.1 Satz 1 Nr.2, 36 Abs.1 Satz 1 sind WBK und Munitionserwerbschein bzw. WS zu versagen, wenn Tatsachen die Annahme rechtfertigen, daß der Antragsteller die erforderliche Zuverlässigkeit (§ 5) nicht besitzt. Die Bezugnahme auf § 5 bezweckt, den Begriff der waffen-

[175] Steindorf, WaffR, § 36 Rn.2.
[176] Kurth/Lehle/Lehmann, Aktuelles WaffR, § 36 Rn.5.

rechtlichen Unzuverlässigkeit zu konkretisieren[177]. Während § 5 Abs.1 die Tatbestände aufführt, die die Unzuverlässigkeit einer Person zwingend begründen, gibt § 5 Abs.2 eine beispielhafte Aufzählung von Fällen, bei denen regelmäßig die Unzuverlässigkeit anzunehmen ist.

1. Relativität des Begriffs

Der Begriff der Zuverlässigkeit bzw. Unzuverlässigkeit wird in einer Vielzahl von Gesetzen verwendet[178]. Je nach verfolgtem Gesetzeszweck werden unterschiedliche Anforderungen an die jeweilige Zuverlässigkeit bzw. Unzuverlässigkeit gestellt. Im Gewerberecht beispielsweise ist jemand dann nicht zuverlässig, wenn er nach seiner Persönlichkeit keine Gewähr dafür bietet, daß er den ihm bei der Ausübung des Gewerbes obliegenden Verpflichtungen ordnungsgemäß nachkommt[179].
Die gewerberechtliche Unzuverlässigkeit ist auf ein bestimmtes Gewerbe bezogen, so daß die dadurch ausgedrückten Anforderungen nicht für alle Gewerbe gleich, sondern je nach der Art des Gewerbes verschieden sind[180]. Der Begriff der Unzuverlässigkeit kann daher nicht absolut, sondern immer nur bereichsbezogen definiert werden[181]. So wie die Unzuverlässigkeit im Gewerberecht gewerbebezogen und im Immissionsschutzrecht immissionsbezogen ist[182], ist sie im Waffenrecht waffenbezogen.
Dem Waffenrecht liegt ein spezifisch waffenrechtlicher Unzuverlässigkeitsbegriff zugrunde, der auf die Gefährdung der öffentlichen Sicherheit durch den Umgang mit Waffen und Munition abstellt. Grundsätzlich ist jemand in waffenrechtlicher Hinsicht unzuverlässig, der nicht die Gewähr bietet, mit einer Waffe ordnungsgemäß umzugehen und sie nicht mißbräuchlich zu verwenden. Nach Sinn und Zweck des Waffengesetzes soll das mit jedem Waffenbesitz verbundene Sicherheitsrisiko möglichst gering gehalten

---

[177] Häußler, BayVBl.1998, 73 (73).
[178] Als Beispiele seien hier nur § 35 Abs.1 GewO, § 4 Abs.1 Nr.1 GaststättenG, § 20 Abs.3 BImSchG und § 3 Abs.2 Nr.1, Abs.3 Nr.1 AtG genannt.
[179] Vgl. statt vieler Marcks, in: Landmann/Rohmer, GewO I, § 35 Rn.29.
[180] Badura, in: Schmidt-Aßmann, Besonderes Verwaltungsrecht, 3. Abschn. IV 2 b, Rn.130.
[181] Lang, Die Zuverlässigkeit von Personen- und Kapitalgesellschaften im Umweltrecht, S.45.
[182] Lang, Die Zuverlässigkeit von Personen- und Kapitalgesellschaften im Umweltrecht, S.45.

werden. Es kann nur bei Personen hingenommen werden, die nach ihrem bisherigen Verhalten das in sie gesetzte behördliche Vertrauen verdienen, daß sie mit der Waffe stets und in jeder Hinsicht ordnungsgemäß und rechtskonform umgehen[183].

Im folgenden wird zunächst die in § 5 zum Ausdruck gekommene Konkretisierung des waffenrechtlichen Unzuverlässigkeitsbegriff dargestellt (2.). In Anschluß daran sollen die der Behörde bei der Unzuverlässigkeitsprüfung zur Verfügung stehenden Auskunftsmöglichkeiten (3.) und der im Gesetz vorgesehene Zeitraum für die Wiederholung der Überprüfung aufgezeigt werden (4.). Schließlich wird der Frage nachgegangen, ob der Behörde bei der Überprüfung der Unzuverlässigkeit ein sogenannter Beurteilungsspielraum zukommt (5.).

2. Systematik des § 5

§ 5 ist der Auslegung aller waffenrechtlichen Vorschriften zugrunde zu legen, die die Prüfung der Unzuverlässigkeit verlangen[184]. Der Gesetzgeber definiert den Begriff der Zuverlässigkeit in § 5 nicht positiv, sondern zählt die Voraussetzungen auf, unter denen eine Person die erforderliche waffenrechtliche Zuverlässigkeit nicht besitzt.
Er geht damit praktisch vom Begriff der Unzuverlässigkeit aus[185]. Die früher in § 5 Abs.1 verwendete positive Formulierung der Zuverlässigkeit hatte dazu geführt, daß dem Antragsteller ein Nachweis aufgebürdet wurde, den er praktisch nicht erbringen konnte[186]. Nach der heute geltenden Rechtslage hat nicht mehr der Antragsteller bzw. der Erlaubnisinhaber seine Zuverlässigkeit nachzuweisen. Vielmehr muß die Behörde, will sie die Erlaubnis mangels Zuverlässigkeit versagen, zurücknehmen oder widerrufen, die Tatsachen dartun, die diesen Schluß rechtfertigen[187]. Sie trägt im Streitfall die

[183] BVerwG, NVwZ-RR 1991, 635 (635).
[184] Nr.5.1 WaffVwV.
[185] Steindorf, WaffR, § 5 Rn.2; Apel, WaffR, § 5 Erl.1; Meyer, GewArch 1998, 89 (90).
[186] BT-Drucks. 7/2379 S.14.
[187] Meyer, GewArch 1998, 89 (90).

materielle Beweislast für das Vorliegen der Tatsachen, aus denen sich die Unzuverlässigkeit herleitet[188].

a) Speziell waffenrechtliche Unzuverlässigkeit nach § 5 Abs.1

aa) Umfassende Prognose

Nach § 5 Abs.1 besitzt eine Person die erforderliche Zuverlässigkeit nicht, wenn Tatsachen die Annahme rechtfertigen, daß sie sich in einer der in den Nummern 1 bis 3 dieser Vorschrift näher beschriebenen Art und Weise verhalten wird. Eine entsprechende Prognose[189] ist nur dann gerechtfertigt, wenn sie nicht auf Vermutungen oder Spekulationen, sondern auf Tatsachen beruht[190].
Der Mangel der Zuverlässigkeit setzt allerdings nicht etwa den Nachweis voraus, daß der Antragsteller mit an Sicherheit grenzender Wahrscheinlichkeit mit Waffen und Munition nicht sorgsam bzw. verantwortungsbewußt umgehen wird[191]. Vielmehr genügt es, wenn bei verständiger Würdigung aller Umstände eine gewisse Wahrscheinlichkeit für einen nicht ordnungsgemäßen Umgang besteht[192]. Eine solche Auslegung wird dem Umstand gerecht, daß es sich bei den diesbezüglichen waffenrechtlichen Entscheidungen um Maßnahmen der Gefahrenabwehr handelt und dabei künftiges menschliches Verhalten einzuschätzen ist[193]. Diese Prüfung ist anhand einer umfassenden Einbeziehung und Bewertung aller Tatsachen vorzunehmen, die für die zu treffende zukunftsbezogene Beurteilung bedeutsam sein können[194]. Eine zeitliche Grenze, von der ab die vor der behördlichen Entscheidung liegenden Tatsachen nicht mehr Grundlage der vorgeschriebenen Bewertung sein dürfen, ist in § 5 Abs.1 nicht vorgesehen.

---

188 Steindorf, WaffR, § 5 Rn.2; Meyer, GewArch 1998, 89 (90). Das war unter anderem Ziel der Neufassung des § 5 durch das Änderungsgesetz vom 08.03.1976, BGBl I S.432, vgl. BT-Drucks.7/2379 S.14.

189 Kurth/Lehle/Lehmann, Aktuelles WaffR, § 5 Rn.6; Hinze, WaffR, § 5 Anm.1; Heinrich, GewArch 1989, 313 (316); Meyer, GewArch 1998, 89 (90).

190 So Laubinger, VerwArch 1998, 145 (150), allgemein für den Begriff der gewerberechtlichen Unzuverlässigkeit.

191 Meyer, GewArch 1998, 89 (90).

192 BVerwG, GewArch 1995, 73 (73).

193 Meyer, GewArch 1998, 89 (90).

194 BVerwG, Buchholz 402.5 WaffG, Nr.30, S.12f.

Vielmehr ist in jedem Einzelfall zu prüfen, welche Bedeutung dem zeitlichen Abstand, der zwischen den festgestellten Tatsachen und der behördlichen Entscheidung liegt, für die zu treffende zukunftsbezogene Entscheidung beizumessen ist[195].

bb) Waffen-und munitionsbezogene Verfehlungen

Der durch die Tatbestände der Nr.1-3 vorgegebene Bezug der anzustellenden Prognose zum Umgang mit Waffen und Munition macht deutlich, daß hierbei von einer speziell waffenrechtlichen Unzuverlässigkeit[196] auszugehen ist. Die Unzuverlässigkeit nach § 5 Abs.1 setzt demnach die Prognose voraus, daß der Betroffene sich waffenrechtlich nicht einwandfrei verhalten wird[197]. Zu beachten ist, daß die Unzuverlässigkeit bereits dann begründet ist, wenn einer der drei Tatbestände erfüllt ist[198].

cc) Zwingende Versagungsgründe

Die Tatsachen im Sinne des § 5 Abs.1 müssen beweisbar und so erheblich sein, daß sie den Schluß auf die Unzuverlässigkeit des Antragstellers zulassen[199]. Ist die Annahme gerechtfertigt, dann dürfen die von der erforderlichen Zuverlässigkeit abhängigen waffenrechtlichen Erlaubnisse zwingend nicht erteilt werden[200].

---

195 BVerwG, Buchholz 402.5 WaffG, Nr.30, S.13.
196 Steindorf, WaffR, § 5 Rn.3; VG Sigmaringen, GewArch 1994, 87 (87).
197 Heinrich, GewArch 1989, 313 (316).
198 Apel, WaffR, § 5 Erl. 4. d); Steindorf, WaffR, § 5 Rn.6.
199 Nr.5.2 WaffVwV.
200 Sächs. OVG, GewArch 1994/5, 195 (196); Meyer, GewArch 1989, 89 (89).

b) Allgemeine Unzuverlässigkeit nach § 5 Abs.2

Im Gegensatz zu § 5 Abs.1, der Tatsachen aufführt, die zwingend zur Unzuverlässigkeit einer Person führen, enthält § 5 Abs.2 Regelbeispiele, bei deren Erfüllung "in der Regel" der Mangel der erforderlichen Zuverlässigkeit vorliegt, mithin aber auch Ausnahmen von dieser Vermutung möglich sind.

aa) Regelvermutung wegen einer Verurteilung im Sinne von § 5 Abs.2 Nr.1

Die Regeltatbestände des § 5 Abs.2 Nr.1 setzen eine rechtskräftige Verurteilung[201] voraus. Dabei ist es unerheblich, ob die Person zu einer Freiheitsstrafe oder zu einer Geldstrafe verurteilt worden ist[202]. Ausreichend ist ebenfalls ein Strafbefehl, da dieser gemäß § 410 Abs.3 StPO einem rechtskräftigen Urteil gleichsteht[203]. Das Gesetz stellt nicht auf die Form der Verurteilung und damit auch nicht darauf ab, ob der Verurteilung eine mündliche Verhandlung zugrunde lag[204]. Die Belegung mit einer Geldbuße wegen einer Ordnungswidrigkeit reicht dagegen für § 5 Abs.2 Nr.1 nicht aus[205]. Liegt eine Verurteilung wegen einer entsprechenden Straftat vor, dann muß die Behörde grundsätzlich von der Richtigkeit der Verurteilung ausgehen[206]. Inhaltlich handelt es sich bei den die Regelvermutung auslösenden Straftaten nach § 5 Abs.2 Nr.1 einerseits um Taten, die in Bezug zum Umgang mit Waffen stehen (Nr.1 d) und e)), andererseits aber auch um solche, die mit den jeweiligen waffenrechtlichen Pflichten eines Erlaubnisinhabers keinen unmittelbaren Zusammenhang aufweisen (Nr.1 a-c)[207]. Dem ist die gesetzgeberische Wertung zu entnehmen, daß auch die Begehung von Straftaten, die keinen unmittelbaren Bezug zum Waffenrecht aufweisen, die Regelvermutung waffenrechtlicher Unzuverlässigkeit wegen fehlender

201 Nach VGH Bad.-Württ., VBlBW 1997, 68, auch eine Verwarnung mit Strafvorbehalt, § 59 Abs.1 StGB.
202 Steindorf, WaffR, § 5 Rn.13; Apel, WaffR, § 5 Erl.5 a).
203 Meyer, GewArch 1998, 89 (93).
204 BVerwGE 97, 245 (248f.); Kurth/Lehle/Lehmann, Aktuelles WaffR, § 5 Rn.13.
205 Steindorf, WaffR, § 5 Rn.13; Apel, WaffR, § 5 Erl.5 a).
206 BVerwG, Buchholz 402.5 WaffG, Nr.64 S.54.
207 Gehrmann, GewArch 1991, 201 (202).

charakterlicher Eignung zum Waffenbesitz begründet[208]. Die Regelvermutung setzt also nicht voraus, daß die Straftat einen Bezug zum Umgang mit Waffen und Munition hat und wird auch nicht dadurch entkräftet, daß es an einem solchen Bezug fehlt[209]. Ebenso wird die Regelvermutung nicht schon dadurch entkräftet, daß die Tat keine Neigung zu Gewalttätigkeiten erkennen läßt[210] oder kein Delikt betrifft, das regelmäßig unter Verwendung von Waffen ausgeführt werden kann[211].
Dies folgt aus dem Sinn und Zweck der Vermutungsregelungen. Diese zielen nicht lediglich darauf ab, Straftaten vorzubeugen, bei denen Waffen eingesetzt oder Gewalttaten begangen werden könnten. Das Gesetz will vielmehr ganz allgemein möglichst verhindern, daß Waffen in die Hände von Personen gelangen, die nach ihrem Verhalten kein Vertrauen verdienen, daß sie jederzeit und in jeder Hinsicht mit Waffen sorgsam umgehen[212]. Anders als im Bereich des § 5 Abs.1, in dem in jedem Fall eine umfassende Prüfung erforderlich ist, begründen die in § 5 Abs.2 aufgeführten Tatsachen "schon für sich allein" in der Regel einen Zuverlässigkeitsmangel[213]. Dementsprechend wird die Unzuverlässigkeit des § 5 Abs.2 im Gegensatz zu der speziell waffenrechtlichen des § 5 Abs.1 auch als allgemeine Unzuverlässigkeit[214] bezeichnet.

bb) Sperrfrist

§ 5 Abs.2 Nr.1 enthält eine sogenannte Sperrfrist[215], wonach die Regelvermutung im Hinblick auf den Bewährungs- und Neuorientierungsgedanken[216] dann nicht mehr eingreift, wenn seit der Rechtskraft der letzten Verurteilung mehr als fünf Jahre verstrichen sind. Diese Fristenbestimmung setzt der Berücksichtigung von Tatsachen mithin eine Grenze, die - anders

---

208 BVerwG, Buchholz 402.5 WaffG, Nr.53 S.28f.; Meyer, GewArch 1998, 89 (92); Häußler, BayVBl.1998, 73 (74). Zur diesbezüglichen Kritik und den Reformbestrebungen: Hinze, DVBl. 1987, 1190 (1192f.); BT-Drucks.11/1556, S.28.
209 BVerwG, Buchholz 402.5 WaffG, Nr.53, S.28f.
210 BVerwG, Buchholz 402.5 WaffG, Nr.64, S.52.
211 BVerwG, Buchholz 402.5 WaffG, Nr.62, S.48.
212 BVerwG, Buchholz 402.5 WaffG, Nr.62, S.49 und Nr.64, S.53.
213 BVerwG, Buchholz 402.5 WaffG, Nr.30, S.13.
214 Steindorf, WaffR, § 5 Rn.2; VG Sigmaringen, GewArch 1994, 87 (87).
215 Steindorf, WaffR, § 5 Rn.15.
216 BT-Drucks.7/2379, S.14; Steindorf, WaffR, § 5 Rn.16.

als die nach den gesamten Umständen des Einzelfalls zu bewertenden Tatsachen im Sinne von § 5 Abs.1 - schon für sich allein " in der Regel " den Mangel der erforderlichen Zuverlässigkeit begründen[217]. Der Fristablauf schließt jedoch nicht aus, daß das der Verurteilung zugrundeliegende Verhalten unter Umständen im Zusammenhang mit anderen Tatsachen die Annahme waffenrechtlicher Unzuverlässigkeit aufgrund des eine umfassende Prüfung aller Umstände des Einzelfalles erfordernden § 5 Abs.1 rechtfertigt[218].

cc) Wiederholte und gröbliche Gesetzesverstöße im Sinne von § 5 Abs.2 Nr.2 und die Tatbestände des § 5 Abs.2 Nr.3 und 4

Nach § 5 Abs.2 Nr.2 besitzt die erforderliche Zuverlässigkeit in der Regel nicht, wer wiederholt oder gröblich gegen die Vorschriften eines der in Nr.1 e) genannten Gesetze, also des Waffengesetzes, des Bundeswaffengesetzes, des Reichswaffengesetzes, des Gesetzes über die Kontrolle von Kriegswaffen, des Sprengstoffgesetzes oder des Bundesjagdgesetzes, verstoßen hat. Die Vorschrift setzt nicht wie § 5 Abs.2 Nr.1 e) eine rechtskräftige Verurteilung voraus[219]. Im Rahmen des § 5 Abs.2 Nr.2 kommt es - unter den Gesichtspunkten des wiederholten oder des gröblichen Gesetzesverstoßes - allein auf das sachliche Gewicht des zu beurteilenden Handelns oder Unterlassens an. Unerheblich ist, ob der Gesetzesverstoß als Straftat oder Ordnungswidrigkeit geahndet worden ist oder geahndet werden kann[220]. Auch wenn das wegen eines Verstoßes eingeleitete Strafverfahren eingestellt worden ist, kann die Regelvermutung Platz greifen, sofern sich feststellen läßt, daß tatsächlich gegen eines der genannten Gesetze verstoßen worden ist[221].
Die Frage, ob ein wiederholter oder gröblicher Gesetzesverstoß vorliegt, beurteilt sich nach ordnungsrechtlichen und nicht nach strafrechtlichen Gesichtspunkten[222]. Der Unterschied zwischen beiden Begriffen liegt darin,

---

217 BVerwG, Buchholz 402.5 WaffG Nr.30, S.13; Heinrich, GewArch 1989, 313 (314).
218 BVerwG, Buchholz 402.5 WaffG Nr.30, S.13; Kurth/Lehle/Lehmann, Aktuelles WaffR, § 5 Rn.29; Steindorf, WaffR, § 5 Rn.15.
219 Apel, WaffR, § 5 Erl.5 b).
220 BVerwG, Buchholz 402.5 WaffG Nr.28, S.4.
221 BVerwGE 101, 24 (32).
222 Meyer, GewArch 1998, 89 (94).

daß es bei der wiederholten Begehung nicht so sehr auf die Schwere des Verstoßes als auf die Mehrmaligkeit der Begehung ankommt, während die Gröblichkeit einen bewußt schwerwiegenden, eventuell mit Nachdruck begangenen Verstoß voraussetzt[223]. Für wiederholt reicht eine einmalige Wiederholung aus, so daß schon der zweite Verstoß die Zuverlässigkeit ernstlich in Frage stellt. Da das Gesetz lediglich einen wiederholten Verstoß gegen "die" Vorschriften verlangt, muß nicht in beiden Fällen derselbe Tatbestand tangiert sein[224].
Gröblich ist ein Verstoß, der nach objektivem Gewicht und dem Grad der Vorwerfbarkeit eine schwerwiegende Zuwiderhandlung darstellt, die dem Betroffenen bewußt ist und auf seine in einem gewissen, nicht unerheblichen Ausmaß rechtsfeindliche Einstellung schließen läßt[225].

Die Regelvermutung der Unzuverlässigkeit greift nach § 5 Abs.2 Nr.3 und Nr.4 auch dann ein, wenn die Person geschäftsunfähig bzw. in der Geschäftsfähigkeit beschränkt ist oder trunksüchtig, rauschmittelsüchtig, geisteskrank oder geistesschwach ist.

dd) Widerlegung der Regelvermutung

Da § 5 Abs.2 nur eine Regelvermutung darstellt, kann diese widerlegt werden. Bei Vorliegen des Tatbestandes ist eine abweichende Beurteilung jedoch nur zulässig, wenn besondere Umstände dies rechtfertigen[226]. Es muß sich um Umstände handeln, die einen Ausnahmefall kennzeichnen[227]. Bei strafgerichtlichen Verurteilungen (§ 5 Abs.2 Nr.1) bildet die der Verurteilung zugrundeliegende Straftat den Grund der Regelvermutung. Demgemäß ist sie im wesentlichen Gegenstand der Prüfung, ob ein Ausnahmefall vorliegt[228]. Eine Ausnahme kommt daher dann in Betracht, wenn die Umstände der abgeurteilten Tat die Verfehlung des Betroffenen ausnahmsweise derart in einem milderen Licht erscheinen lassen, daß die nach der

---

[223] Steindorf, WaffR, § 5 Rn.24; Frank, Waffengesetz, § 5 Erl.7.
[224] Kurth/Lehle/Lehmann, Aktuelles WaffR, § 5 Rn.33.
[225] Kurth/Lehle/Lehmann, Aktuelles WaffR, § 5 Rn.33.
[226] Nr. 5.2 WaffVwV; BVerwG, Buchholz 402.5 WaffG Nr.40, S.62.
[227] Wann dies der Fall ist, entzieht sich weitgehend einer generellen Beantwortung und kann nur nach den besonderen Gegebenheiten des Einzelfalls beurteilt werden, vgl. Meyer, GewArch 1998, 89 (91), Fn.39.
[228] Meyer, GewArch 1998, 89 (91).

Wertung des Gesetzgebers in der Regel durch eine solche Straftat begründeten Zweifel an der für die waffenrechtliche Erlaubnis vorausgesetzten Vertrauenwürdigkeit des Betroffenen bezüglich des Umgangs mit Waffen und Munition nicht gerechtfertigt sind[229]. Erforderlich ist danach eine Würdigung der Schwere der konkreten Verfehlung und der Persönlichkeit des Betroffenen, wie sie in seinem Verhalten zum Ausdruck kommt[230].

3. Wege zur Tatsachenfeststellung

a) Bundeszentralregisterauskunft

Zur Prüfung der Unzuverlässigkeit hat die Erlaubnisbehörde unbeschränkte Auskünfte aus dem Bundeszentralregister (§ 41 Abs.1 Nr.9 Bundeszentralregistergesetz) einzuholen. Weiterhin sind Anfragen bei den örtlichen Polizeidienststellen und dem Landeskriminalamt durchzuführen. Nach Lage des Einzelfalles kommen darüber hinaus auch andere Maßnahmen, z.B. die Vorlage eines amts- oder fachärztlichen Zeugnisses oder die Vorladung des Antragstellers in Betracht[231].

b) Auskunft der „Gauck-Behörde“

Schließlich ist bei jedem Betroffenen mit (auch vormaligen) Wohnsitz in der früheren DDR der Bundesbeauftragte für die Unterlagen des Staatssicherheitsdienstes der ehemaligen DDR um Auskünfte beziehungsweise Einsichtgewährung in oder Herausgabe von Unterlagen zu ersuchen (§ 20 Abs.1 Nr.8 Stasi-Unterlagengesetz - vom 28.12.1991 BGBl. I S.2272).

---

[229] BVerwG, DVBl. 1991, 1369 (1369); BVerwG, Buchholz 402.5 WaffG, Nr.36 S.40.
[230] BVerwG, DVBl. 1991, 1369 (1369).
[231] Vgl.dazu Nr.30.1.3 WaffVwV.

4. Wiederholung der Zuverlässigkeitsprüfung

Hinsichtlich einer periodischen Zuverlässigkeitsprüfung sieht das Waffengesetz in § 30 Abs.4 lediglich vor, daß die zuständige Behörde die Inhaber von WBK in regelmäßigen Abständen, mindestens jedoch nach Ablauf von fünf Jahren, erneut auf ihre Zuverlässigkeit zu prüfen hat. Die frühere Fassung des § 28 Abs.1 sah eine Ausstellung der WBK nur für fünf Jahre vor, so daß die Behörde nach fünf Jahren alle Zuverlässigkeitsumstände noch einmal zu überprüfen hatte[232]. Da diese Regelung entfallen ist und die Erlaubnis zur Ausübung der tatsächlichen Gewalt nunmehr unbefristet erteilt wird, sieht § 30 Abs.4 als Ausgleich für die weggefallene Befristung eine Nachprüfung der Zuverlässigkeit im Abstand von mindestens fünf Jahren vor[233]. Dies gilt nach § 30 Abs.4 Satz 2 nicht für die Inhaber von WSen, da dieser Personenkreis aufgrund der Befristung des WS nach § 35 Abs.1 Satz 3 ohnehin mindestens alle drei Jahre auf seine Zuverlässigkeit überprüft wird[234].

5. Gerichtliche Überprüfbarkeit

Der Begriff der Unzuverlässigkeit im Sinne von § 5 Abs.1 und 2 wird ganz überwiegend als unbestimmter Rechtsbegriff qualifiziert[235] (a). Nur eine Stimme in der Literatur ist der Ansicht, daß es sich bei der waffenrechtlichen Unzuverlässigkeit nicht um einen unbestimmten Rechtsbegriff handelt (b.). Die unterschiedliche Einordnung ist insofern von Bedeutung, als unbestimmte Rechtsbegriffe der vollen richterlichen Überprüfung unterliegen, während in anderen Fällen der Behörde ein nur eingeschränkt über-

---

[232] Hinze, WaffR, § 30 Anm.9.

[233] BT-Drucks.7/2379, S.18; Apel, WaffR, § 30 Erl.6; Ehmke, Waffen und WaffR, § 30 Anm. zu Abs.4; Hinze, WaffR, § 30 Anm.9.

[234] Steindorf, WaffR, § 30 Rn.14; Apel, WaffR, § 30 Erl.6; Ehmke, Waffen und WaffR, § 30 Anm. zu Abs.4.

[235] Steindorf, WaffR, § 5 Rn.5; Apel, WaffR, § 5 Erl.2; Kurth/Lehle/Lehmann, Aktuelles WaffR, § 5 Rn.1; Gehrmann, GewArch 1991, 201 (203); Gaisbauer, GewArch 1972, 317 (317); Karnop/Sanetra, KommunalPraxis MO, Nr.3/1993, 51 (52); VG Sigmaringen, GewArch 1994, 87 (87); VG Darmstadt, NVwZ-RR 1994, 581 (581f.). Ebenso Pottmeyer, Kriegswaffenkontrollgesetz, § 6 Rn.89, für den Unzuverlässigkeitsbegriff im KWKG und Apel/Keusgen, Sprengstoffgesetz, Bd.2, § 8 SprengG Erl.2 a) für den Unzuverlässigkeitsbegriff im Sprengstoffgesetz.

prüfbarer Ermessensspielraum zukommen kann. Um diesen Unterschied zu verdeutlichen, zeige ich unter c) die Kriterien auf, die im Einzelfall zur Einräumung eines Ermessenspielraumes führen können und wende sie auf die waffenrechtliche Unzuverlässigkeit an (d). Hierbei unterscheide ich zwischen § 5 Abs.1 (aa) und § 5 Abs.2 (bb) und beziehe mich auf Merkmale, die auch bei der Einordnung des gewerberechtlichen Unzuverlässigkeitsbegriff herangezogen werden.

a) Volle gerichtliche Überprüfbarkeit

Bei der Einordnung als unbestimmter Rechtsbegriff ist die im Einzelfall zu treffende Entscheidung allein durch die Unterordnung des festgestellten Sachverhaltes unter die in Abs.1 und 2 festgelegten Tatbestandsmerkmale zu treffen[236]. Der Behörde kommt insoweit weder ein Ermessens- noch ein Beurteilungsspielraum zu[237]. Die Verwaltungsgerichte sind daher nicht nur berechtigt, sondern verpflichtet, vollen Umfangs zu prüfen, ob die Behörden den Sachverhalt richtig und vollständig ermittelt, ob sie die einschlägigen Vorschriften zutreffend ausgelegt und ob sie den Sachverhalt zutreffend unter die Rechtsvorschriften subsumiert haben, insbesondere ob die festgestellten Tatsachen den Schluß rechtfertigten, die betreffende Person sei unzuverlässig[238].

b) Eingeschränkte gerichtliche Überprüfbarkeit

Im Gegensatz dazu plädiert Hinze für ein Umdenken in der Einstufung des bei der Unzuverlässigkeitsprüfung vorzunehmenden Verwaltungshandelns[239]. Da die Entscheidung im Rahmen von § 5 eine Interessenabwägung erfordere und der Charakter eines Menschen keine "Tatsache" darstelle, könne von der Unterordnung unter einen unbestimmten Rechtsbegriff keine Rede sein[240]. Es handele sich vielmehr um eine

---

236 Steindorf, WaffR, § 5 Rn.5.
237 VG Sigmaringen, GewArch 1994/2, 87 (87).
238 Vgl. Laubinger für die Überprüfung der gewerberechtlichen Zuverlässigkeit, VerwArch 1998, 145 (159).
239 DVBl. 1987, 1190 (1192).
240 Hinze, DVBl. 1987, 1190 (1192).

Persönlichkeitsbeurteilung, die ein bestimmtes Maß an durch Berufserfahrung begründete Menschenkenntnis voraussetze. Die Entscheidung stehe daher im "gebundenen Ermessen"[241], was der Behörde einen "größeren unnachprüfbaren Entscheidungsspielraum" als die Unterordnung unter einen unbestimmten Rechtsbegriff eröffne[242].

c) Lehre vom Beurteilungsspielraum der Verwaltung

Hinze spricht damit ein in Rechtsprechung und Literatur außerordentlich kontrovers diskutiertes Thema an, die Lehre vom sogenannten Beurteilungsspielraum bei unbestimmten Rechtsbegriffen[243]. Der Kernpunkt des Problems zeigt sich in der Frage, wem nach der Rechtsordnung das Mandat zur Auslegung und Konkretisierung der unbestimmten Rechtsbegriffe und zur letztverbindlichen Anwendung auf den Einzelfall zusteht: der gesetzanwendenden Verwaltung oder dem kontrollierenden Verwaltungsgericht[244]. Für eine entsprechende Letztentscheidungskompetenz der Verwaltung und der damit verbundenen Einräumung eines Beurteilungsspielraumes bei der waffenrechtlichen Unzuverlässigkeitsbeurteilung läßt sich jedoch weder die von Hinze angeführte Notwendigkeit einer Interessenabwägung noch der Hinweis auf die notwendige Berufserfahrung heranziehen. Denn zum einen folgt der Ausschluß einer Gerichtskontrolle nicht aus der Notwendigkeit einer "Abwägung unter mehreren Wertungsgesichtspunkten"[245]. Vielmehr handelt es sich dabei um die bei der Ausfüllung von unbestimmten Rechtsbegriffen typischen Gegenüberstellung von Gesichtspunkten[246], wie sie bei

---

[241] Die Annahme Hinzes, zahlreiche Verwaltungsgerichtsentscheidungen ließen die Hinwendung zur Beurteilung der Zuverlässigkeit als gebundene Ermessensentscheidung erkennen, entbehrt nach Heinrich, GewArch 1989, 313 (313) "jeder Grundlage".

[242] Hinze, DVBl. 1987, 1190 (1191).

[243] Vgl. die zusammenfassende Darstellung bei Maurer, Allgemeines Verwaltungsrecht, § 7 Rn.26ff.

[244] Ossenbühl, in: Erichsen, Allgemeines Verwaltungsrecht, § 10 Rn.7.

[245] BVerwGE 81, 12 (17); BVerwGE 87, 332 (361); BVerwG, NVwZ 1991, 568 (570) und NVwZ 1991, 268 (269).

[246] Das Erfordernis einer Wertung läßt sich auch nicht gegen das Vorliegen eines unbestimmten Rechtsbegriffes an sich heranziehen. Denn es liegt im Wesen unbestimmter Rechtsbegriffe, daß sie von der sie anwendenden Behörde eine Wertung verlangen. Vgl. dazu Ule, Verwaltungsprozeßrecht S.9f.; Eyermann/Fröhler, VwGO, § 114 Rn.7.

einer interessensbezogenen Rechtsanwendung üblich ist[247]. Zum anderen spricht auch eine mögliche mangelnde Sachkunde des Gerichts - sofern diese bei der Einschätzung der waffenrechtlichen Unzuverlässigkeit überhaupt erforderlich ist[248] - nicht für die Einräumung eines Beurteilungsspielraumes. Denn sollte ein Sachverhalt im Rahmen von § 5 derartige Besonderheiten aufweisen[249], daß die Beurteilung eine dem Gericht nicht zur Verfügung stehende Sachkunde erforderlich macht, so ist es dem Gericht durch Heranziehung von Sachverständigen jederzeit möglich, sich sachkundig zu machen[250].

Möglicherweise eröffnet § 5 der Verwaltung jedoch aus anderen Gesichtspunkten einen Beurteilungsspielraum. Wenngleich die Einzelheiten der Lehre vom Beurteilungsspielraum sehr umstritten sind, ist in Rechtsprechung und Literatur weitgehend anerkannt, daß der Behörde bei der Anwendung von unbestimmten Rechtsbegriffen in bestimmten Fallgruppen ein Beurteilungsspielraum zustehen kann[251]. Die Rechtsprechung hat eine Prärogative der Verwaltung namentlich bei beamtenrechtlichen Beurteilungen[252], bei Prüfungsentscheidungen[253], bei Wertungen, die das Gesetz sachverständigen oder pluralistisch zusammengesetzten Gremien anvertraut[254], bei Prognoseentscheidungen[255] und bei planerisch gestaltenden Entscheidungen[256] anerkannt.

Die Richtigkeit der Lehre vom Beurteilungsspielraum könnte jedoch im Rahmen der vorliegenden Arbeit dahingestellt bleiben, wenn die Prüfung

---

247 BVerwGE 87, 332 (361); BVerwGE 81, 12 (17).

248 Nach BVerwG, Buchholz 402.5 WaffG, Nr.55, bewegt sich das Gericht bei der Prüfung im Rahmen von § 5 Abs.1 in der Regel in Lebens- und Erkenntnisbereichen, die dem Richter allgemein zugänglich sind.

249 Zu diesen Fällen Gehrmann, GewArch 1991, 201 (205).

250 Vgl. Tettinger, DVBl. 1982, 421 (424); Schenke, in: BK, Art.19 Abs.4, Rn.341 und WiVerw 1988, 145 (178); Müller-Glöge, Die verwaltungsgerichtliche Kontrolle administrativer Immsissionsprognosen, S.88.

251 Vgl. zu den diesbezüglichen Fallgruppen, Kopp, VwGO, § 114, Rn.25ff.; Sachs, in: Stelkens/Bonk/Sachs, VwVfG, § 40 Rn.101ff; Schenke, in: BK, Art.19 Abs.4, Rn.345ff.

252 Vgl. BVerwGE 61, 176 (185).

253 Vgl. BVerwGE 70, 143 (145f.).

254 Vgl. BVerwGE 77, 75 (78).

255 Vgl. BVerwGE 79, 208 (213ff.).

256 Vgl. BVerwGE 48, 56 (59).

der Unzuverlässigkeit im Sinne von § 5 WaffG nicht unter die einschlägigen Fallgruppen fiele und ein Beurteilungsspielraum demnach auch nach den Vertretern dieser Lehre nicht anerkannt werden könnte.

d) Waffenrechtliche Unzuverlässigkeitsprüfung als Fall der Prognoseentscheidung

Für die Frage der waffenrechtlichen Unzuverlässigkeit kommt die Gruppe der sogenannten Prognoseentscheidungen in Betracht. Eine Einschränkung der gerichtlichen Überprüfung kann sich nämlich in den Fällen ergeben, in denen einer Entscheidung nicht nur vergangene oder gegenwärtige Tatsachen zugrundegelegt werden, sondern wenn darüber hinaus auch zukünftige Tatsachen berücksichtigt werden müssen, das heißt solche tatsächlichen Umstände, deren zukünftiger Eintritt vorausschauend angenommen und dementsprechend unterstellt werden muß[257]. Solche Prognosen über eine zukünftige Entwicklung entzögen sich natürgemäß einer exakten Tatsachenfeststellung [258], so daß der Verwaltung hierbei ein sogenannter Prognosespielraum eingeräumt werden müsse[259]. Die Besonderheit dieses Spielraumes bestehe in der vorausschauenden Einschätzung, die von einem Gericht nicht korrigiert werden dürfe[260]

Auch bei der Feststellung der waffenrechtlichen Unzuverlässigkeit nach § 5 Abs.1 ist eine Prognose zu treffen[261], deren Gegenstand das künftige Verhalten einer Person ist. Fraglich ist allerdings, ob der Verwaltung bei dieser Prognose ein Beurteilungsspielraum zukommt und ob auch die Unzuverlässigkeitsprüfung im Rahmen von § 5 Abs.2 eine Prognoseentscheidung erfordert.

---

[257] BVerwGE 62, 86 (107f.).
[258] BVerwGE 62, 86 (107f.).
[259] Kopp, VwGO, § 114, Rn.37.
[260] Wolff/Bachof/Stober, Verwaltungsrecht I, § 31 Rn.20.
[261] BVerwG, Buchholz, 402.5 WaffG, Nr.30, S.12f.; Hinze, WaffR, § 5 Anm.5; Heinrich, GewArch 1989, 313 (313); Meyer, GewArch 1998, 89 (90).

aa) § 5 Abs.1

(1) Prognoseentscheidung

Die für die Beurteilung der Unzuverlässigkeit nach § 5 Abs.1 erforderliche Prognose ist anhand einer umfassenden Einbeziehung und Bewertung aller Tatsachen vorzunehmen, die für die zu treffende zukunftsbezogene Beurteilung bedeutsam sein können[262]. Aufgrund der festgestellten Tatsachen muß ein Urteil darüber getroffen werden, ob die betroffene Person sich waffenrechtlich ordnungsgemäß verhalten wird. Bei Begriffen mit prognostischem Inhalt geht die wohl h.M. zwar davon aus, daß der Verwaltung Einschätzungsprärogativen eingeräumt werden können, die die gerichtliche Kontrolle begrenzen. Die Notwendigkeit einer Prognose allein kann jedoch einen Beurteilungsspielraum noch nicht rechtfertigen[263]. Denn angesichts des weiten Anwendungsbereichs prognostischer Urteile wäre eine solche Annahme mit dem prinzipiell umfassenden Prüfungsauftrag der Gerichte nicht zu vereinbaren[264]. Es müssen vielmehr noch zusätzliche normbezogene Anhaltspunkte für eine solche Letztentscheidungskompetenz vorhanden sein[265].

(2) Zusätzliche normbezogene Anhaltspunkte

Solche normbezogenen Anhaltspunkte für einen Beurteilungsspielraum der Verwaltung werden beispielsweise in der Unvertretbarkeit und Unwiederholbarkeit einer Prognoseentscheidung oder in deren höchstpersönlicher

---

[262] BVerwG, Buchholz 402.5 WaffG, Nr.30, S.12f.
[263] Sachs, in: Stelkens/Bonk/Sachs, VwVfG, § 40 Rn.108; Tettinger, DVBl. 1982, 421 (425); Schmidt-Aßmann, in: Maunz/Dürig, GG, Art.19 Abs.4, Rn.198; Wahl, NVwZ 1991, 409 (409); Ramsauer, Die Assessorprüfung, § 37 Rn.37.09; Schenke, in: BK, Art.19 IV, Rn.353 und in: Steiner, Besonderes Verwaltungsrecht, II C, Rn.28; Breuer, Der Staat 16 (1977), 21 (50f.); Nierhaus, DVBl. 1977, 19 (23ff.); Müller-Glöge, Die verwaltungsgerichtliche Kontrolle administrativer Immissionsprognosen, S.91. A.A.: BVerwGE 62, 86 (107f.); Scholz, VVDStRL 34 (1976), 145 (184); Kopp, VwVfG, § 40 Rn.84ff. und VwGO, § 114 Rn.37ff.
[264] Schmidt-Aßmann, in: Maunz/Dürig, GG, Art. 19 Abs.4, Rn.198; Tettinger, DVBl.1982, 421 (425); Schenke, in: BK, Art.19 Abs.4, Rn.353.
[265] Tettinger, DVBl. 1982, 421 (425f.); Nierhaus, DVBl. 1977, 19 (23).

Natur erblickt[266]. Darüber hinaus wird darauf hingewiesen, daß die Intensität der gerichtliche Kontrolle allgemein um so geringer sei, je weniger intensiv die gesetzliche Regelungsdichte, das heißt je "offener" die Norm ausgestaltet ist[267]. Die Einräumung eines Beurteilungsspielraumes sei dagegen tendenziell bedenklich, wenn Grundrechte beschränkt werden und ihre Beschränkung der verwaltungsgerichtlichen Kontrolle entzogen werden würden[268].

Ob ein unbestimmter Rechtsbegriff einen behördlichen Beurteilungsspielraum enthält oder nicht, ist im Wege der Auslegung zu klären[269]. Zu prüfen ist daher, ob § 5 Abs.1 solche zusätzlichen normbezogenen Anhaltspunkte aufweist. Da die waffenrechtliche Unzuverlässigkeit sich zwar inhaltlich von der gewerberechtlichen unterscheidet[270], der Begriff jedoch aus der Gewerbeordnung übernommen wurde[271] und in beiden Gesetzen als Voraussetzung für eine Untersagung bzw. Versagung dient, bietet sich für die Einordnung ein Vergleich mit der gewerberechtlichen Unzuverlässigkeitsprüfung im Rahmen des § 35 Gewerbeordnung (GewO) an.

(a) §§ 30 Abs.1 Satz 1 Nr.2 WaffG im Vergleich mit § 35 Abs.1 Satz 1 GewO

Bei § 35 GewO wird eine Offenheit der Norm vermißt, weil für die Gewerbeuntersagung mehrere "gesetzlich festgelegte Tatbestandsmerkmale nach dem Prinzip absolut strenger Kausalität erfüllt sein müssen"[272]. Darüber hinaus erfordere Art. 12 GG bei der oftmals existenzentscheidenden Gewerbeuntersagung wegen Unzuverlässigkeit die volle richterliche Nachprüfbarkeit[273]. Schließlich handele es sich weder bei der Auswahl der unzuverläs-

---

[266] Tettinger, DVBl. 1982, 421 (425f.); Nierhaus, DVBl. 1977, 19 (23).
[267] Vgl. Schulze-Fielitz, JZ 1993, 772 (774) mit weiteren Nachweisen in Fn.51.
[268] Schulze-Fielitz, JZ 1993, 772 (776).
[269] Kopp, VwGO, § 114, Rn.24.
[270] Vgl. oben Teil 3, D.II.1.
[271] Eingehend zur Herkunft des Begriffs, Lang, Die Zuverlässigkeit von Personen- und Kapitalgesellschaften im Umweltrecht, S.114ff.
[272] Marcks, in: Landmann/Rohmer, GewO I, § 35 Rn.29; Fröhler/Kormann, GewO, § 35 Rn.13.
[273] Heß, in: Friauf, GewO, § 35 Rn.49; Fröhler/Kormann, GewO, § 35 Rn.13; Schaeffer, WiVerw 1982, 100 (101).

sigkeitserheblichen Tatsachen noch bei ihrer prognostischen Bewertung um Umstände, die - wie etwa Prüfungsentscheidungen - wegen ihrer Einmaligkeit und Höchstpersönlichkeit gerichtlich nicht authentisch nachvollzogen werden könnten[274]. Die h.M. geht daher davon aus, daß das Unzuverlässigkeitsurteil der Verwaltung gemäß § 35 GewO der vollen gerichtlichen Überprüfung unterliegt und demnach der Behörde kein Beurteilungsspielraum zukommt[275].

Fraglich ist, ob der aus dem Gewerberecht stammende Begriff der Unzuverlässigkeit[276] im Waffenrecht eine andere Bewertung verlangt und der Behörde bei der Prüfung im Rahmen des § 5 Abs.1 ein Beurteilungsspielraum zukommt.

(aa) Normaufbau

Eine unterschiedliche Bewertung könnte sich aus dem Aufbau von § 30 ergeben. Während § 35 GewO bewußt auf eine gesetzliche Definition der Unzuverlässigkeit verzichtet[277] und lediglich einen Bezug zum konkreten Gewerbe festlegt, erfährt der waffenrechtliche Begriff der Unzuverlässigkeit durch den Verweis des § 30 Abs.1 Satz 1 Nr.2 auf § 5 eine weitgehende Konkretisierung. In § 5 Abs.1 werden Regelbeispiele aufgeführt, die die Unzuverlässigkeit begründen. Darüber hinaus sind durch die Verweisung in

---

[274] So Schaeffer, WiVerw 1982, 100 (101) für die Unzuverlässigkeitsprüfung im Rahmen des § 35 GewO.

[275] Fröhler/Kormann, GewO, § 35 Rn.13; Heß, in: Friauf, GewO, § 35 Rn.49; Marcks, in: Landmann/Rohmer, GewO I, § 35 Rn.29; Sieg/Leifermann/Tettinger, GewO § 35 Rn.8; Knaus, Die gewerberechtliche Unzuverlässigkeit bei Verstößen gegen zivilrechtliche Normen, S.15ff.; Metzner, WiVerw 1981, 43 (45); Schaeffer, WiVerw 1982, 100 (100f.); Tettinger, DVBl.1982, 421 (426). Der Sache nach, allerdings ohne sich zur Frage des Beurteilungsspielraumes zu äußern, auch BVerwGE 1, 147 (149); 28, 202 (204). Ausdrücklich VGH Kassel, NVwZ-RR 1991, 146 (146) und Hess.VGH, GewArch 85, 267 (268). Ebenso für § 4 GaststättenG, Metzner, GaststättenG, § 4 Rn.1; Michel/Kienzle, GaststättenG § 4 Rn.10. A.A.: Janssen, GewArch 1969 (6f.) und Kienzle, GewArch 1974, 253 (255).

[276] Eingehend zur Herkunft des Begriffs, Lang, Die Zuverlässigkeit von Personen- und Kapitalgesellschaften im Umweltrecht, S.114ff.

[277] Vgl. dazu Marcks, in: Landmann/Rohmer, GewO I, § 35 Rn.28; Heß, in: Friauf, GewO, § 35 Rn.48; Lang, Die Zuverlässigkeit von Personen- und Kapitalgesellschaften im Umweltrecht, S.30.

§ 30 Abs.1 neben der Unzuverlässigkeit auch die Versagungsgründe der mangelnden Sachkunde (§ 31) und des fehlenden Bedürfnisses (§ 32) gesetzlich konkretisiert. Die Erlaubnisversagung im Rahmen des § 30 Abs.1 Satz 1 ist also ebenso wie bei § 35 Abs.1 GewO an gesetzlich streng festgelegte Tatbestandsmerkmale gebunden.
Der Vergleich beider Normen zeigt sogar, daß die Regelungsdichte des § 30 i.V.m. § 5 noch über die des § 35 GewO hinausgeht. Eine solche weitgehende gesetzliche Begriffskonkretisierung auf der Tatbestandsseite und der damit verbundene geschlossene Aufbau der Norm sprechen gegen die Einräumung eines Beurteilungsspielraumes zugunsten der Verwaltung.
Schließlich ist auch das behördliche Handeln genau und eng auf das unbedingt Nötige beschränkt[278]. Die mangelnde Zuverlässigkeit eines Antragstellers steht der Erteilung einer WBK bzw. WS zwingend entgegen[279], so daß die Erlaubnis versagt werden muß. Ein Ermessensspielraum steht der Behörde somit nicht zu.
Sowohl die gesetzliche Konkretisierung des Tatbestandsmerkmals der waffenrechtlichen Unzuverlässigkeit als auch die genaue Bestimmung der Rechtsfolge zeigen, daß der Gesetzgeber der Verwaltung weder einen Beurteilungs- noch einen Ermessensspielraum einräumen wollte.

(bb) Nachvollziehbarkeit der Entscheidung

Anders als etwa bei der Frage nach der Eignung einer Person für ein bestimmtes Amt, die auf Grund eines persönlichen Eindrucks von Befähigung und charakterlicher Eignung zu beurteilen ist[280], beruht die Einschätzung der waffenrechtlichen Unzuverlässigkeit ebenso wie bei § 35 GewO nicht auf einem höchstpersönlichen Fachurteil. Sie erfolgt vielmehr anhand gesetzlich vorgegebener Maßstäbe, deren Anwendung auf den Einzelfall ohne weiteres vom Gericht überprüft werden kann und wofür das Verwal-

---

[278] Vgl. Marcks für die gewerberechtliche Unzuverlässigkeit, in: Landmann/Rohmer, GewO I, § 35 Rn.29.
[279] Steindorf, WaffR, § 30 Rn.1.
[280] Dazu Wolff/Bachof/Stober, Verwaltungsrecht I, § 31 Rn.21.

tungsgericht auch keine besondere Sachkunde benötigt[281]. Auch dies spricht gegen die Einräumung eines Beurteilungsspielraumes.

(b) Zwischenergebnis

Der Vergleich von §§ 30 Abs.1 Satz 1 Nr.2, 5 Abs.1 mit § 35 GewO ergibt keine Anhaltspunkte, die eine unterschiedliche Bewertung der gewerberechtlichen und der waffenrechtlichen Unzuverlässigkeit in bezug auf die Einräumung eines Beurteilungsspielraumes rechtfertigen. Da auch sonst keine Gründe für einen Beurteilungsspielraum ersichtlich sind, unterliegt die Unzuverlässigkeitsprognose im Rahmen des § 5 Abs.1 der vollen gerichtlichen Kontrolle.

bb) § 5 Abs.2

Bei der im Rahmen von § 5 Abs.2 vorzunehmenden Unzuverlässigkeitsprüfung ist bereits zweifelhaft, ob diese überhaupt einer Prognoseentscheidung erfordert.

(1) Prognoseentscheidung

Nach § 5 Abs.2 Nr.1 begründet bereits die Tatsache einer rechtskräftigen strafgerichtlichen Verurteilung - anders als die nach den gesamten Umständen des Einzelfalls zu beurteilenden Tatsachen i.S. von § 5 Abs.1 - "für sich allein" in der Regel den Mangel der erforderlichen Zuverlässigkeit[282]. Darin liegt bereits die Wertung des Gesetzgebers - ohne daß es dazu einer Prognose über das zukünftige Verhalten der betroffenen Person bedarf - daß die Begehung bestimmter Straftaten ein wichtiges Indiz für deren mangelnde Zuverlässigkeit ist. Eine Gesamtwürdigung ist demnach nicht mehr gebo-

---

[281] Vgl. BVerwG, Buchholz 402.5 WaffG, Nr.55, wonach sich das Gericht bei der diesbezüglichen Würdigung in der Regel in Lebens- und Erkenntnisbereichen bewegt, die dem Richter allgemein zugänglich sind.
[282] BVerwG, Buchholz 402.5 WaffG, Nr.36, S.40.

ten[283], vielmehr hat das Gericht nur noch zu prüfen, ob ausnahmsweise besondere Umstände vorliegen, die die Regelvermutung entkräften. Die Einschätzung der Unzuverlässigkeit ist mithin eng an die mit Indizwirkung ausgestatteten Tatsachen nach § 5 Abs.2 Nr.1-4 gebunden, so daß die Entscheidung keinen prognostischen, sondern einen objektiv diagnostischen Charakter aufweist.

(2) Zwischenergebnis

Die Prüfung im Rahmen von § 5 Abs.2 kann schon nicht der Gruppe der Prognoseentscheidungen im dargestellten Sinn zugeordnet werden, so daß für die Frage der Einräumung eines diesbezüglichen Beurteilungsspielraumes der Behörde kein Anlaß besteht. Auch die anderen von der Rechtsprechung und Literatur anerkannten Fallgruppen[284] sind im Rahmen des § 5 Abs.2 nicht einschlägig.

e) Ergebnis

Die Ansicht von Hinze, die Entscheidung über die waffenrechtliche Unzuverlässigkeit nach § 5 stünde im "gebundenen Ermessen" der Behörde und eröffne dieser einen Entscheidungsspielraum[285], ist aus den dargelegten Gründen abzulehnen. Zu folgen ist der h.M.[286], wonach die Entscheidung im Rahmen des § 5 uneingeschränkt der richterlichen Kontrolle unterliegt.

---

[283] Ausdrücklich VG Sigmaringen, GewArch 1994, 87 (87). Ebenso Meyer, GewArch 1998, 89 (91).
[284] Vgl. oben Teil 3, D.II.5.c).
[285] DVBl. 1987, 1190 (1191f.).
[286] Steindorf, WaffR, § 5 Rn.5; Apel, WaffR, § 5 Erl.2; Gehrmann, GewArch 1991, 201 (203); Heinrich, GewArch 1989, 313 (313); Gaisbauer, GewArch 1972, 317 (317); Karnop/Sanetra, KommunalPraxis MO, Nr.3/1993, 51 (52); VG Sigmaringen, GewArch 1994, 87 (87); VG Darmstadt, NVwZ-RR 1994, 581 (581). Ebenso Pottmeyer, Kriegswaffenkontrollgesetz, § 6 Rn.89, für den Unzuverlässigkeitsbegriff im KWKG und Apel/Keusgen, Sprengstoffgesetz, Bd.2, § 8 Erl.2 a) für den Unzuverlässigkeitsbegriff im Sprengstoffgesetz.

III. Fehlende Sachkunde

Nach §§ 30 Abs.1 Satz 1 Nr.2, 36 Abs.1 Satz 1 sind WBK und WS zu versagen, wenn der Antragsteller die erforderliche Sachkunde (§ 31)[287] nicht besitzt. Gemäß § 31 Abs.1 hat den Nachweis der Sachkunde erbracht, wer eine Prüfung vor der dafür bestimmten Stelle bestanden hat oder seine Sachkunde durch eine Tätigkeit oder Ausbildung nachweist. Die Einzelheiten sind in der Ersten Verordnung zum Waffengesetz (1. WaffV) geregelt. Nach § 29 der 1. WaffV umfaßt die Sachkunde ausreichende Kenntnisse in der Handhabung der Schußwaffe und im Umgang mit der Munition, über die Reichweite und Wirkungsweise der Geschosse, über die wichtigsten waffenrechtlichen Vorschriften sowie über Notwehr und Notstand. Die nachzuweisenden Kenntnisse brauchen gemäß § 29 Abs.2 der 1. WaffV nur für die Schußwaffen- und Munitionsart nachgewiesen zu werden, für die die Erlaubnis beantragt wird. Die Kenntnisse müssen vor einem Prüfungsausschuß in einer theoretischen und praktischen Prüfung nachgewiesen werden, über deren Ergebnis ein Zeugnis ausgestellt wird (§ 30 der 1. WaffV). Eine vor der Erteilung der WBK abgelegte Prüfung genügt gemäß § 31 der 1. WaffV auch als Sachkundenachweis bei der Erteilung eines Munitionserwerbscheines oder eines WS, soweit es sich um eine vergleichbare Schußwaffenart handelt.

Nach § 32 der 1. WaffV gilt die Sachkunde u.a. dann als nachgewiesen, das heißt es bedarf keiner besonderen Prüfung mehr, wenn der Antragsteller die Jägerprüfung bestanden oder die Gesellenprüfung im Büchsenmacherhandwerk abgelegt hat. Auch derjenige, der hinreichende Waffenkenntnisse aufrund einer anderweitigen, insbesondere behördlichen, z.B. polizeilichen oder militärischen[288], oder staatlich anerkannten Ausbildung erworben hat, braucht sich einer Sachkundeprüfung nicht mehr zu unterziehen.

---

[287] Bei dem Begriff der Sachkunde im Sinne von § 31 handelt es sich ebenfalls um einen unbestimmten Rechtsbegriff, vgl. Kurth/Lehle/Lehmann, Aktuelles WaffR, § 31 Rn.3 und VG Neustadt/Weinstraße, GewArch 1998, 120 (121).

[288] Steindorf, WaffR, § 31 Rn.2; Kurth/Lehle/Lehmann, Aktuelles WaffR, § 31 Rn.5; Hennig, Waffensachkundeprüfung, S.10; Apel, WaffR, § 31 Erl.4.; Hinze, WaffR, § 31 Anm.3.

IV. Mangelnde körperliche Eignung

Nach §§ 30 Abs.1 Satz 1 Nr.2, 36 Abs.1 Satz 1 sind WBK und WS auch dann zu versagen, wenn der Antragsteller die erforderliche körperliche Eignung[289] nicht besitzt. Dieses Erfordernis besagt, daß der Waffenträger rein körperlich in der Lage sein muß, die Schußwaffe sachgerecht zu bedienen[290]. Hierfür ist im wesentlichen eine ausreichende natürliche oder durch optische Hilfsmittel erreichte Sehfähigkeit von Bedeutung[291].

V. Fehlendes Bedürfnis

Nach §§ 30 Abs.1 Satz 1 Nr.3, 36 Abs.1 Satz 1 sind WBK und WS zu versagen, wenn ein Bedürfnis (§ 32) nicht nachgewiesen ist.
Im folgenden sollen zunächst die im Gesetz vorgesehenen Fälle aufgezeigt werden, in denen ein waffenrechtliches Bedürfnis vorliegen kann (1.). Im Anschluß daran wird erläutert, in welcher Form die für die Anerkennung eines Bedürfnisses maßgeblichen Tatsachen dargelegt werden müssen (2.). Da der Begriff des Bedürfnisses im deutschen Waffenrecht von zentraler Bedeutung ist, wird unter (3.) auf die Herkunft des Begriffes und auf den Zweck der Bedürfnisprüfung näher eingegangen. Danach sollen die Auslegungsgrundsätze dargestellt werden, die für den in der Praxis besonders wichtigen Bedürfnisgrund des Schutzbedarfes nach § 32 Abs.1 Nr.3 gelten (4.). Den Schluß des V. Abschnittes bildet die Frage, ob es sich bei der Bedürfnisprüfung um eine Ermessensentscheidung oder um die Unterordnung eines Sachverhaltes unter einen unbestimmten Rechtsbegriff handelt (5.).

1. Beispielhafte Aufzählung in § 32 Abs.1

§ 32 Abs.1 gibt eine Aufzählung von Fällen, in denen ein Bedürfnis vorliegt. Genannt werden der Jagdbedarf (Nr.1), der Sportbedarf (Nr.2), der Schutzbedarf (Nr.3) und der Bedarf für eine wissenschaftliche und techni-

289 Auch hierbei handelt es sich um einen unbestimmten Rechtsbegriff, vgl. Kurth/Lehle/Lehmann, Aktuelles WaffR, § 30 Rn.4.
290 Steindorf, WaffR, § 30 Rn.5.
291 Steindorf, WaffR, § 30 Rn.5; Apel, WaffR, , § 30 Erl.2.; Ehmke, Waffen und WaffR, § 30 Anm.4 zu Abs.1

sche Betätigung sowie zur Anlage und Vervollständigung einer Waffensammlung (Nr.4)[292]. Wie sich aus der Formulierung "insbesondere" ergibt, bestimmen die in § 32 Abs.1 aufgeführten Fälle den Begriff des Bedürfnisses nicht abschließend[293]. Ein Bedürfnis ist über die in § 32 Abs.1 ausdrücklich genannten Fälle hinaus dann anzuerkennen, "wenn beim Antragsteller besondere Umstände vorliegen, die ihn von der Allgemeinheit unterscheiden, und wenn dieselben berücksichtigenswert sind, also nicht auf einer Laune oder Liebhaberei, sondern einem wirtschaftlichen oder sonstwie begründeten Interesse beruhen"[294]. Insbesondere ist § 32 Abs.1 Nr.3 nicht als abschließende Regelung des Bedürfnisses zu Verteidigungszwecken zu verstehen. Vielmehr können auch Gefahren für andere als die dort genannten Rechtsgüter wie Freiheit, Eigentum und Besitz ein waffenrechtliches Bedürfnis zu Verteidigungszwecken begründen[295].

2. Glaubhaftmachung

§ 32 Abs.1 fordert lediglich die Glaubhaftmachung von Einzelumständen, die die Anerkennung eines Bedürfnisses rechtfertigen[296]. Der Antragsteller hat beispielsweise solche Tatsachen darzulegen, die ihn im Vergleich zur Allgemeinheit als besonders gefährdet erscheinen lassen. Die Formulierung des § 32 Abs.2 des Gesetzes "nicht nachzuweisen" darf nicht zu der Annahme verleiten, die Bedürfnisumstände müßten nachgewiesen werden[297]. Wenn § 32 Abs.1 des Gesetzes nur Glaubhaftmachung verlangt, kann die Befreiung des § 32 Abs.2 des Gesetzes sich nur auf die Freistellung von dieser Glaubhaftmachung beziehen, nicht aber von einem Nach-

---

[292] Vgl. Hinze, WaffR, § 32 Anm.2; Steindorf, WaffR, § 32 Rn.4ff; Dobler, Schußwaffen und Schußwaffenkriminalität, S.75.

[293] Vgl. Nr. 32 WaffVwV. Ebenso: BVerwGE 49, 1 (3); Steindorf, WaffR, § 32 Rn.4; Scholzen, DWJ 1/1995, 90 (90); Apel, WaffR, § 32 Erl.2; Ehmke, Waffen und WaffR, § 32 zu Abs.1 Erl.1; Meyer, GewArch 1998, 89 (94).

[294] BVerwGE 49, 1 (4). Nach BVerwG, Buchholz 402.5 WaffG, Nr.66, kann der Betrieb einer Fachschule für Personenschutz ein derartiges wirtschaftliches Interesse darstellen.

[295] Hat das gefährdete Rechtsgut geringeren Rang als der Schutz von Leib oder Leben, dann ist dies bei der Abwägung der widerstreitenden Belange zu berücksichtigen, vgl. BVerwGE 49, 1 (3).

[296] Hinze, WaffR § 32 Anm.2.

[297] Hinze, WaffR § 32 Anm.2

weis[298]. Ein Antragsteller kann lediglich Tatsachen für die Anerkennung des Bedürfnisses glaubhaft machen und nicht einen unbestimmten Rechtsbegriff als vorliegend nachweisen[299]. Letzteres kann nur die zuständige Behörde, in dem sie den vorgetragenen Sachverhalt unter den unbestimmten Rechtsbegriff unterordnet[300]. Was die Gefährdung selbst anbelangt, kann vernünftigerweise nicht der Nachweis i.S. des prozeßrechtlichen Beweises einer Tatsache ("eine an Gewißheit grenzende Wahrscheinlichkeit") gefordert werden[301]. Aus der Zusammenschau des § 30 Abs.1 Nr.3 und des § 32 Abs.1 Nr.3 ergibt sich, daß ein Bedürfnis nicht nachgewiesen ist, wenn der Antragsteller keine hinreichenden Tatsachen glaubhaft macht[302].

3. Zentrale Bedeutung des Bedürfnisbegriffes

Das Waffengesetz in der Fassung der Bekanntmachung vom 8. März 1976 ist maßgeblich, ja fast zentral vom Begriff des Bedürfnisses geprägt[303]. Trotz dieser herausragenden Bedeutung, fehlt eine Definition des Merkmals "Bedürfnis" im Gesetz. Schon in den Gesetzesberatungen aus dem Jahre 1972 war sowohl die Einführung einer Bedürfnisprüfung überhaupt, als auch deren Inhalt umstritten[304]. Der Entwurf des Bundesrates[305] enthielt noch keine Präzisierung des Bedürfnisbegriffes. In Abweichung von diesem Entwurf ist die Vorschrift des § 32 auf Vorschlag des Innenausschusses des Bundestages in das Gesetz aufgenommen worden, um durch eine beispiel-

---

298 Hinze, WaffR § 32 Anm.2.
299 BVerwGE 49, 1 (6); Hinze, WaffR § 32 Anm.2.
300 Vgl. dazu Hinze, WaffR § 32 Anm.2.
301 BVerwGE 49, 1 (6).
302 BVerwGE 49, 1 (6); Steindorf, WaffR, § 32 Rn.3.
303 Reiber, Schußwaffenrecht, S.147; Hinze, BM 1989, 184 (184) WaffR, spricht von der "ungeheuren Rolle" des Bedürfnisses im Waffenrecht; Ehmke, Waffen und WaffR, § 30 zu Abs.1 Erl.5 "Der Nachweis des Bedürfnisses ist eine der wichtigsten Voraussetzungen". Nach der Begründung zu § 9 des vorläufigen Entwurfs einer strukturellen Neuordnung des Waffenrechts ist das Bedürfnisprinzip "das zentrale Element des deutschen Waffenrechts".
304 BT-Protokolle, 195. Sitzung, S.11434 (B), Äußerung von Dr. Schneider: "Der Versuch, den Begriff "Bedürfnis" kodifikatorisch präzise zu fassen, muß meines Erachtens als gescheitert betrachtet werden. Er konnte wohl auch nicht gelingen, jedenfalls nicht in der Zeit, die zur Verfügung stand".
305 BT-Drucks. IV/2678.

hafte Aufzählung von Fällen den Bedürfnisbegriff zu präzisieren[306]. Allerdings sah sich der Gesetzgeber in der notwendigen Eile nicht dazu in der Lage, eine Begriffsbestimmung für den Begriff des "Bedürfnisses" zu erarbeiten[307]. Die unterschiedlichen Lebenstatbestände und Sachbezogenheiten aller Einzelfälle könnten in eine Legaldefinition nicht konkret genug einbezogen werden. Verwaltungspraxis und Verwaltungsrechtsprechung seien daher aufgerufen, dem Geist und der sicherheitspolitischen Motivation des Waffengesetzes beim Gesetzesvollzug gerecht zu werden[308].
Zur Konkretisierung des Begriffs gibt § 32 Abs.1 eine beispielhafte Aufzählung von Fällen, bei denen ein Bedürfnis vorliegt, womit eine bundeseinheitliche Auslegung gewährleistet werden sollte[309]. Die Auslegung des Begriffs durch die Verwaltung, Rechtsprechung und Literatur ist allerdings uneinheitlich und umstritten, insbesondere auch deswegen, weil Unklarheit über den vom Gesetzgeber verfolgten Zweck der Bedürfnisprüfung herrscht[310]. Da das Vorliegen eines Bedürfnisses neben der Zuverlässigkeit für die Erteilung bzw. Versagung waffenrechtlicher Erlaubnisse in der Praxis von entscheidender Bedeutung ist[311], bedarf es vorliegend einer näheren Untersuchung des Begriffes und der mit der Bedürfnisprüfung verbundenen Zielsetzung.

a) Herkunft des Begriffs

Nach der Ansicht von Hinze[312] lassen die Protokolle des Reichsrates und des eingesetzten Ausschusses des Reichsrates zum Schußwaffengesetz erkennen, daß in Ermangelung einer besseren Begriffsbestimmung der Begriff des "Bedürfnisses" aus der Gewerbeordnung übernommen wurde, die früher neben dem Begriff des "Bedürfnisses" die gesteigerte Form des "besonderen Bedürfnisses" kannte. Man meinte, sich eine neue gesetzliche

---

306 Vgl. dazu Apel, WaffR, § 32 Erl.1.
307 Vgl. BT-Protokolle, 195. Sitzung, S.11434 (B). Dazu auch Hinze, WaffR, § 32 Anm.2.
308 Vgl. BT-Protokolle, 195. Sitzung, S.11434 (B) und (C). Dazu auch Hinze, WaffR, § 32 Anm.2.
309 Ausschußbericht, zu BT-Drucks. VI/3566 S.6.
310 Dobler, Schußwaffen und Schußwaffenkriminalität, S.74.
311 Entsprechend häufig wird daher in Verwaltungsstreitsachen über das Vorliegen eines Bedürfnisses gestritten, vgl. Meyer, GewArch 1998, 89 (94).
312 Hinze, WaffR, § 32 Anm.1.

Begriffsbestimmung ersparen und den Verwaltungsbehörden und Gerichten die weitere Definitions- und Abgrenzungsarbeit überlassen zu können[313].
Aus der Tatsache, daß das Waffengesetz den Begriff des "Bedürfnis" und nicht den des "besonderen Bedürfnisses" übernommen habe, sei zu schließen, daß es sich beim waffenrechtlichen Bedürfnis nur um eine schwache Intensitätsstufe handeln könne[314]. Der Begriff des "Bedürfnisses" im Waffengesetz stehe lediglich im Gegensatz zu dem Begriff "kein Bedürfnis"[315], eine dem "besonderen Bedürfnis" der Gewerbeordnung vergleichbare Intensitätsstufe scheide nach dem Gesetzeswortlaut aus[316].
Allein die Verwendung des gleichen Begriffes läßt jedoch keinen sicheren Schluß auf die konkreten inhaltlichen Anforderungen an das waffenrechtliche Bedürfnis zu. Denn einem vom Wortlaut her gleichen Begriff kann in einem anderen Gesetz durchaus eine andere Bedeutung zukommen. Entscheidend ist vielmehr die mit der Bedürfnisprüfung jeweils verbundene Ziel- und Zwecksetzung. Diese soll im folgenden anhand des in der Praxis besonders wichtigen Falles des Schutzbedarfes gemäß § 32 Abs.1 Nr.3 [317], das heißt beim Vorliegen einer im Vergleich zur Allgemeinheit überdurchschnittlichen Gefährdung, verdeutlicht werden.

b) Zweck der Bedürfnisprüfung

Die Einführung der Bedürfnisprüfung ins Waffengesetz zeigt, daß allein die Zuverlässigkeit des Antragstellers sowie die Erfüllung der übrigen Zugangsvoraussetzungen für den Erwerb von Schußwaffen nicht als ausreichend erachtet werden[318]. Welche genaue inhaltliche Zielsetzung der Gesetzgeber jedoch mit dem zusätzlichen Erfordernis des Bedürfnisses verfolgt hat, läßt sich aus der gesetzlichen Regelung nicht ohne weiteres erkennen.
Geht man von der Konkretisierung in § 32 Abs.1 Nr.3 aus, wonach der Antragsteller für das Vorliegen eines Bedürfnis glaubhaft machen muß, daß

---

[313] Hinze, WaffR, § 32 Anm.1.
[314] Hinze, WaffR, § 32 Anm.1.
[315] Wilhelm, DÖV 1966, 329 (331).
[316] Hinze, WaffR § 32 Anm.1; Wilhelm, DÖV 1966, 329 (330).
[317] Steindorf, WaffR, § 32 Rn.10. Auch für die Bewaffnung privater Sicherheitsunternehmen ist § 32 Abs.1 Nr.3 der in Betracht kommende Bedarfsfall, vgl. Teil 4, D.V.
[318] Dobler, Schußwaffen und Schußwaffenkriminalität, S.74.

er wesentlich mehr als die Allgemeinheit durch Angriffe gefährdet ist, zeigt die Verbindung mit dem Merkmal "Allgemeinheit", daß für den davon erfaßten Personenkreis der normale Schutz durch die Polizei als ausreichend erachtet wird[319]. In diesem Fall besteht kein Bedürfnis für den Erwerb einer Schußwaffe. Grundsätzlich soll es also nicht dem einzelnen Bürger überlassen werden, selbst den Schutz der öffentlichen Sicherheit und Ordnung wahrzunehmen, vielmehr obliegt diese Aufgabe in erster Linie den dazu berufenen Organen des Staates[320]. Nur in Ausnahmefällen ist der einzelne befugt, von seinem Recht auf Selbsthilfe Gebrauch zu machen.
Ein Aspekt der mit der Bedürfnisprüfung verbundenen Zielsetzung läßt sich mithin im Fall des Schutzbedarfs dahingehend umschreiben, daß die Fälle herausgefiltert werden sollen, bei denen es für den Antragsteller unzumutbar ist, wie der Großteil der Bevölkerung auf den Schutz durch den Staat zu vertrauen und ohne Schußwaffe auszukommen.
Auf diesen Zusammenhang hat schon das Preußische Oberverwaltungsgericht[321] in Zusammenhang mit § 16 Schußwaffengesetz von 1928 hingewiesen, wonach WSe "nur bei Nachweis eines Bedürfnisses" ausgestellt werden dürfen. Es führte dazu aus, daß die Prüfung der Bedürfnisfrage "eine strenge sein muß". Entsprechend der Begründung zum Entwurf dieses Gesetzes (RT-Drucks. III/4105, S.9) sei zu erstreben, daß nur in Ausnahmefällen jemand außerhalb seiner Wohnung usw. eine Waffe bei sich trägt. Die Abwendung von Gefahren, die einzelnen Mitgliedern des Publikums drohten, sei das Amt der Polizei. Für normale Bedürfnisse müsse der polizeiliche Schutz als ausreichend erachtet werden. Daran könne auch der Umstand nichts ändern, daß insbesondere in Großstädten Verbrechen gegen das Leben und das Eigentum begangen würden. Hierdurch werde letzten Endes jeder gefährdet; demnach könnte jeder mit mehr oder weniger Grund einen Anspruch zum Führen einer Schußwaffe geltend machen. Ein Bedürfnis i.S. des § 16 Schußwaffengesetz von 1928 könne nur dann als vorhanden erachtet werden, "wenn bei dem Antragsteller besondere Umstände vorliegen, die ihn von der Allgemeinheit unterscheiden, und wenn dieselben berücksichtigenswert sind, also nicht auf einer Laune, Liebhaberei oder Überängstlichkeit, sondern einem wirtschaftlichen, persönlichen oder anderweit begründeten Interesse beruhen".

---

[319] Reiber, Schußwaffenrecht, S.175.
[320] OVG Rh.-Pfl., OVGE Rh.Pfl./Saarland, Bd.6, 94 (96f.).
[321] PreußOVG 84, 253 (257f.).

Die Ausführungen des Preußischen Oberverwaltungsgerichts, daß bei der erforderlichen Bedürfnisprüfung ein strenger Maßstab anzulegen sei, weisen auf einen weiteren Gesichtspunkt hin. Auch bei einem berücksichtigenswerten Interesse müssen die mit jedem Schußwaffenerwerb verbundenen Gefahren für die Allgemeinheit beachtet werden, so daß nur in Ausnahmefällen Schußwaffen in private Hände gelangen sollen. Diesen Aspekt greifen auch die Kommentierungen zu § 15 Waffengesetz vom 18.3.1938 [322] auf, wonach dieser im Interesse der öffentlichen Sicherheit und Ordnung sowie zur Wahrung des Rechtsfriedens gewährleisten soll, daß die Zahl der zivilen Waffenträger möglichst gering und überschaubar gehalten und die Gefahr des Waffenmißbrauchs oder irrtümlicher Anwendung nach Möglichkeit verringert wird[323].
Die Bedürfnisprüfung sollte demnach eine Art "Bremse"[324] darstellen, um zu verhindern, daß jeder zuverlässige Waffeninteressent eine Waffe erwerben konnte. Man wollte auch im Bereich der zuverlässigen Antragsteller die Erteilung einer Waffenerwerbsberechtigung zahlenmäßig beschränken, um den privaten Waffenbesitz in überschaubaren Grenzen zu halten[325]. Denn eine Gefahr für die öffentliche Sicherheit entstünde auch dann, wenn jeder Zuverlässige ohne weiteres eine Waffe mit sich führen dürfte. Der Besitz einer schußbereiten Waffe stelle in jedem Falle eine Gefahr für die Allgemeinheit dar, die allerdings bei zuverlässigen und im Gebrauch von Waffen geschulten Personen wesentlich geringer sei als bei anderen Personen[326]. Aber auch im Besitz von zuverlässigen Personen bildeten Schußwaffen immer eine Gefahr, sei es durch die Möglichkeit eines Unfalls, des Mißbrauchs durch den Eigentümer selbst oder durch unbefugte Dritte, die in den Besitz von Schußwaffen gelangten[327]. Aus diesem Grund führte der Gesetzgeber mit der Bedürfnisprüfung das Erfordernis des Vorliegens eines Interessensgrundes, eines Bedarfgrundes ein[328].
Die dargelegte Zielsetzung liegt auch dem Waffengesetz von 1972 zugrunde. Die amtliche Begründung des Gesetzentwurfes des Bundesrates[329],

---

322 RGBl. I S.265.
323 Wilhelm, DÖV 1966, 329 (330), der auf den Beschluß des BVerfG vom 29.4.1958, BVerfGE 8, 143ff. verweist.
324 Hinze, WaffR, § 32 Anm.1.
325 Hinze, WaffR, § 32 Anm.1.
326 OVG Rh.Pfl., OVGE Rh.Pfl./Saarland, Bd.6, 94 (96).
327 Wilhelm, DÖV 1966, 329 (330).
328 Hinze, WaffR, § 32 Anm.1.; Scholzen, GewArch 1985, 397 (397).
329 BT-Drucks. VI/2678, S.31.

dem die Bundesregierung zustimmte, führt dazu aus, daß an der Bedürfnisprüfung festgehalten werden soll. " Sie dient dem Ziel, die Zahl der Waffenbesitzer sowie die Art und die Zahl der in Privatbesitz befindlichen Schußwaffen auf das unbedingt notwendige und mit Rücksicht auf die Interessen der öffentlichen Sicherheit vertretbare Maß zu beschränken"[330]. Der Gesetzgeber beruft sich in der Begründung ausdrücklich auf ein Urteil des Bundesverwaltungsgerichtes[331], wonach die Bedürfnisprüfung den Zweck habe, daß möglichst wenige Faustfeuerwaffen "ins Volk" kommen. Die Behörde habe auch die Gefahr, daß dem - zuverlässigen - Besitzer die Waffe entwendet und zu Straftaten benutzt wird, in Betracht zu ziehen[332].

Dem deutschen Waffenrecht liegt mithin die Annahme zugrunde, daß Schußwaffen in privater Hand zwangsläufig mit Gefahren und erheblichen Nachteilen für die öffentliche Sicherheit verbunden sind und daß daher waffenrechtliche Erlaubnisse nur dann zu erteilen sind, wenn besondere Umstände ein Bedürfnis[333] ergeben. Der Begriff des Bedürfnisses ist demnach sicherheitsrechtlicher Natur[334] und dient dem Ziel, die Zahl der Schußwaffenbesitzer zu begrenzen.
Auch in dem der beabsichtigten Novellierung des Waffengesetzes dienenden Arbeitspapier hat das federführende Bundesministerium des Innern erneut dargelegt, daß für den Schußwaffenerwerb und den Schußwaffenbesitz das Vorliegen eines Bedürfnisses notwendig und unverzichtbar ist[335]. Die mit Schußwaffen verbundene Ambivalenz, nämlich einerseits Leben, körperliche Unversehrtheit und hohe Sachgüter zu schützen und andererseits die gleichen Rechtsgüter zu bedrohen, gebiete es, den Erwerb und Besitz von Schußwaffen prinzipiell von einem besonders anzuerkennenden "triftigen Grund" abhängig zu machen[336].

---

330 BT-Drucks. VI/2678, S.31.
331 Urteil vom 4. November 1965, DÖV 1966, 767 (767).
332 Urteil vom 4. November 1965, DÖV 1966, 767 (767).
333 Anders z.B. die Praxis in der Schweiz. Dort ist das Führen von Schußwaffen in einigen Kantonen frei, während in anderen ein "Tragschein" benötigt wird, bei dem kein Bedürfnis erforderlich ist. Vgl. dazu Dobler, Schußwaffen und Schußwaffenkriminalität, S.78.
334 Götz, Polizeirecht, § 25 Rn.598.
335 Allgemeine Begründung zum vorläufigen Entwurf einer strukturellen Neuordnung des Waffenrechts vom 20. Mai 1997.
336 Einzelbegründung zu § 9 des erwähnten Entwurfes.

Im folgenden werden die Auslegungsgrundsätze dargestellt, die für den in der Praxis besonders wichtigen Bedürfnisgrund des Schutzbedarfs[337] nach § 32 Abs.1 Nr.3 gelten.

4. Auslegungsgrundsätze für den Schutzbedarf nach § 32 Abs.1 Nr.3

Für die Anerkennung einer Gefährdung im Sinne des § 32 Abs.1 Nr.3 gelten nach der Rechtsprechung des Bundesverwaltungsgerichtes[338] und gemäß Nr.32.3 WaffVwV bestimmte Grundsätze. Beispielsweise liegt in Hinblick auf den Zweck der Bedürfnisprüfung ein Bedürfnis nicht vor, wenn nach den Umständen des einzelnen Falles die Waffe zur Minderung der Gefährdung nicht erforderlich oder nicht geeignet ist. Im folgenden werden diese Grundsätze im einzelnen dargelegt.

a) Abwägung des persönlichen Interesses gegenüber dem öffentlichen Interesse

Gemäß Nr.32.3.1. der WaffVwV ist "bei der Entscheidung über die Anerkennung eines Bedürfnisses (...) stets eine Abwägung der persönlichen Interessen des Antragstellers an der Verbesserung seiner Sicherheit durch den Besitz einer Schußwaffe und dem öffentlichen Interesse daran, daß möglichst wenig Waffen unter die Bevölkerung kommen, erforderlich". Hierbei ist einerseits zu berücksichtigen, daß Notwehr gegen widerrechtliche Angriffe ein legitimes menschliches Verhalten ist, weil Recht dem Unrecht grundsätzlich nicht zu weichen braucht. Andererseits ist zu beachten, daß Schußwaffen in privater Hand zwangsläufig mit Gefahren und erheblichen Nachteilen für die öffentliche Sicherheit verbunden sind. Abgesehen davon, daß die Zuverlässigkeit im Umgang mit Waffen (§ 5 WaffG) im allgemeinen weniger sicher beurteilt werden kann als etwa die gewerberechtliche Zuverlässigkeit einer Person, kann auch durch Schußwaffen, die von Personen erworben wurden, gegen deren Zuverlässigkeit keine Beden-

---

[337] Steindorf, WaffR, § 32 Rn.10.

[338] Vgl. die grundlegende Entscheidung des Bundesverwaltungsgerichtes, BVerwGE 49, 1ff. Das Bundesverwaltungsgericht hat an den Aussagen dieses Urteils in ständiger Rechtsprechung festgehalten, Meyer, GewArch 1998, 89 (95).

ken bestehen, schwerer Schaden verursacht werden[339]. Ergibt die Wertung der verschiedenen Belange ein überwiegendes Interesse des Antragstellers, so hat er ein Bedürfnis im dargestellten Sinne "nachgewiesen". Unter diesen Umständen müssen die mit Schußwaffen in Privatbesitz verbundenen Gefahren für die öffentliche Sicherheit in Kauf genommen werden[340].

b) Strenger Maßstab beim Führen einer Schußwaffe

Welchem der kollidierenden Interessen der Vorrang einzuräumen ist, hängt auch davon ab, ob der Antragsteller eine Schußwaffe außerhalb seiner Wohnung, seiner Geschäftsräume oder seines befriedeten Besitztumes führen will oder ob er die tatsächliche Gewalt über eine Schußwaffe innerhalb der genannten Räume ausüben will[341]. Aus dem Abwägungsgebot ergibt sich, daß bei Prüfung des Bedürfnisses ein strenger Maßstab anzuwenden ist, wenn die Schußwaffe in der Öffentlichkeit geführt werden soll, die Prüfung aber in anderen Fällen im Grundsatz nicht gleich streng sein muß[342]. Begründet wird dies damit, daß Schußwaffen, die nur für den Hausbereich bestimmt sind, die öffentliche Sicherheit erfahrungsgemäß weniger stark gefährden als solche, die außerhalb des befriedeten Besitztums getragen werden[343]. In einer Wohnung ordnungsgemäß aufbewahrte Schußwaffen können weniger leicht abhandenkommen bzw. in die Hände Unberechtigter gelangen, als solche Schußwaffen, die auch außerhalb des befriedeten Besitztums getragen werden[344].
Schließlich ist auch die Verteidigungsfähigkeit mit einer Schußwaffe innerhalb des befriedeten Besitzums größer als außerhalb davon, wo der Besitz einer Schußwaffe insbesondere gegenüber Überraschungsangriffen vielfach nichts nützt oder eher schadet[345] und wo möglicherweise eine Vielzahl von anderen Personen gefährdet wird.

---

339 BVerwG, NJW 1975, 2258 (2259); Wilhelm, DÖV 1966, 329 (330).
340 BVerwGE 49, 1 (7).
341 BVerwGE 49, 1 (7).
342 Meyer, Gewarch 1998, 89 (95).
343 BVerwGE 49, 1 (7).
344 BVerwGE 49, 1 (7).
345 BVerwGE 49, 1 (8).

Da die Abwägung nach den Gegebenheiten des jeweiligen Einzelfalles vorgenommen werden muß, läßt sich aber bezüglich der Anforderungen an ein Bedürfnis für eine WBK und einen WS keine generelle Abstufung vornehmen[346].

c) Objektiv stärkere Gefährdung im Vergleich zur Allgemeinheit

"Maßgebend für die Beurteilung der Gefährdung ist nicht die persönliche Anschauung des Antragstellers, vielmehr ist ein objektiver Maßstab anzulegen, wobei die besonderen Umstände des Antragstellers berücksichtigt werden müssen. Dieser muß bei realistischer Betrachtung der gegebenen Verhältnisse nach vernünftiger Überlegung überdurchschnittlich gefährdet sein"[347]. Entscheidend ist daher nicht die Einschätzung durch einen besonders ängstlichen, übertrieben vorsichtigen oder phantasiereichen Menschen[348]. Eine auf rein subjektive Wertungen gegründete Furcht des Antragstellers, er sei überdurchschnittlich gefährdet, kann daher kein waffenrechtliches Bedürfnis begründen[349].
"Die besondere Gefährdung des Antragstellers kann sich aus seiner Zugehörigkeit zu einem Personenkreis ergeben, der nach allgemeiner Lebenserfahrung wegen seiner beruflichen Tätigkeit oder wegen anderer besonderer Umstände wesentlich mehr als die Allgemeinheit gefährdet ist. Dabei muß sich der Gefährdungsgrad des Antragstellers deutlich von dem der Allgemeinheit unterscheiden"[350]. Unter "Allgemeinheit" ist die Gesamtheit der Bürger und nicht etwa eine Berufs- oder sonstige Gefährdungsgruppe zu verstehen, der gerade der Antragsteller angehört[351]. Da es auf das Verhältnis der individuellen Gefährdung zur Gefährdung der Allgemeinheit ankommt, bewirke eine Zunahme der Kriminalität nach der Ansicht des Bundesverwaltungsgerichts gleichsam automatisch eine entsprechende Anhebung der Bedürfnisschwelle[352].

---

346 BVerwG, Buchholz 402.5 WaffG, Nr.67, S.65 und Meyer, GewArch 1998, 89 (95) Fußnote 94.
347 32.3.2 WaffVwV.
348 BVerwGE 49, 1 (9).
349 Bayer VGH, GewArch 1988, 393 (394), GewArch 1989, 37 (38), BayVBl. 1994, 732 (733).
350 Nr.32.3.2 WaffVwV.
351 Hinze, BM 1989, 281 (281).
352 BVerwGE 49, 1 (8).

Diese Schlußfolgerung wird von Reiber mit der Begründung abgelehnt, daß sie den "sicheren Boden des Gesetzeswortlautes" verlasse und es im Fall der Kriminalitätssteigerung vielmehr angebracht sei, die Bedürfnisschwelle zu senken[353]. Denn nur der gesetzestreue, durch die Kriminalitätssteigerung stärker gefährdete Bürger mache überhaupt den Versuch, auf legalem Wege in den Besitz einer Waffe zu kommen, die er - unter Umständen zu Recht - für seine Verteidigung für erforderlich hält[354].
Dem zuerst genannten Argument ist allerdings entgegenzuhalten, daß das Gesetz durch die Verwendung des Merkmals "Allgemeinheit" in § 32 Abs.1 Nr.3 auf einen Vergleich von individueller und allgemeiner Gefährdung abstellt. Während eine allgemeine Zunahme der Kriminalität das Lebensrisiko für die gesamte Bevölkerung einerseits erhöht, führt dies andererseits dazu, daß der Abstand zwischen allgemeiner und individueller Gefährdung abnimmt. Demnach muß sich die Gefährdung desjenigen, der eine waffenrechtliche Berechtigung begehrt, wiederum erhöhen, damit dieser auch bei allgemeiner Zunahme der Kriminalität mehr als die Allgemeinheit gefährdet ist.
Auch die weitere Argumentation von Reiber, die Steigerung der Kriminalität müsse vielmehr zu einer Senkung der Bedürfnisschwelle führen, überzeugt nicht, da dies letztendlich zu einer allgemeinen Bewaffnung der gesetzestreuen Bevölkerung führen würde und dies dem Zweck des Waffengesetzes gerade widerspricht. § 32 Abs.1 Nr.3 liegt die Auffassung zugrunde, daß für den von der "Allgemeinheit" erfaßten Personenkreis der normale Schutz durch die Polizei ausreicht[355]. Dies muß auch dann gelten, wenn tatsächlich eine allgemeine Steigerung der Kriminalität festgestellt werden würde.

---

353 Reiber, Schußwaffenrecht, S.193. Kritisch auch Apel, WaffR, § 32 Erl. 5 c), wonach die Ausführungen des Bundesverwaltungsgerichtes über die Anhebung der Bedürfnisschwelle im Ergebnis zu "schematischen Beurteilungskriterien" führen, die dem Sinn und Zweck des Gesetzes nicht entsprechen.
354 Reiber, Schußwaffenrecht, S.193.
355 Vgl. dazu Teil 3, D.V.3.b).

d) Gefährdungsgrad

Das Bundesverwaltungsgericht hat in seinen Entscheidungen betont, daß die Anforderungen an den Nachweis eines Bedürfnisse nicht überspannt werden dürften. Der Begriff der Gefährdung verlange nicht, daß der Antragsteller bereits einmal angegriffen worden ist oder daß der Eintritt des Schadens wahrscheinlich sei, wie dies etwa für den Begriff der konkreten Gefahr im Sinne des allgemeinen Polizeirechts erforderlich ist[356]. Andererseits genüge aber die bloße (theoretische) Möglichkeit einer Rechtsgüterverletzung nicht, weil diese stets auch für andere Mitglieder der Gesellschaft bestehe. Es genügt, ist aber auch erforderlich, daß der Antragsteller auf Grund konkreter Umstände nach allgemeiner Lebenserfahrung mehr als der Durchschnitt der Bevölkerung mit der von ihm befürchteten Verletzung von Rechtsgütern rechnen muß[357]. Notwendig ist mithin eine konkretisierbare Gefahr, bei der sich sowohl die Gefahrenart - entweder nach vorangegangenen Schadensereignissen oder nach allgemeinen Erfahrungsgrundsätzen - als auch die Gefahrenintensität, also die zu befürchtende Überfallgelegenheit, Überfallart, Schadensart und Schadensfolge in etwa absehen lassen[358]. Zur Klärung der Frage, ob Erfahrungen für eine besondere Gefährdung des Antragstellers sprechen, kommen vor allem Auskünfte des Bundeskriminalamtes und der Landeskriminalämter in Betracht[359].

e) Erforderlichkeit und Geeignetheit der Schußwaffe

Selbst wenn Tatsachen glaubhaft gemacht sind, aus denen sich ergibt, daß der Antragsteller erheblich mehr als die Allgemeinheit durch rechtswidrige Angriffe gefährdet ist, ist damit ein Bedürfnis für den Erwerb von Schußwaffen und die Ausübung der tatsächlichen Gewalt über sie noch nicht vollständig nachgewiesen[360].

---

[356] BVerwGE 49, 1 (9).
[357] BVerwGE 49, 1 (10).
[358] Vgl. Hinze, WaffR, § 32 Anm. 5 D; ähnlich OVG Rhld.-Pf., GewArch 1978, 398 (399).
[359] Meyer, GewArch 1998, 89 (95) mit Verweis auf die Beschlüsse des BVerwG vom 31. August 1995 - 1 B 244.94 - und vom 06. März 1996 - 1 B 39.96 -.
[360] BVerwGE 49,1 (10).

„Im Hinblick auf den Zweck der Bedürfnisprüfung liegt ein Bedürfnis nicht vor, wenn nach den Umständen des einzelnen Falles die Waffe zur Minderung der Gefährdung nicht erforderlich oder nicht geeignet ist“[361].

aa) Erforderlichkeit

(1) Verhinderbarkeit der Gefährdung

"Eine Schußwaffe ist nicht erforderlich, wenn die Gefährdung sich auf zumutbare andere Weise verhindern oder wenigstens ebenso mildern läßt wie durch den erstrebten Besitz von Schußwaffen"[362]. Diese ungeschriebene Einschränkung des Anspruchs auf Erlaubniserteilung folgt nach Ansicht des Bundesverwaltungsgerichtes unmittelbar aus dem Sinn und Zweck des Nachweises eines Bedürfnisses und brauche daher nicht notwendigerweise in § 32 Abs.1 Nr.3 erwähnt zu werden. Denn es verstehe sich von selbst, daß sowohl für ein im einzelnen Fall nicht geeignetes als auch für ein nicht erforderliches Verteidigungsmittel kein Bedürfnis vorliegen könne[363]. Das Waffengesetz setze Antragsteller voraus, die gebührende Rücksicht auf das Gemeinwohl nehmen und daher in einem gewissen Maße selbst dazu beitragen, daß möglichst wenige Schußwaffen im Privatbesitz zur Gefahrenabwehr benötigt werden. Die zuständige Behörde könne zwar niemand zu einem bestimmten Verhalten zwingen, dürfe aber bei der Entscheidung über die Ausstellung einer WBK oder eines WS gegebenenfalls berücksichtigen, daß der Antragsteller bei einem zumutbaren Verhalten oder nach Durchführung zumutbarer Sicherheitsvorkehrungen nicht (mehr) überdurchschnittlich gefährdet wäre[364]. In diesem Falle dürfe dem in Wirklichkeit nicht schutzbedürftigen Einzelinteresse kein Vorrang gegenüber dem öffentlichen Interesse eingeräumt werden. Wer sich in unvernünftiger oder unnötiger Weise der Gefahr von Angriffen aussetze, habe insbesondere kein Anspruch auf die Erteilung eines WS[365].

---

361 Nr. 32.3.3 WaffVwV.

362 Nr. 32.3.3 WaffVwV. Dazu gehören Sicherheitsmaßnahmen wie Änderungen des beruflichen Verhaltens, z.B. auch zur Verhinderung des Ausgespäthwerdens, Meyer, GewArch 1998, 89 (96), Fn.103.

363 BVerwGE 49, 1 (11).

364 BVerwGE 49, 1 (11). Vgl. auch Nr.32.3.3 WaffVwV.

365 BVerwGE 49, 1 (11).

Die Einbeziehung des im Gesetz nicht ausdrücklich genannten Grundsatz der Erforderlichkeit in die Bedürfnisprüfung ist in der Literatur auf Kritik gestoßen. Während der Großteil dieser kritischen Stimmen[366] das Merkmal der Erforderlichkeit mit Blick auf den Verhältnismäßigkeitsgrundsatz jedoch grundsätzlich bejaht und nur die konkrete Anwendung durch einzelne Gerichte, insbesondere was die Zumutbarkeit der Verhinderungsmöglichkeiten anbetrifft, beanstandet, lehnen Ehmke[367] und Dobler[368] die Erforderlichkeitsprüfung im Rahmen von § 32 Abs.1 Nr.3 grundsätzlich ab. Die im Gesetz nicht vorgesehene Erforderlichkeitsprüfung verlange von dem potentiellen Opfer, daß es selbst die Gefahrenquelle beseitige, so als ob die Gefährdung von ihm und nicht vom Täter ausginge[369].
Dieser Einwand berücksichtigt allerdings nicht ausreichend den Zweck der Bedürfnisprüfung, wonach "die Zahl der Waffenbesitzer sowie die Art und Zahl der in Privatbesitz befindlichen Schußwaffen auf das unbedingt notwendige und mit Rücksicht auf die Interessen der öffentlichen Sicherheit vertretbare Maß zu beschränken ist"[370]. Muß dem Antragsteller das Entstehen einer Gefahrenquelle als "vermeidbare Unvorsichtigkeit"[371] angelastet werden, dann kann schon aus diesem Grund das mit jeglichem Schußwaffenbesitz verbundene Sicherheitsrisiko nicht hingenommen werden.
Eine andere Frage ist dagegen, ob die im Rahmen der Erforderlichkeitsprüfung zu prüfenden Umgehungsmöglichkeiten dem Gefährdeten auch zuzumuten sind. Dies ist unter Abwägung des vom Waffengesetz verfolgten öffentlichen Interesses und den Rechten und

---

366 Wilhelm, DÖV 1966, 329 (331); Reiber, Schußwaffenrecht, S.185; Apel, WaffR, § 32 Erl.5.c.) cc.); Ehmke, Waffen und WaffR, § 32 Erl.3 zu Abs.1, weist zu Unrecht auf grundsätzliche Bedenken von Apel, WaffR, § 32 Erl.5.c.), gegen die Erforderlichkeitsprüfung hin. Denn Apel stimmt der Herleitung der Erforderlichkeitsprüfung durch das Bundesverwaltungsgerichtes ausdrücklich zu und hat nur Bedenken bei der konkreten Ausfüllung des Grundsatzes. Vgl. Apel, WaffR, § 32 Erl.5.c.) cc.). Uneingeschränkte Bejahung der Erforderlichkeitsprüfung: Steindorf, WaffR, § 32 Rn.13; Kurth/Lehle/Lehmann, Aktuelles WaffR, § 32 Rn.13.

367 Waffen und WaffR, § 32 Erl.3 zu Abs.1: "Es bestehen grundsätzlich Bedenken, den im Gesetz nicht enthaltenen Grundsatz der Erforderlichkeit in die Bedürfnisfrage einzubeziehen".

368 Schußwaffen und Schußwaffenkriminalität, S.76.

369 Dobler, Schußwaffen und Schußwaffenkriminalität, S.76.

370 BT-Drucks. VI/2678, S.31.

371 OVG Lüneburg, GewArch 1983/4, 141 (142); VGH Bad.-Württ., GewArch 1989, 245 (246).

Möglichkeiten technischer, wirtschaftlicher, organisatorischer und sonstiger Art des Antragstellers zu ermitteln[372]. Dabei dürfen an die Pflicht zur Gefahrenminderung keine derart hohen Anforderungen gestellt werden, daß insbesondere Grundrechte des Antragstellers in unzulässiger Weise beschränkt werden[373].

(2) Weniger gefährliches Verteidigungsmittel

Ein Bedürfnis liegt mangels Erforderlichkeit ferner nicht vor, wenn nach dem Ausmaß der angenommenen Gefährdung eine weniger gefährliche Waffe als die beantragte[374], insbesondere eine von § 28 Abs.1 nicht erfaßte ausreicht[375]. Daher besteht kein Anspruch auf eine Erlaubnis nach § 28 Abs.1 Satz 1 und § 35 Abs.1 Satz 1, wenn angenommen werden kann, daß unter den gegebenen Umständen zum Beispiel zugelassene Schreckschuß- oder Reizstoffwaffen zur Verteidigung genügen oder jedenfalls nicht wesentlich weniger als "scharfe" Schußwaffen geeignet sind, die Gefährdung zu mindern[376].

bb) Geeignetheit

(1) Generelle technische Eignung

Mit der Schaffung des § 32 Abs.1 Nr.3 WaffG ist der Gesetzgeber selbst davon ausgegangen, daß ein Bedürfnis zum Führen einer Schußwaffe zur persönlichen Verteidigung gegen rechtswidrige Angriffe auf Leib oder Leben gegeben sein kann, wenn mit erhöhter Wahrscheinlichkeit solche

---

372 Vgl. Scholzen, GewA 1985, 397 (397f.) und BayVGH, Urteil vom 25.Oktober 1997 - 21 B 95.3728, S.15.

373 Vgl. BayVGH, Urteil vom 25.Oktober 1997 - 21 B 95.3728, S.15. Zu der Frage, was im Einzelfall zumutbar ist, siehe die Ausführungen zu den einzelnen Tätigkeiten von privaten Sicherheitsdiensten in Teil 4, D.V.2.

374 Nr. 32.3.3 WaffVwV.

375 BVerwGE 49, 1 (11).

376 BVerwGE 49, 1 (11).

Angriffe zu erwarten sind[377]. Daraus folgt zum einen, daß der Gesetzgeber die Eignung von Schußwaffen zur Abwehr von Angriffen grundsätzlich anerkennt[378]. Wäre diese technische Eignung nicht anerkannt, würde auch die Polizei nicht mit Schußwaffen ausgestattet sein bzw. würden auch verschiedene Bundesbehörden[379] nicht mit einer eigenen Befugnis ausgestattet sein, Waffenbesitz- und Waffenführungsberechtigungen für ihre Bedienstete auszustellen[380].
Zum anderen ergibt sich daraus, daß Anträgen auf Erteilung einer WBK oder eines WS nicht pauschal entgegengehalten werden kann, die Antragsteller würden durch ihre Bewaffnung sich selbst und unbeteiligte Dritte in erhöhtem Maße gefährden, weil etwa bewaffnete Überfalltäter dann umso rücksichtsloser von der Schußwaffe Gebrauch machten. Solche Überlegungen mögen zwar im Einzelfall berechtigt sein, dürfen aber nicht verallgemeinert werden[381].
Auch wenn das Waffengesetz von der generellen Eignung von Schußwaffen zur Abwehr von Angriffen ausgeht, muß in jedem Einzelfall geprüft werden, ob die Schußwaffe auch in der jeweiligen Gefahrensituation geeignet ist, einen Angriff abzuwehren.

(2) Eignung für eine typische Verteidigungssituation

Nach der Rechtsprechung des Bundesverwaltungsgerichts[382] dürfe einerseits die Prüfung der Geeignetheit des Waffenbesitzes zur Minderung der Gefährdung im Hinblick auf das öffentliche Interesse an möglichst wenigen Schußwaffen in privater Hand nicht zu weitherzig sein. Daher genüge es nicht, daß die Waffe in einem gedachten - theoretischen - Fall geeignet sei, die Sicherheit zu verbessern. Andererseits dürfe die Prüfung aber auch nicht

---

[377] Vgl. VGH München, GewArch 1973, 307 (308); VG Koblenz, GewArch 1989, 242 (245); Scholzen, DWJ 1,1995 90 (91); Hinze, DWJ 8/1989, 1032 (1034); BM 1989, 281 (284).
[378] VG Koblenz, GewArch 1989, 242 (245); OVG Lüneburg, GewArch 1983, 141 (142) und 143 (144). Negativ formuliert dies der VGH München, GewArch 1973, 307 (308): Das Waffengesetz " sieht das Führen einer Schußwaffe nicht von vornherein als ungeeignetes Mittel an, sich gegen rechtswidrige Angriffe wirksam zu verteidigen".
[379] Vgl. § 6 Abs.1.
[380] Scholzen, GewArch 1985, 397 (398); Hinze, DWJ 8/1989, 1032 (1032).
[381] VGH München, GewArch 1973, 307 (308).
[382] BVerwGE 49, 1 (11f.).

zu streng sein, weil dadurch das vom Gesetz anerkannte Sicherheitsbedürfnis des Antragstellers vernachlässigt würde. Die Waffe müsse daher nicht in jedem denkbaren Fall Schaden verhüten können. Sie sei auch dann geeignet, wenn in einer für die Lebensumstände des Antragstellers typischen Verteidigungssituation eine erfolgreiche Abwehr zu erwarten ist[383]. Sofern der Betroffene dagegen nach den gegebenen Umständen typischerweise durch Angriffe überrascht werde und sich überhaupt nicht wirksam verteidigen könne, liege ein Bedürfnis für den Besitz einer Schußwaffe zu Verteidigungszwecken nicht vor[384].
Reiber sieht in der Verneinung der Geeignetheit im Falle eines Überraschungsangriffes die Gefahr der Schematisierung, wodurch eine weitere Verschärfung des Bedürfnisbegriffes bewirkt werde[385]. Er verweist auf eine Entscheidung des OVG Rheinland-Pfalz[386], in der die generelle Versagung der Erlaubnis wegen eines ("typischen") Überraschungsangriffs abgelehnt wird. Das Gericht wendet sich dort gegen die Auffassung, daß jeder Überraschungsangriff zwangsläufig dazu führe, daß eine wirksame Verteidigung unmöglich sei. Da derartige Gewalttaten stets, etwa auch bei Überfällen auf Geldtransporte, ohne Vorwarnung erfolgten, müßte nahezu in allen Fällen ein Bedürfnis verneint werden. Entscheidend könne in diesem Zusammenhang nur sein, ob dem Überfallenen die Möglichkeit verbleibt, sich nach dem ersten, unvermuteten Angriff noch zu Wehr zu setzen[387].

Dem Gericht ist darin Recht zu geben, daß es für die Geeignetheit zur Gefährdungsminderung entscheidend auf die Frage ankommt, ob die Schußwaffe in einer typischen Verteidigungssituation eine wirksame Verteidigung ermöglicht und daß diese Möglichkeit nicht pauschal unter dem Hinweis abgelehnt werden kann, es lege ein Überraschungsangriff vor. Allerdings stehen einem solchen Verständnis der Geeignetheitprüfung auch nicht die Auslegungsgrundsätze des Bundesverwaltungsgerichtes entgegen, die in Nr. 32.3.4 WaffVwV ihren Niederschlag gefunden haben. Dies ist darauf zurückzuführen, daß danach ein Bedürfnis nur dann zu verneinen ist, wenn ein Überraschungsangriff vorliegt und der Betroffene zu einer

---

[383] Nr.32.3.4 WaffVwV.
[384] Vgl. Nr. 32.3.4 WaffVwV.
[385] Reiber, Schußwaffenrecht, S. 192.
[386] OVG Rheinland-Pfalz, GewArch 1971, 263 (264).
[387] OVG Rheinland-Pfalz, GewArch 1971, 263 (264).

wirksamen Verteidigung außerstande ist. Ein Überraschungsangriff führt demnach nicht automatisch zum Fehlen einer Verteidigungsmöglichkeit, sondern auch dies ist von den Umständen des Einzelfalls abhängig[388]. Die Verteidigungschance kann - je nach Art des Überfalls, der Verwendung oder Nichtverwendung von Waffen oder Schußwaffen und der Fähigkeit des Angegriffenen, mit Schußwaffen umzugehen[389] - durchaus unterschiedlich sein.

(3) Individuelle Verteidigungsfähigkeit

Schließlich ist bei der Frage der Geeignetheit einer Schußwaffe - wie bereits oben unter (2) angedeutet - auch auf die Verteidigungsfähigkeit des jeweiligen Schußwaffenträgers abzustellen[390].
Ein älterer, unausgebildeter Antragsteller wird im allgemeinen nicht mehr in der Lage sein, sich ebenso gut wie ein jüngerer Bewerber, der beispielsweise als Angestellter eines Bewachungsunternehmens zur Verteidigung speziell ausgebildet ist, körperlich verteidigen zu können. Ihm wird es an der hierfür erforderlichen Reaktionsschnelligkeit, Behendigkeit und körperlichen Kraft fehlen. Das daraus herrührende körperliche Manko bedarf dann des gerechten Ausgleichs durch ein vermehrtes Maß an technischen Verteidigungsmöglichkeiten, so daß das Bedürfnis zum Erwerb einer Waffe in diesen Fällen eher zu bejahen sein kann[391]. Es ist also auch der Grundsatz der Relativität bei der Beantwortung der Bedürfnisfrage zu beachten und hierbei von der Person des Antragstellers auszugehen[392].

---

[388] Dementsprechend differenzierend: BVerwG, GewArch 1980, 348 (349f.); VGH Bad.-Würt., GewArch 1989, 245 (246ff); Bayer.. VGH, VerwRspr. 24, 844 (846); VG Koblenz, GewArch 1989, 242 (244f.). Undifferenziert dagegen die Entscheidung des Bayer.VGH, GewArch 1988, 393, (395).
[389] Auf diesen Aspekt weist das BVerwG, GewArch 1980, 348 (350), hin. Auch Doblers Vorschlag, gefährdeten Personen die Auflage zu erteilen, an besonderen Schießlehrgängen, in der sie Schießtechniken korrekt erlernen, teilzunehmen und diese Fähigkeiten regelmäßig aufzufrischen, zielt auf die Erhöhung der Verteidigungsfähigkeit ab. Vgl. Schußwaffen und Schußwaffenkriminalität, S.77.
[390] Wilhelm, DÖV 1966, 329 (332); VGH Mannheim, NVwZ-RR 1990, 73 (75); VG Freiburg, MDR 1960, 707 (707f). Zustimmend: Steindorf, WaffR, § 32 Rn.19.
[391] Wilhelm, DÖV 1966, 329 (332).
[392] Wilhelm, DÖV 1966, 329 (332). Zustimmend: Steindorf, WaffR, § 32 Rn.19.

5. Art des vorzunehmenden Verwaltungshandelns

Fraglich ist, ob es sich bei Bedürfnisprüfung um eine Ermessensentscheidung oder um die Unterordnung eines Sachverhaltes unter den unbestimmten Rechtsbegriff des Bedürfnisses handelt. Kern dieser Frage ist - wie auch schon bei dem Begriff der Unzuverlässigkeit[393] - inwieweit die beördliche Entscheidung über das Vorliegen bzw. Nichtvorliegen eines Bedürfnisses im Sinne von § 30 Abs.1 Satz 1 Nr.3 gerichtlich voll nachprüfbar ist.

a) Ermessensentscheidung

Scholzen und Hinze[394] vertreten die Auffassung, daß die Bedürfnisprüfung einerseits die Unterordnung eines Sachverhaltes unter einen unbestimmten Rechtsbegriff darstelle, andererseits aber auch Elemente einer Ermessensentscheidung beinhalte. Zwar werde vom Antragsteller entsprechend seiner Darlegungspflicht aus § 30 Abs.1 Nr.3 ein Lebenssachverhalt vorgelegt, den es zu beurteilen gelte. Aber schon die weitere Spezifizierung des Schutzbedarfs in § 32 Abs.1 Nr.3 mache eine Aufschlüsselung der Prüfung notwendig[395]. Soweit die Prüfung verlange, die besondere Gefährdung im Vergleich zur Allgemeinheit festzustellen, stelle diese Beurteilung eine Einstufung eines Sachverhaltes unter das vorgenannte Tatbestandsmerkmal dar und sei als Unterordnung eines Sachverhaltes unter einen unbestimmten Rechtsbegriff verwaltungsgerichtlich voll nachprüfbar[396]. Dagegen handele es sich bei der daran anschließenden Frage der Erforderlichkeit des Schußwaffenbesitzes, insbesondere der Suche nach einem anderen zumutbaren Verhalten des Antragstellers oder nach anderen Sicherheitsvorkehrungen, nicht um eine Einstufung eines Sachverhaltes unter ein Tatbestandsmerkmal. Die Beurteilung der Zumutbarkeit erfordere vielmehr eine Abwägung der verschiedenen Möglichkeiten, die Gefährdung zu verhindern oder zu mindern und verlange eine Ermessensentscheidung des jeweiligen Sach-

---

393 Vgl. Teil 3, D.II.5.

394 Scholzen, GewArch 1985, 397 (397); Hinze, BM 1989, 184 (184) und NPA 1986, 893 Waffengesetz, § 32 Bl.23 (26f).

395 Scholzen, GewArch 1985, 397 (397).

396 Scholzen, GewArch 1985, 397 (397) und Hinze, BM 1989, 184 (184) und NPA 1986, 893 Waffengesetz, § 32 Bl.23 (26f).

bearbeiters. Erst recht gelte dies für die abschließende Frage, welchem der widerstreitenden Interessen, dem persönlichen an der Erhöhung der eigenen Sicherheit durch den Besitz von Schußwaffen oder dem Interesse der Allgemeinheit an möglichst wenig Schußwaffen in privater Hand, der Vorrang zu geben ist[397].
Konsequenz dieser Ansicht ist, daß die Verwaltungsgerichte zumindest Teile der Bedürfnisprüfung nur noch auf Ermessensfehler hin überprüfen könnten[398]. Ihr ist jedoch entgegenzuhalten, daß sie zwei strikt voneinander zu trennende Fragen miteinander vermischt. Bei unbestimmten Rechtsbegriffen handelt es sich um das Problem, inwieweit Inhalt und Grenzen einzelner Tatbestandselemente durch Auslegung näher bestimmt werden müssen. Derartige Begriffe im Tatbestand einer gesetzlichen Vorschrift räumen der Behörde kein Ermessen ein[399].
Der Begriff des Ermessens betrifft dagegen die Frage, ob der Verwaltung bei Erfüllung des gesetzlichen Tatbestandes auf der Rechtsfolgenseite ein gewisser, gerichtlich nur eingeschränkt nachprüfbarer Handlungsspielraum zukommt[400].
Ob ein Bedürfnis im Sinne von § 30 Abs.1 Nr.3 vorliegt oder nicht ist nach der Gesetzesformulierung eine Tatbestandsfrage, deren Beantwortung folglich nicht im Ermessen der Behörde steht[401]. Unbestimmte Rechtsbegriffe erlauben grundsätzlich nur eine rechtmäßige Auslegung, die einer uneingeschränkten richterlichen Nachprüfung unterliegt[402]. Zwar wird zum Teil die Auffassung vertreten, daß bei Anwendung eines unbestimmten Rechtsbegriff den Behörden ein sogenannter Beurteilungsspielraum eingeräumt sei[403]. Die Richtigkeit der Lehre kann jedoch an dieser Stelle dahingestellt bleiben, da ein Beurteilungsspielraum nur in solchen Ausnahmefällen anerkannt wird, bei denen es sich um Wertentscheidungen der Verwaltung handelt, die aufgrund der besonderen, einmaligen Konstellation der

---

397 Scholzen, GewArch 1985, 397 (397) und Hinze, BM 1989, 184 (184) und NPA 1986, 893 Waffengesetz, § 32 Bl.23 (26f).
398 Hinze, NPA 1986, 893 Waffengesetz, § 32 Bl.23 (26f).
399 Drews/Wacke/Vogel/Martens, Gefahrenabwehr, § 26 3 c), S.457.
400 Allgemein zu der Unterscheidung: Wolff/Bachof/Stober, Verwaltungsrecht I § 31 Rn.8ff; Ossenbühl in: Erichsen, Allgemeines Verwaltungsrecht, § 10 I 1 Rn.2ff; Ramsauer, Die Assessorprüfung, § 37 Rn.37.01 ff.
401 Drews/Wacke/Vogel/Martens, Gefahrenabwehr, § 26 3 c), S.457.
402 Eyermann/Fröhler, VwGO § 114 Rn.7.
403 Zum Meinungsstand mit Fundstellennachweis vgl.Eyermann/Fröhler, VwGO § 114 Rn.9.

Entscheidungsfindung oder aus anderen Gründen durch das Gericht nicht nachvollzogen werden können[404].

Bei der Frage der Verhinderbarkeit der Gefahrenlage durch zumutbare andere Mittel und der Abwägung zwischen öffentlichem Interesse und privatem Interesse am Waffenbesitz handelt es sich jedoch nicht um eine Wertentscheidung, die gerichtlich nur begrenzt nachvollziehbar ist. Die diesbezügliche Ansicht von Hinze, daß ein örtlicher Sachbearbeiter im Zweifel eine sehr viel bessere Möglichkeit der Abwägung haben soll, weil er die örtlichen Verhältnisse kennt[405], überzeugt nicht. Denn ein Gericht kann sich über die örtlichen Verhältnisse informieren, um die behördliche Entscheidung nachvollziehen bzw. überprüfen zu können.

Wie bereits bei dem Begriff der Unzuverlässigkeit[406] ausgeführt, spricht auch die Notwendigkeit einer Interessenabwägung nicht gegen die Einordnung als unbestimmtem Rechtsbegriff. Die Rechtsentscheidung auf Grund unbestimmten Rechtsbegriffes unterscheidet sich von der nach bestimmtem Rechtsbegriff dadurch, daß bei letzterer der festgestellte Sachverhalt lediglich unter die Rechtsnorm zu subsumieren ist und sich dann eo ipso die richtige Entscheidung ergibt[407]. Bei der Rechtsentscheidung nach unbestimmtem Rechtsbegriff muß dagegen der Sachverhalt erst bewertet werden. Es liegt daher im Wesen unbestimmter Rechtsbegriffe, daß sie von der sie anwendenden Behörde eine Wertung verlangen[408]. Äußerer Sachverhalt und Bewertung ergeben erst den Tatbestand, der unter die Rechtsnorm zu subsumieren ist[409].

Die Ansicht, wonach die Bedürfnisprüfung zumindest teilweise Ermessenselemente enthalte, überzeugt nicht und ist daher abzulehnen.

---

404 Vgl. Wolff/Bachof/Stober, Verwaltungsrecht I, § 31 Rn.17ff.
405 Hinze NPA 1986, 893 Waffengesetz, § 32 Bl.23 (27).
406 Vgl. Teil 3, D.II.5.c).
407 Eyermann/Fröhler, VwGO § 114 Rn.7.
408 Ule, Vewaltungsprozeßrecht, S.9f.
409 Eyermann/Fröhler, VwGO § 114 Rn.7.

b) Unterordnung unter einen unbestimmten Rechtsbegriff

Überwiegend wird angenommen, daß es sich bei dem Begriff des Bedürfnisses um einen unbestimmten Rechtsbegriff im Sinne des allgemeinen Verwaltungsrechts handelt[410], wobei die im Einzelfall zu treffende Entscheidung allein durch die Unterordnung des festgestellten Sachverhalts unter die gesetzlich festgelegten Tatbestandsmerkmale zu treffen ist. Die richtige Anwendung des unbestimmten Rechtsbegriffes auf den vorliegenden Sachverhalt unterliegt einer uneingeschränkten verwaltungsgerichtlichen Nachprüfbarkeit[411].

E. Bestehen eines Erlaubnisanspruchs

Liegt einer der dargestellten Versagungsgründe im Sinne von §§ 30 Abs.1 Satz 1, 36 Abs.1 vor, dann ist die WBK bzw. der WS zwingend zu versagen[412]. Umgekehrt stellt sich die Frage, ob einem Antragsteller ein Rechtsanspruch auf Erteilung der entsprechenden Erlaubnis zukommt, sofern keiner der Versagungsgründe vorliegt. Ein solcher Anspruch auf Erteilung könnte zweifelhaft sein, da die §§ 30 Abs.1 Satz, 36 Abs.1 nach ihrem Wortlaut ("sind bzw. ist zu versagen, wenn...") ausdrücklich nur zur Versagung und nicht auch zur Erteilung verpflichten.
Das Bestehen eines Rechtsanspruchs auf Erteilung einer Erlaubnis hängt maßgeblich davon ab, ob es sich bei den den §§ 28 Abs.1 Satz 1, 35 Abs.1 Satz zugrundeliegenden Verboten, nämlich Schußwaffen ohne entsprechende Erlaubnis zu erwerben bzw. die tatsächliche Gewalt über sie auszuüben oder sie im Sinne des Gesetzes zu führen, um sogenannte präventive oder repressive Verbote handelt. Dies ist darauf zurückzuführen, daß im Falle eines präventiven Verbotes bei Erfüllung der gesetzlichen Voraussetzungen in der Regel ein Anspruch auf die Erlaubnis besteht,

---

[410] Steindorf, WaffR, § 32 Rn.3; Kurth/Lehle/Lehmann, Aktuelles WaffR, § 32 Rn.3; Apel, WaffR, § 30 Erl.2; Drews/Wacke/Vogel/Martens, Gefahrenabwehr, § 26 3 c), S.457; Wolff/Bachof/Stober, Verwaltungsrecht I § 46, X 3 a) Rn.40.
[411] Steindorf, WaffR, § 36, Rn.1; § 36 Rn.1; Apel, WaffR, § 30 Erl. 2; Drews/Wacke/Vogel/Martens, Gefahrenabwehr, § 26 3 c), S.457; So auch RhPf. OVGE 2, 41 (42) für das "Besondere Bedürfnis" in § 4 Abs.1 LPVO und OVG Münster E 27, 238 (240) für das "öffentliche Bedürfnis" gemäß § 18 Abs.1 S.2 GastG.
[412] Steindorf, WaffR, § 30 Rn.1.

während dem Antragsteller beim repressiven Verbot normalerweise nur ein Anspruch auf ermessensfehlerfreie Entscheidung zukommt[413].

Im folgenden werden zunächst die für eine Unterscheidung beider Verbotsformen maßgeblichen Kriterien dargestellt (I.) und diese im Anschluß auf die waffenrechtlichen Verbote angewendet (II.). Bei letzterem wird zwischen den Regelungen des § 37 Abs.1 (II.2.a)) und der §§ 28 Abs.1, 35 Abs.1 (II.2.b)) differenziert.

I. Unterscheidung zwischen präventivem und repressivem Verbot

Die herrschende Meinung unterscheidet zwischen dem präventiven Verbot mit Erlaubnisvorbehalt und dem repressiven Verbot mit Befreiungs- bzw. Dispensvorbehalt[414]. Eine Abgrenzung findet danach wie folgt statt. Bei einem präventiven Verbot mit Erlaubnisvorbehalt, beispielsweise der Erlaubnis zur Erteilung der Fahrerlaubnis, will der Gesetzgeber lediglich eine Gefahrenkontrolle ausüben. Verhaltensweisen, die grundsätzlich sozial wertvoll oder wenigstens neutral sind, sollen nicht eigentlich verboten werden, sondern auf ihre Ungefährlichkeit hin überprüft werden. Die Erteilung der Erlaubnis stellt dann sozusagen eine "Unbedenklichkeitsbescheinigung"[415] dar.
Beim repressiven Verbot mit Befreiungs- bzw. Dispensvorbehalt dagegen will der Gesetzgeber eine Tätigkeit, die er grundsätzlich als sozialschädlich ansieht, generell unterdrücken und sie lediglich in Ausnahmefällen erlauben. Der Dispensvorbehalt befreit von einem Verbot, das nicht

---

[413] Vgl. statt vieler: Schenke, in: Steiner, Besonderes Verwaltungsrecht, S.322ff; Faber, Verwaltungsrecht, S.116; Wolff/Bachof/Stober, Verwaltungsrecht I, § 46 Rn.44ff; Maurer, Allgemeines Verwaltungsrecht, § 9 Rn.51ff.

[414] In der Literatur wird die Zweiteilung beispielsweise vertreten von: Bachof, in: Bettermann/Nipperdey/Scheuner, Die Grundrechte, Band III/1, S.155 (220f.); Friauf, JuS 1962, 422 (423) m.w.N. in Fn. 13; Schenke, in: Steiner, Besonderes Verwaltungsrecht, S.322ff; Faber, Verwaltungsrecht, S.115ff; Wolff/Bachof/Stober, Verwaltungsrecht I, § 46 Rn.44; Maurer, Allgemeines Verwaltungsrecht, § 9 Rn.51ff; Battis, Allgemeines Verwaltungsrecht, S.153f.; Drews/Wacke/Vogel/Martens, Gefahrenabwehr, § 26; Henke, DVBl. 1983, 982 (984). Aus der Rechtsprechung z.B.: BVerfGE 150 (157); BVerwGE 41, 1 (4ff.).

[415] Wolff/Bachof/Stober, Verwaltungsrecht I, § 46 Rn.36.

lediglich präventiv, sondern "substantiell"[416] gemeint ist. Die verbotene Tätigkeit oder der verbotene Zustand sollen verhindert werden, wobei die Behörde nur in atypischen Ausnahmefällen befugt sein soll, einzelne Betroffene vom Verbot freizustellen[417].

1. Kritik der traditionellen Zweiteilung

Die Möglichkeit einer strikten dogmatische Trennung zwischen präventivem und repressivem Verbot wird von einem Teil der Literatur in Zweifel gezogen[418], wobei insbesondere auf die übereinstimmende Grundstruktur beider Verbote hingewiesen wird[419]. Sowohl Wirkung als auch Inhalt seien weitgehend gleich, da beide Typen von Normen gefährliche Zustände oder Verhaltensweisen verhindern und ungefährliche gestatten wollten[420]. Die traditionelle Unterscheidung beider Verbote habe ihren Grund darin, daß bei dem präventiven Verbot überwiegend auf die unschädliche und rechtmäßige Betätigung abgestellt, beim repressiven Verbot hingegen das im Einzelfall Schädliche in den Vordergrund gerückt werde[421]. Entgegen der h.M. bestehe zwischen beiden Verbotsformen kein qualitativer Unterschied, sondern lediglich ein quantitativer[422]. Während beim präventiven Verbot die Erlaubnis die Regel und das Verbot die Ausnahme darstelle, kehre sich dieses Verhältnis beim repressiven Verbot um[423].

---

[416] Drews/Wacke/Vogel/Martens, Gefahrenabwehr, § 26, 1. b), S.447.
[417] Drews/Wacke/Vogel/Martens, Gefahrenabwehr, § 26, 1. b), S.447.
[418] So schon Bachof, in: Bettermann/Nipperdey/Scheuner, Die Grundrechte, Band III/1, S.155 (221); Friauf, JuS 1962, 422 (424); Schwabe, JuS 1973, 133ff; Gusy, JA 1981, 80ff.
[419] Nach Gromitsaris, DÖV 1997, 401 (408) erbringe die Unterscheidung zwar eine klassifikatorische Leistung, könne aber die Normengewinnung im Einzelfall nicht steuern.
[420] Schwabe, JuS 1973, 133 (134); Gusy, JA 1981, 80 (81).
[421] So Gusy, JA 1981, 80 (81).
[422] Schwabe, JuS 1973, 133 (135).
[423] Schwabe, JuS 1973, 133 (134f.).

2. Stellungnahme

Den Kritikern der traditionellen Zweiteilung[424] ist entgegenzuhalten, daß - gemessen an der Gesamtheit der verbotenen Tatbestände - auch die Erlaubnis die quantitative Ausnahme bilden kann. Gemessen an der Zahl der erlaubnis- bzw. dispensierungsfähigen Tatbestände können sowohl die Fälle einer Erlaubnis- wie die einer Dispensierungserteilung die Zahl der Versagungsfälle bei einer bestimmten Rechtsvorschrift überwiegen[425]. Darüber hinaus ist es zwar zutreffend, daß beide Verbotsarten das Ziel haben, gefährliche Tätigkeiten zu verhindern und ungefährliche zu erlauben. Daraus den Schluß zu ziehen, daß der Unterschied lediglich ein gesetzestechnischer und damit quantitativer sei, berücksichtigt jedoch nicht ausreichend, daß zwischen beiden Verboten ein grundlegender Unterschied besteht. Denn es ist grundsätzlich etwas anderes, ob eine Betätigung als solche erlaubt ist und sich damit innerhalb des grundgesetzlich garantierten Freiheitsraumes bewegt und nur wegen der potentiellen Gefährlichkeit vorläufig verboten ist oder ob sie bereits ein derart schädliches Ausmaß angenommen hat, daß sie generell verboten werden muß[426]. Im Gegensatz zum repressiven Verbot mit Befreiungsvorbehalt spricht das präventive Verbot mit Erlaubnisvorbehalt kein materielles Unwerturteil über die verbotene Tätigkeit aus. Dementsprechend kann auch nur im Fall des präventiven Verbots einer genehmigungspflichtigen Tätigkeit, die ohne die erforderliche Genehmigung vorgenommen wird, nicht die Beseitigung des gegebenenfalls Geschaffenen verlangt werden, wenn nicht die Tätigkeit oder das Vorhaben auch materiell rechtswidrig ist[427]. Hingegen kennt das repressive Verbot keine formelle Rechtswidrigkeit, weil formelle und materielle Legalität nicht auseinanderfallen können[428].

---

[424] Insbesondere Schwabe, JuS 1973, 133 (134f.).

[425] Drews/Wacke/Vogel/Martens, Gefahrenabwehr, § 26, 1. b). Die von Schwabe vorgenommene Unterscheidung ebenfalls ablehnend: Maurer, Allgemeines Verwaltungsrecht, § 9 Rn. 55.

[426] Brauer, Die strafrechtliche Behandlung genehmigungsfähigen, aber nicht genehmigten Verhaltens, S.48f.; zustimmend: Epping, Grundgesetz und Kriegswaffenkontrolle, S.106.

[427] Epping, Grundgesetz und Kriegswaffenkontrolle, S.107.

[428] Brauer, Die strafrechtliche Behandlung genehmigungsfähigen, aber nicht genehmigten Verhaltens, S.48; Epping, Grundgesetz und Kriegswaffenkontrolle, S.107.

Die Ansicht, wonach lediglich ein quantitativer Unterschied zwischen präventivem und repressivem Verbot besteht, ist daher abzulehnen. Festzuhalten bleibt, daß zwischen beiden Verbotsformen ein qualitativer Unterschied besteht.

II. Einordnung waffenrechtlicher Verbote

Wendet man die von der herrschenden Meinung vertretenen Unterscheidungskriterien an und versucht, einzelne Verbote einer der zwei Verbotsformen zuzuordnen, ergeben sich erhebliche Abgrenzungsschwierigkeiten. Insbesondere die Feststellung, ob eine Tätigkeit im Einzelfall sozial wertvoll, neutral oder sozialschädlich ist, erweist sich als schwierig. Dementsprechend wird auch die Frage, ob in den §§ 28 Abs.1 Satz 1, 35 Abs.1 präventive Verbote mit Erlaubnisvorbehalt oder repressive Verbote mit Befreiungsvorbehalt im dargelegten Sinne normiert sind, von den Vertretern der herrschenden Meinung unterschiedlich beantwortet.
Im Zweifelsfall muß eine Gesamtschau aller maßgeblichen Umstände (gesetzlicher Zweck, konkreter Lebensbereich, bereichsspezifische Belange, grundrechtliche Mittel- und Zwecknormierungen) darüber entscheiden, welche Rechtsnatur der von Staats wegen verordneten Beschränkung der Verhaltensweise des einzelnen zukommt[429]. Der Nachweis des präventiven oder repressiven Regelungszweckes bei gesetzlichen Verboten ist eine Auslegungsfrage[430]. Wie allgemein bei der Auslegung von Vorschriften ist auch hier, sofern nach dem Wortlaut und dem Bedeutungszusammenhang des Gesetzes keine eindeutige Auslegung möglich ist, der Sinn und Zweck der Norm zu ermitteln[431].
Falls von der beabsichtigten Tätigkeit des Rechtsunterworfenen nur entfernte Risiken[432] ausgehen, ergibt sich der Zweck der in der jeweiligen Norm statuierten Genehmigungspflicht daraus, daß vorweg behördlich

[429] Gromitsaris, DÖV 1997, 401 (408). Zustimmend Steindorf, WaffR, Vor § 52a Rn.3.
[430] Vgl. Faber, Verwaltungsrecht, S.116; Drews/Wacke/Vogel/Martens, Gefahrenabwehr, § 26 1. b), S.447. Kritisch zu dieser Vorgehensweise, Gromitsaris, DÖV 1997, 401 (402f.).
[431] Zu den Kriterien der Auslegung vgl. Larenz, Methodenlehre, S.320ff.
[432] Brauer, Die strafrechtl. Behandlung von genehmigungsfähigen, aber nicht genehmigten Verhaltens, S. 47 und Steindorf, WaffR, Vor § 52a Rn.3 sprechen dabei von "abstrakter Gefahr"; Epping, Grundgesetz und Kriegswaffenkontrolle, S.105 spricht von "abstrakter Gefährlichkeit".

geprüft werden soll, ob notwendig erscheinende und gesetzlich geregelte Voraussetzungen erfüllt sind (sog. Kontrollfunktion eines präventiven Verbotes[433]).
Anders liegt es dagegen bei Tätigkeiten, bei denen eine konkrete Gefahr droht oder eine Rechtsgutverletzung infolge der Tätigkeit bereits eingetreten ist. In diesen Fällen verfolgt der Gesetzgeber das Ziel, die betreffende Betätigung nach Möglichkeit völlig zu unterbinden[434] und statuiert ein repressives Verbot.

1. Ansicht vom repressiven Charakter des Waffengesetzes

Ein Teil der Literatur erachtet den "Umgang" mit Schußwaffen als derart gefährlich und daher sozialschädlich, daß der Besitz und das Führen dieser Waffen durch Private grundsätzlich unterbunden werden soll. Diese Zielsetzung des Gesetzgebers könne nur durch ein repressives Verbot erreicht werden[435].
Während beispielsweise in den Vereinigten Staaten und vielleicht auch in der Schweiz das gesetzliche Verbot des Waffentragens nur ein präventives Verbot darstellen könnte, verletze die öffentlich getragene Waffe dagegen im engeren deutschen Kulturkreis soziale Normen von großer Kraft[436]. Dies sei darauf zurückzuführen, daß in dieser Gesellschaft kollektive

---

[433] Vgl. statt vieler Maurer, Allgemeines Verwaltungsrecht, § 9 Rn.51, der insoweit auch von der "Kontrollerlaubnis" spricht.
[434] Steindorf, WaffR, Vor § 52a Rn.4; Brauer, Die strafrechtl. Behandlung von genehmigungsfähigen, aber nicht genehmigten Verhaltens, S.48; Epping, Grundgesetz und Kriegswaffenkontrolle, S.105.
[435] So generell wohl Wolff/Bachof/Stober, Verwaltungsrecht I, § 46 Rn.44, wonach sich der repressive Charakter eines Verbotes aus dem Sinn des Gesetzes ergeben könne und als Beispiel dafür das Waffengesetz angeführt wird. Während Lorenz, NVwZ 1989, 812 (819) und Kloepfer, Umweltrecht, § 5 Rn.49 sowohl § 30 als auch § 35 zu den repressiven Verboten zählen, sehen Giemulla/Jaworsky/Müller-Uri, Verwaltungsrecht, Rn. 280; Harald Hofmann, Allgemeines Verwaltungsrecht, S.186; Wilfried Wolff, Allgemeines Verwaltungsrecht, S.198 lediglich in § 35 WaffG ein repressives Verbot. Eine Begründung für die Einordnung selbst und die Beschränkung auf das Waffenführen wird allerdings nicht gegeben. Auch Schwabe, der zwischen beiden Verbotsformen nur einen quantitativen Unterschied sieht, bezeichnet das Verbot des Schußwaffenführens als "Prototyp des repressiven Verbots", JuS 1973, 133 (135).
[436] Faber, Verwaltungsrecht, S.117.

Erinnerungen nicht an Wild-West-Pioniere, sondern an den jahrhundertelangen Kampf um den Landfrieden lebendig seien[437].

2. Nach der jeweiligen Norm differenzierende Ansicht

Den "Umgang" mit Schußwaffen generell als sozialschädlich zu erachten und die WBK und den WS als repressive Verbote einzuordnen, berücksichtigt jedoch nicht ausreichend die im Waffengesetz zum Ausdruck gekommene Wertung des Gesetzgebers. Dieser hat den "Umgang" mit Schußwaffen unterschiedlich streng reglementiert und bei der Bewertung je nach Verwendbarkeit und Gefährlichkeit der Schußwaffe differenziert. Diese Unterscheidung soll im folgenden durch einen Vergleich der Verbotsnorm des § 37 Abs.1 einerseits und der Regelungen der §§ 28 Abs.1 Satz 1, 35 Abs.1 Satz 1 andererseits aufgezeigt werden.

a) § 37 Abs.1 Satz 1

Nach § 37 Abs.1 Satz 1 ist es verboten, die in der Aufzählung genannten Gegenstände herzustellen, zu bearbeiten, instandzusetzen, zu erwerben, zu vertreiben, anderen zu überlassen, einzuführen, sonst in den Geltungsbereich dieses Gesetzes zu verbringen oder sonst die tatsächliche Gewalt über sie auszuüben.

aa) Wortlaut

Für die Frage, welche Art von Verbot § 37 Abs.1 enthält, könnte zumindest indiziell auf die gesetzliche Terminologie abgestellt werden. Denn der Gesetzgeber verwendet in Fällen, in denen er zwar Ausnahmen von einer Norm zulassen will, gleichzeitig aber am grundsätzlichen Verbot festhalten will, regelmäßig wiederkehrende Begriffe[438]. Typische Formulierungen für die Statuierung eines repressiven Verbotes sind beispielsweise die Begriffe

---

[437] Faber, Verwaltungsrecht, S.117. Auf die diesbezüglichen Unterschiede in anderen Ländern weist auch Steindorf, in: Steindorf, WaffR, Vor § 52a Rn.9, hin.

[438] So Epping, Grundgesetz und Kriegswaffenkontrolle, S.108, für die Auslegung des Genehmigungsvorbehaltes in Art.26 Abs.2 GG.

"Ausnahme" und "Befreiung" sowie "Dispens" und "Abweichung"[439]. Der Gebrauch dieser Begriffe ist nur sinnvoll, wenn ein generelles Verbot besteht[440]. Denn durch die Ausdrucksweise wird deutlich, daß an der grundsätzlich zwingenden Natur der Regelung, von der Ausnahmen zugelassen werden dürfen oder von der befreit bzw. abgewichen werden darf, nichts geändert werden soll[441].
§ 37 Abs.1 Satz 1 ist eine allgemeine Verbotsbestimmung vorangestellt, von der das Bundeskriminalamt gemäß Abs.3 Satz 1 "Ausnahmen" zulassen kann, wenn öffentliche Interessen nicht entgegenstehen. Durch diese Formulierung ist der Bereich des definitiv Verbotenen schon optisch in den Vordergrund gestellt[442]. Der Wortlaut der Norm deutet daher auf das Vorliegen eines repressiven Verbotes hin.

bb) Sinn und Zweck

Fraglich ist, ob § 37 Abs.1 ein generelles Verbot der dort aufgezählten Gegenstände bezweckt, wovon nur in Ausnahmefällen befreit werden soll oder ob er den Umgang mit solchen Gegenständen lediglich von der Erfüllung bestimmter Voraussetzungen seitens eines potentiellen Erwerbers abhängig machen will.
Die Regelung des § 37 Abs.1 bezieht sich auf Gegenstände, die erfahrungsgemäß häufig zur Begehung von Straftaten verwendet werden oder besonders gefährlich sind[443] und denen generell eine "Daseinsberechtigung"[444] abgesprochen wird. Beispielsweise ist gemäß § 37 Abs.1 Nr.1 a) der "Umgang" mit sogenannten "Wilddiebsgewehren"[445], die regelmäßig zum Wildern verwendet werden, verboten und nach § 37 Abs.1 Nr.1 c) mit Schußwaffen, die geeignet sind, einen anderen Gegenstand vorzutäuschen, verboten. Die besondere Gefährlichkeit der zuletzt genannten Gegenstände resultiert aus dem Überraschungseffekt, da solche Waffen

---

[439] Mussgnug, Der Dispens, S.64ff.; Schwabe, JuS 1973, 133 (134); Pottmeyer, Kriegswaffenkontrollgesetz, Einleitung, Rn.72.
[440] Epping, Grundgesetz und Kriegswaffenkontrolle, S. 108.
[441] Epping, Grundgesetz und Kriegswaffenkontrolle, S.108.
[442] Allgemein zu dieser Gesetzgebungstechnik, Schwabe, JuS 1973, 133 (134).
[443] Vgl. Nr. 37.1 WaffVwV. Ebenso Steindorf, WaffR, § 37 Rn.1; Apel, WaffR, § 37, Erl.1.
[444] BR-Drucks. 658/70, S.39 zu Art.17.
[445] Steindorf, WaffR, § 37 Rn.2.

unerkannt geführt und überraschend gezogen werden können. Gleichzeitig sind sie aus diesem Grund auch für die Begehung von Straftaten besonders gut geeignet[446]. Auch andere besonders gefährliche Schußwaffen wie vollautomatische Selbstladewaffen, bei denen durch Betätigen des Abzuges nicht nur jeweils ein Schuß sondern ein ganzer Feuerstoß ausgelöst werden kann, fallen unter das Verbot des § 37 Abs.1 Nr.1. Derartige Waffen stellen wegen ihrer schnellen Schußfolge in der Hand von Gewalttätigen oder Leichtsinnigen eine besondere Gefahr für die öffentliche Sicherheit dar[447]. Der Gesetzgeber hat mithin Gegenstände, die ebenfalls ein erhöhtes Gefahrenpotential aufweisen, mit einem eigenen "Unwerturteil" belegt[448] und deren Herstellung, Erwerb etc. im Geltungsbereich des Gesetzes grundsätzlich verboten. Die Ächtung der in Abs.1 aufgezählten Gegenstände geht so weit, daß selbst den Personen, die in einer Vorkontrolle auf ihre Zuverlässigkeit, Sachkunde und körperliche Geeignetheit überprüft werden könnten, keine "Unbedenklichkeitsbescheinigung"[449] zum Erwerb dieser Gegenstände erteilt werden soll. Dies wird bei der Betrachtung der Ausnahmeregelung des § 37 Abs.3 deutlich. Der Besitz der vom Verbot erfaßten Gegenstände kann nur unter engen Voraussetzungen zugelassen werden. Dabei bringt das Legalbeispiel "Ausfuhr" in § 37 Abs.3 zum Ausdruck, daß Ausnahmebewilligungen, die einen Verbleib der Gegenstände im Inland zur Folge hätten, generell unerwünscht sind[450]. Hieraus ist ersichtlich, daß nur aufgrund einer Interessenabwägung dem grundsätzlich mißbilligten Verhalten nach § 37 Abs. 1 die Verbotswidrigkeit genommen werden kann[451], beispielsweise wenn die Gegenstände ins Ausland exportiert werden. Die in § 37 Abs.3 zugelassenen Ausnahmen sind nur in atypischen Einzelfällen[452] zulässig, in denen die Ausübung der tatsächlichen Gewalt über die verbotenen Gegenstände ausnahmsweise dem öffentlichen Interesse nicht widerspricht. Mit einer Genehmigung kann daher in der Regel nicht gerechnet werden[453].

---

[446] BR-Drucks. 658/70, S.41; Steindorf, § 37 Rn.6.
[447] Steindorf, WaffR, Vor § 52a Rn.7.
[448] Apel, WaffR, § 37, Erl.4 a).
[449] Der Ausdruck stammt von Wolff/Bachof/Stober, Verwaltungsrecht I, § 46 Rn.36.
[450] Steindorf, WaffR, § 37 Rn.27. Das Bundesverwaltungsgericht spricht davon, daß der Besitz der vom Verbot erfaßten Gegenstände "prinzipiell verhindert werden soll", NJW 1979, 1563 (1563).
[451] Steindorf, WaffR, Vor § 52a Rn.8.
[452] BVerwG, NJW 1979, 1563 (1563).
[453] BVerwG, NJW 1979, 1563 (1563).

cc) Zwischenergebnis

Nach der gesetzlichen Terminologie und der Zielsetzung, den Besitz der vom Verbot erfaßten Gegenstände im Inland prinzipiell zu verbieten, sind die Verbote in § 37 Abs.1 als repressive Verbote mit Befreiungsvorbehalt einzuordnen[454].

b) §§ 28 Abs.1 Satz 1 und 35 Abs.1 Satz 1

Wer Schußwaffen erwerben und die tatsächliche Gewalt über sie ausüben will bzw. Schußwaffen führen will, bedarf nach §§ 28 Abs.1 Satz 1, 35 Abs.1 Satz 1 der Erlaubnis der zuständigen Behörde.

aa) Wortlaut

Daß es sich bei den §§ 28 Abs.1 Satz 1 und 35 Abs.1 Satz 1 im Gegensatz zu dem Verbot in § 37 Abs.1 Satz 1 um präventive Verbote mit Erlaubnisvorbehalt handelt, spricht zunächst der Wortlaut dieser Bestimmungen. Der Gesetzgeber hat sich des Ausdrucks "... bedarf der Erlaubnis..." bedient und damit zum Ausdruck gebracht, daß er den Umgang mit Schußwaffen für sozialadäquat hält und daher vom Grundsatz her als erlaubt ansieht. Wäre er dagegen von einem repressiven Verbot mit Befreiungsvorbehalt ausgegagen, so hätte er der Regelung keine Erlaubnispflicht vorangestellt, sondern sich des Wortlauts "es ist verboten" aus § 37 Abs.1 oder einer ähnlichen Formulierung bedient[455].

---

[454] BVerwG, NJW 1979, 1563 (1563). Ebenso Steindorf, WaffR, § 37 Rn.27; Kurth/Lehle/Lehmann, Aktuelles WaffR, § 37 Rn.3; Drews/Wacke/Vogel/Martens, Gefahrenabwehr, § 26, 1 b.), S.447 Fn.37; Apel, WaffR, § 37 Erl. 4b.); Ehlers in: Erichsen, Allgemeines Verwaltungsrecht, § 1 Rn.33, Fn.125; Henke, DVBl. 1983, 982 (984); Würtenberger/Heckmann/Riggert, Polizeirecht, A V, Rn.37; Brauer, Die strafrechtl. Behandlung von genehmigungsfähigen, aber nicht genehmigten Verhaltens, S. 163 und 165; Pottmeyer, Kriegswaffenkontrollgesetz, Einleitung, Rn.72.

[455] Vgl. die Argumentation von Pottmeyer, Kriegswaffenkontrollgesetz, Einleitung Rn.72, für die Einordnung der § 2-4a KWKG als präventive Verbote und Epping, Grundgesetz und Kriegswaffenkontrolle, für Art.26 II GG, S.108. Friauf, JuS 1962, 422 (423f.) Fn. 15 und Schwabe, JuS 1973, 133 (135) weisen dagegen auf die Mehrdeutigkeit der gesetzlichen Terminologie hin.

bb) Gesetzessystematik

Auch die Ausgestaltung der §§ 30 Abs.1, Abs.3 und 36 Abs.1, Abs.2 deuten auf ein präventives Verbot hin. Nach der Festsetzung einer Erlaubnispflicht in den §§ 28 Abs.1 Satz 1, 35 Abs.1 Satz 1 werden in den §§ 30, 36 bestimmte (fakultative und zwingende) Versagungsgründe genannt, bei deren Vorliegen die Erlaubnis nicht erteilt werden kann. Wäre der Gesetzgeber davon ausgegangen, daß der Umgang mit Schußwaffen grundsätzlich nicht erlaubt ist, so hätte er keine Gründe in das Gesetz aufgenommen, bei deren Vorliegen die Erlaubnis zu versagen ist. Vielmehr hätte er entsprechend der üblichen Gesetzestechnik Befreiungstatbestände formuliert[456].

cc) Sinn und Zweck

Auch wenn man dem Wortlaut und der Ausgestaltung der Normen keine entscheidende Bedeutung beimißt[457], sprechen Sinn und Zweck der WBK und des WS für ein präventives Verbot. Zwar geht das Waffengesetz von der Annahme aus, daß Schußwaffen in privater Hand zwangsläufig mit Gefahren und erheblichen Nachteilen für die öffentliche Sicherheit verbunden sind[458], so daß aus Sicherheitsgründen möglichst wenig Waffen "ins Volk" kommen sollen[459]. Jedoch zwingt diese Zielsetzung nicht zu der Annahme, daß der "Umgang" mit Schußwaffen schlechthin sozialschädlich sei und er folglich mit einem repressiven Verbot belegt werden müßte. Der Gesetzgeber hat vielmehr durch die beispielhafte Aufzählung von Bedürfnisfällen in § 32 Abs.1 zum Ausdruck gebracht, daß er bei bestimmten Betätigungen, bei denen die Verwendung von Schußwaffen unumgänglich ist - beispielsweise bei Jägern, Sportschützen[460] - und bei besonders gefährdeten Personen, eine Bewaffnung toleriert. Dies zeigt, daß der "Umgang" mit

[456] Vgl. die Argumentation von Pottmeyer, Kriegswaffenkontrollgesetz, Einleitung Rn.76 mit Verweis auf v. Burchard, Das Umgehungsgeschäft, S.23, 25, für die Einordnung der § 2-4a KWKG als präventive Verbote. Zustimmend Epping, Grundgesetz und Kriegswaffenkontrolle, S. 122. Anders dagegen Henke, DVBl. 1983, 982 (985), der der Verwendung von Erteilungs- oder Versagungsgründen keine juristische Bedeutung zumißt.

[457] So für die hier behandelte Konstellation Friauf, JuS 1962, 422 (423f.) Fn. 15; Schwabe, JuS 1973, 133 (135) und Henke, DVBl. 1983, 982 (985).

[458] BVerwG, DÖV 1966, 767 (767); Götz, Polizeirecht, § 25, Rn.598.

[459] BVerwG, DÖV 1966, 767 (767).

[460] Steindorf, WaffR, vor § 52a, Rn.10.

Schußwaffen, die nicht dem Verbot des § 37 Abs.1 unterfallen, nicht als schlechthin sozialschädlich bewertet wird und nicht grundsätzlich verboten ist. Vielmehr soll in diesen Fällen, sofern ein Bedürfnis im Sinne von § 32 Abs.1 gegeben ist, eine vorherige Kontrolle des Mindestalters, der Zuverlässigkeit, der Sachkunde und der körperlichen Eignung genügen, um einen ordnungsgemäßen Umgang mit Schußwaffen zu gewährleisten. Der "Umgang" mit Schußwaffen, die nicht dem Verbot des § 37 Abs.1 unterfallen, wird zwar als nicht ungefährlich, aber als beherrschbar angesehen[461]. Dies bedeutet, daß die Gefahr, die auch von diesen Schußwaffen zwangsläufig ausgeht, durch die im Rahmen des Erlaubnisverfahrens gewährte Auswahl von volljährigen, zuverlässigen, sachkundigen und körperlich geeigneten Personen so weit minimalisiert werden kann, daß sie für die Allgemeinheit hinnehmbar ist[462]. Aus diesem Grund hat der Gesetzgeber in den §§ 28 Abs.1 Satz , 35 Abs.1 lediglich ein präventives Verbot statuiert, das aufzuheben ist, wenn die mit jedem Schußwaffenbesitz verbundenen Risiken im konkreten Fall als beherrschbar erscheinen und ein Bedürfnis besteht.

3. Ergebnis

Ein Vergleich des Wortlauts, der Regelungssystematik und des Sinn und Zwecks von § 37 Abs.1 einerseits und der §§ 28 Abs.1 Satz 1, 35 Abs.1 andererseits, zeigt, daß lediglich § 37 Abs.1 ein generelles, endgültiges Verbot im Sinne eines repressiven Verbots anordnet[463]. WBK und WS stellen dagegen präventive Verbote im dargestellten Sinne dar[464].

---

[461] Brauer, Die strafrechtl. Behandlung von genehmigungsfähigen, aber nicht genehmigten Verhaltens, S.165.

[462] So allgemein Steindorf, WaffR, vor § 52a Rn.3; Brauer, Die strafrechtl. Behandlung von genehmigungsfähigen, aber nicht genehmigten Verhaltens, S.88.

[463] Im Ergebnis ebenso: Brauer, Die strafrechtl. Behandlung von genehmigungsfähigen, aber nicht genehmigten Verhaltens, S.165 und Steindorf in: Festschrift für Salger 1995, 167 (173f.).

[464] So ausdrücklich Drews/Wacke/Vogel/Martens, Gefahrenabwehr, § 26, 1. a) S.443 und b.) S.447 und Brauer, Die strafrechtl. Behandlung von genehmigungsfähigen, aber nicht genehmigten Verhaltens, S.165. Im Ergebnis ebenso: Apel, WaffR, § 37 Erl. 4b.); Kurth/Lehle/Lehmann, Aktuelles WaffR, § 28 Rn.1; Würtenberger/Heckmann/Riggert, Polizeirecht, A V, Rn.36.

III. Endergebnis

Die Untersuchung hat gezeigt, daß es sich bei den den §§ 28 Abs.1 Satz, 35 Abs.1 zugrundeliegenden Verboten um präventive Verbote mit Erlaubnisvorbehalt handelt. Dies bedeutet zugleich, daß sofern die gesetzlichen Voraussetzungen erfüllt sind, die Erlaubnisse zu erteilen sind und der Antragsteller einen Anspruch auf Erteilung der WBK bzw. des WS hat. Dieses Ergebnis wird durch die amtliche Begründung des Waffengesetzes[465] bestätigt. Danach soll auf die Erteilung einer WBK und eines Munitionserwerbsscheins ein Rechtsanspruch des Antragstellers bestehen, sofern nicht einer der Versagungsgründe des § 30 Abs.1 Satz 1 vorliegt[466]. Dies entspreche auch dem das Waffengesetz beherrschenden Grundsatz, die persönliche Freiheit nicht mehr einzuschränken, als aus vorrangigen Gründen des allgemeinen Wohls - hier der öffentlichen Sicherheit - erforderlich sei[467].
Zwar könnte man aus dem Wortlaut der §§ 30 Abs.1 Satz 1, 36 Abs.1 Satz 1 "sind bzw. ist zu versagen, wenn..." schließen, daß die Behörde auch dann zur Nichterteilung der WBK bzw. des WS ermächtigt ist, wenn keine Versagungsgründe gegeben sind. Denn ausdrücklich verpflichten §§ 30 Abs.1 Satz 1, 36 Abs.1 Satz 3 nur zur Versagung und nicht auch zur Erteilung der Erlaubnis[468]. Insoweit fehlt es nämlich an einer Formulierung wie etwa in § 6 BImSchG "die Erlaubnis ist zu erteilen, wenn... ", die eindeutig im Sinne einer Bindung der Verwaltung und eines Anspruchs des Antragstellers zu verstehen ist. Entscheidend für die Statuierung eines Anspruchs auf Erteilung der Erlaubnis ist jedoch, daß der Gesetzgeber aufgrund des Übermaßverbotes dazu verpflichtet ist. Erfüllt nämlich ein Antragsteller die gesetzlichen Voraussetzungen der Verbotsnorm, d.h. liegen Versagungsgründe im Sinne der §§ 30 Abs.1 Satz 1, 36 Abs.1 nicht vor, dann ist der Zweck des präventiven Verbotes, die mit der Tätigkeit verbundenen Gefahren weitgehend zu reduzieren, erreicht. Eine Verweigerung der Erlaubnis würde dann zu einer nicht erforderlichen Grundrechtsbeeinträchtigung führen, die rechtswidrig wäre[469].

---

[465] BT-Drucks. VI/2678, S.30.

[466] Auch bezüglich des Führens von Waffen wird auf die Begründung des früheren § 29 verwiesen, vgl. BT-Drucks-VI/2678, S.32 zu § 33.

[467] BR-Drucks. 658/70, S.17.

[468] Siehe dazu Henke, DVBl. 1983, 982 (984).

[469] So allgemein Gusy, JA 1981, 80 (82); Drews/Wacke/Vogel/Martens, Gefahrenabwehr, § 26, 1 a), S.444.

Demnach besteht nach allgemeiner Ansicht ein Rechtsanspruch auf Erteilung der WBK und des WS, sofern keine Versagungsgründe eingreifen[470].

F. Rücknahme und Widerruf waffenrechtlicher Erlaubnisse nach § 47

I. Obligatorische Rücknahme, § 47 Abs.1

Ein waffenrechtliche Erlaubnis ist nach § 47 Abs.1 zurückzunehmen, wenn nachträglich bekannt wird, daß die Erlaubnis hätte versagt werden müssen. Die Vorschrift betrifft also Erlaubnisse, die entgegen einem zwingenden Versagungsgrund und damit rechtswidrig erteilt worden sind, z.B. trotz Fehlens der erforderlichen Zuverlässigkeit des Antragstellers oder ohne den erforderlichen Nachweis eines Bedürfnisses ausgestellte WBK oder WS[471]. § 47 Abs.1 geht als bundesgesetzliche Sonderregelung den Vorschriften der Landesverwaltungsverfahrensgesetze über die Rücknahme rechtswidriger Verwaltungsakte vor[472].. Sie verpflichtet die Behörde zur Rücknahme, wenn ihr nachträglich bekannt wird, daß sie gegen zwingendes Recht verstoßen und deswegen unrichtig entschieden hat[473]. Eine fakultative Erlaubnisrücknahme sieht das Waffengesetz seit Wegfall des § 47 Abs.1 Satz 2 nicht mehr vor[474].

---

470 Zu § 30 Abs.1 Waffengesetz: Steindorf, WaffR, § 30 Rn.1; Kurth/Lehle/Lehmann, Aktuelles WaffR, § 30 Rn.1; Hinze, WaffR, § 30 Anm.1; Apel, WaffR, § 30 Erl.1.; Ehmke, Waffen und WaffR, § 30 Anm. zu Abs.1 und § 36 Anm. zu Abs.1; Wolff/Bachof/Stober, Verwaltungsrecht I, § 46 Rn.40; Drews/Wacke/Vogel/Martens, Gefahrenabwehr, § 26 3 b.) S.455 und c.) S.458. Dies schon für den früheren § 15 Abs.1 WaffG bejahend: Wilhelm, DÖV 1966, 329 (332); OVG Rheinland-Pfalz, E 12, 97 (98); Hess. VGHE 4, 91.

471 Meyer, GewArch 1998, 89 (96); Steindorf, WaffR, § 47 Rn.2.

472 Meyer, GewArch 1998, 89 (96); Kurth/Lehle/Lehmann, Aktuelles WaffR § 47 Rn.3.

473 Steindorf, WaffR, § 47 Rn.2. Die Pflicht zur ausnahmslosen Rücknahme schließt auch eine Anwendung der in den Landesverwaltungsverfahrensgesetzen entsprechend § 48 Abs.4 VwVfG vorgesehenen Jahresfrist für die Rücknahme aus, vgl. BVerwGE 101, 24 (34) und VGH München, BayVBl. 1987, 727 (727).

474 Steindorf, WaffR, § 47 Rn.3.

II. Obligatorischer und fakultativer Widerruf, § 47 Abs.2

Nach § 47 Abs.2 Satz 1 ist eine waffenrechtliche Erlaubnis zu widerrufen, wenn nachträglich Tatsachen eintreten, die zur Versagung hätten führen müssen. Die Behörde ist bei Vorliegen des gesetzlichen Tatbestandes zum Widerruf verpflichtet. Wie § 47 Abs.1 geht auch § 47 Abs.2 Satz 1 den Widerrufsregelungen der Landesverwaltungsverfahrensgesetze vor und schließt in ihrem Anwendungsbereich die in den Landesverwaltungsverfahrensgesetzen vorgesehene Jahresfrist[475] für die Ausübung des Widerrufs aus[476]. Die obligatorischen Widerrufsgründe sind die gleichen wie bei der Rücknahme von Erlaubnissen[477]. Hauptwiderrufsgrund ist in der Praxis der nachträgliche Wegfall der Zuverlässigkeit[478]. Bei der WBK und beim WS ist auch ein nachträglicher Wegfall der körperlichen Eignung möglich[479]. Maßgebend für die gerichtliche Beurteilung der Rechtmäßigkeit des Widerrufs sind entsprechend der für die Anfechtung rechtsgestaltender Verwaltungsakte geltenden Regel die tatsächlichen Verhältnisse im Zeitpunkt des Erlasses des Widerspruchsbescheides[480].
Nach § 47 Abs.2 Satz 2 kann eine waffenrechtliche Erlaubnis außer nach den Vorschriften der Verwaltungsverfahrensgesetze widerrufen werden, wenn inhaltliche Beschränkungen nicht beachtet werden[481].

G. Zusammenfassung von Teil 3

Nach Inhalt und Zielsetzung ist das Waffengesetz ein Kontroll- und Überwachungsgesetz mit gewissen Schwerpunkten im gewerblichen Bereich. Die im Waffengesetz vorgesehenen Erlaubnispflichten sollen in erster Linie gewährleisten, daß ungeeigneten Personen der Umgang mit Waffen, insbesondere mit Schußwaffen, verwehrt wird. Die wichtigsten waffenrechtlichen Erlaubnisse sind die WBK, § 28 Abs.1, der Munitionserwerbschein, § 29

[475] Vgl. § 49 Abs.2 Satz 2 i.V.m. § 48 Abs.4 VwVfG.
[476] BVerwGE 101, 24 (34).
[477] Steindorf, WaffR, § 47 Rn.5.
[478] Kurth/Lehle/Lehmann, Aktuelles WaffR, § 47 Rn.14.
[479] Steindorf, WaffR, § 47 Rn.5.
[480] BVerwGE 84, 17 (19).
[481] Zum Begriff der inhaltlichen Beschränkung vgl. Teil 3, C.

Abs.1 und der WS, § 35 Abs.1. Während die WBK die Berechtigung zum Erwerb von Schußwaffen und zur Ausübung der tatsächlichen Gewalt, bzw. der Munitionserwerbschein die Berechtigung zum Erwerb von Munition beinhaltet, berechtigt der WS zum Führen von Schußwaffen. Eine Schußwaffe führt, wer die tatsächlichen Gewalt außerhalb seiner Wohnung, Geschäftsräume oder seines befriedeten Besitztums ausübt. WBK und WS können nach §§ 28 Abs.1 Satz 5, 35 Abs.2 Satz 3 zur Abwehr von Gefahren für die öffentliche Sicherheit, der WS auch zur Abwehr für Gefahren für Leben, Gesundheit oder Sachgüter mit Auflagen verbunden werden. Kann für den WS ein Bedürfnis nur für bestimmte Anlässe nachgewiesen werden, dann ist die Behörde nach § 35 Abs.2 Satz 2 auch ermächtigt, den Geltungsbereich des WS auf diese Anlässe oder auch örtlich zu begrenzen.
Den §§ 28 Abs.1 Satz 1, 35 Abs.1 Satz 1 i.V.m. den einschlägigen Strafbestimmungen der §§ 53 Abs.1 Satz 1 Nr.3 bzw. Nr.3a und § 53 Abs.3 Nr.1 a) und b) ist die unter Strafandrohung gestellte Unzulässigkeit jedes Erwerbes, Besitzes und Führens von Schußwaffen ohne entsprechende Erlaubnis zu entnehmen. Hierbei handelt es sich um sogenannte präventive Verbote mit Erlaubnisvorbehalt.
Der legale Zugang zum Erwerb und Besitz von Waffen und Munition und zum Führen von Schußwaffen wird neben den gesetzlichen Anforderungen an das Lebensalter, die Sachkunde und die körperliche Eignung, vor allem von der waffenrechtlichen Zuverlässigkeit (§ 5) und einem bestehenden Bedürfnis (§ 32 Abs.1) abhängig gemacht (sog. Erlaubnisversagungsgründe)[482]. Waffenrechtlich unzuverlässig ist eine Person grundsätzlich dann, wenn sie nicht die Gewähr bietet, mit einer Waffe ordnungsgemäß umzugehen. Nach Sinn und Zweck des Waffengesetzes soll das mit jedem Waffenbesitz verbundene Sicherheitsrisiko möglichst gering gehalten werden. Es kann nur bei Personen hingenommen werden, die nach ihrem bisherigen Verhalten das in sie gesetzte behördliche Vertrauen verdienen, daß sie mit der Waffe stets und in jeder Hinsicht ordnungsgemäß und rechtskonform umgehen[483]. Der Begriff der Unzuverlässigkeit wird in § 5 konkretisiert. Neben den in § 5 Abs.1 aufgezählten Fällen der speziell waffenrechtlichen Unzuverlässigkeit ist insbesondere die Begehung bestimmter, in § 5 Abs.2 Nr.1 und 2 genannter Straftaten und Gesetzesver-

[482] In waffenrechtlichen Verwaltungsstreitsachen stehen die Problembereiche der waffenrechtlichen Unzuverlässigkeit und des waffenrechtlichen Bedürfnisses deutlich im Vordergrund, Meyer, GewArch 1998, 89 (89).
[483] BVerwG, NVwZ-RR 1991, 635 (635).

stöße ein wichtiges Indiz für das Fehlen der erforderlichen Fähigkeit oder Bereitschaft, mit Schußwaffen verantwortungsbewußt umzugehen.

Neben der Unzuverlässigkeit ist das Fehlen eines waffenrechtlichen Bedürfnisses der häufigste Versagungsgrund. Ein Bedürfnis ist anzuerkennen, wenn bei dem Antragsteller besondere Umstände vorliegen, die ihn von der Allgemeinheit unterscheiden, und wenn diese Umstände berücksichtigenswert sind, also nicht bloß "auf eine Laune oder Liebhaberei" sondern auf einem wirtschaftlichen Interesse oder sonstwie begründeten Interesse beruhen. Dabei ist die Absicht des Gesetzgebers zu berücksichtigen, die Zahl der Schußwaffen- und Munitionsbesitzer sowie die Art- und Anzahl der in Privatbesitz befindlichen Schußwaffen auf das unbedingt notwendige und mit Rücksicht auf die allgemeinen Interessen an der Gewährleistung der öffentlichen Sicherheit vertretbare Maß zu beschränken[484]. Dem Bedürfnisbegriff liegt danach eine Abwägung zwischen dem berechtigten Interesse des Antragstellers und dem öffentlichen Interesse daran zugrunde, daß möglichst wenige Waffen "ins Volk" kommen[485]. Der in der Praxis wichtigste Bedarfsfall ist der sogenannte Schutzbedarf nach § 32 Abs.1 Nr.3. Danach ist ein Bedürfnis gegeben, wenn der Antragsteller glaubhaft macht, wesentlich mehr als die Allgemeinheit durch Angriffe auf Leib oder Leben gefährdet zu sein, und der Erwerb von Schußwaffen oder Munition geeignet ist, die Gefährdung zu mindern. Nach der Rechtsprechung des Bundesverwaltungsgerichts[486] ist der Beurteilung der Gefährdung ein objektiver Maßstab zugrunde zu legen. Erforderlich ist, daß der Antragsteller aufgrund besonderer Umstände nach den Erfahrungen wesentlich mehr als der Durchschnitt der Bevölkerung mit Angriffen rechnen muß, das heißt, daß der Gefährdungsgrad sich deutlich von dem der Allgemeinheit unterscheidet. Das setzt eine Würdigung aller Umstände des Einzelfalls voraus. Nicht zu verlangen ist, daß der Antragsteller bereits einmal angegriffen worden ist, ebenso nicht, daß die Gefährdung im Sinne des allgemeinen Polizeirechts wahrscheinlich ist.
Im Hinblick auf den Zweck der Bedürfnisprüfung liegt ein Bedürfnis nicht vor, wenn nach den Umständen des einzelnen Falles die Waffe zur Minderung der Gefährdung nicht erforderlich oder nicht geeignet ist.

---

484 BT-Drucks. VI/2680. S.31 und BVerwG, DÖV 1966, 767 (767).
485 BVerwGE 49, 1 (6f.).
486 Vgl. die grundlegende Entscheidung BVerwGE 49, 1ff. und die darauf basierende Nr.32.3 WaffVwV.

Liegt einer der Versagungsgründe vor, dann ist die waffenrechtliche Erlaubnis zwingend zu versagen. Vermag die zuständige Behörde dagegen nicht darzulegen, daß zumindest einer der Versagungsgründe gegeben ist, dann hat der Antragsteller einen Rechtsanspruch auf Erteilung der WBK oder des WS. Wird nachträglich bekannt, daß die Erlaubnis hätte versagt werden müssen, dann ist sie gemäß § 47 Abs.1 zurückzunehmen. Treten nachträglich Tatsachen ein, die zur Versagung hätten führen müssen, dann ist die Erlaubnis nach § 47 Abs.2 Satz 1 zu widerrufen. Mit Ausnahme des Mindestalters handelt es sich bei den genannten Versagungsgründen um unbestimmte Rechtsbegriffe, deren richtige Anwendung auf den vorliegenden Sachverhalt durch die Verwaltungsgerichte voll überprüft werden kann.

Teil 4: Die Rechtslage für private Sicherheitsdienste in Bezug auf Schußwaffen

Der Bewachungsunternehmer und das Wachpersonal benötigen zum Erwerb von und zur Ausübung der tatsächlichen Gewalt über Schußwaffen grundsätzlich eine WBK nach § 28 Abs.1 Satz 1 und zum Führen einen WS nach § 35 Abs.1 Satz 1. Das Waffengesetz sieht allerdings zum einen Ausnahmen von der allgemeinen Erlaubnispflicht vor (§§ 28 Abs.4 Nr.5, 35 Abs.4) und zum anderen besteht die Möglichkeit, einen sogenannten WS für Unternehmen nach § 35 Abs.3 Satz 1 zu beantragen. Da private Sicherheitsdienste in der Praxis regelmäßig über die Ausnahmevorschriften der §§ 28 Abs.4 Nr.5, 35 Abs.4 Nr.2 b) in den Besitz von Schußwaffen gelangen bzw. über einen WS für Unternehmen nach § 35 Abs.3 Satz 1 verfügen[487], sollen im folgenden die maßgeblichen Ausnahmevorschriften (A.) und der sogenannte WS für Unternehmen (B.) dargestellt werden. Der Anwendung dieser Vorschriften auf die Tätigkeit privater Sicherheitsdienste folgt jeweils eine Stellungnahme zu der Frage, ob die durch die Ausnutzung der Ausnahmevorschriften bzw. der Sonderform des WS für private Sicherheitsdienste geschaffene Rechtslage mit der sicherheitsrechtlichen Zielsetzung des Waffengesetzes vereinbar ist. Den Schwerpunkt des 4. Teils der Arbeit stellt schließlich die Erörterung der für private Sicherheitsdienste einschlägigen Erlaubnisversagungsgründe unter (D.) dar.

A. Für private Sicherheitsdienste relevante Ausnahmen von der Waffenbesitzkarten- und Waffenscheinpflicht

I. Ausnahme von der Waffenbesitzkartenpflicht gemäß § 28 Abs.4 Nr.5

Eine WBK bedarf nach § 28 Abs.4 Nr.5 nicht, wer eine Schußwaffe von einem anderen oder für einen anderen Berechtigten erwirbt, wenn und solange er die Weisungen des anderen über die Ausübung der tatsächlichen

[487] Ahlf, in: Weiß/Plate, Privatisierung von polizeilichen Aufgaben, S.17; Bueß, Private Sicherheitsdienste, S.168f.; Peilert, Das Recht des Auskunftei- und Detekteigewerbes, S.275; Beinhofer, BayVBl. 1997, 481 (485); Roßnagel, ZRP 1983, 59 (61); Haurand/Vahle, DVP 1994, 58 (62); Lehne, in: Werkschutzhandbuch, S.352ff.; Such, BT-Drucks. 13/3432, S.11665.

Gewalt über die Schußwaffe auf Grund eines Arbeitsverhältnisses zu befolgen hat.

1. Voraussetzungen und Regelungsbegründung

§ 28 Abs.4 Nr.5 berücksichtigt Fälle der Besitzdienerschaft (§ 855 BGB) und vergleichbare Fälle, wie z.B. den Erwerb einer Schußwaffe durch den Angestellten eines gewerblichen Bewachungsunternehmens im Auftrage des Arbeitgebers und nach dessen Weisungen[488]. Voraussetzung ist jeweils, daß der Inhaber des Weisungsrechts zur Ausübung der tatsächlichen Gewalt über den betreffenden Gegenstand befugt ist[489] und daß derjenige, der von dem bzw. für den Berechtigten die Schußwaffe erwirbt, innerhalb der gegebenen Weisungen handelt[490]. Nach der Gesetzesbegründung könne unter diesen Voraussetzungen der Waffenerwerb ohne Gefährdung der öffentlichen Sicherheitsinteressen von der Erlaubnispflicht ausgenommen werden[491]. In den dargelegten Fällen sei es zweckmäßiger, wenn nur der Arbeitgeber Erlaubnisinhaber sei, damit nicht jeder Wechsel des Personals eine neue Erlaubnis notwendig macht und die Waffe nicht nach dem Ausscheiden aus dem Arbeitsverhältnis beim Arbeitnehmer verbleibt[492].

2. Anwendung auf private Sicherheitsdienste

Als Arbeitsverhältnis im Sinne des § 28 Abs.4 Nr.5 erwähnt Nr.28.4.3 WaffVwV ausdrücklich den Fall des Angestellten eines gewerblichen Bewachungsunternehmens. Weitere Voraussetzung ist, daß die auf Grund des bestehenden Arbeitsverhältnisses weisungsberechtige Person über eine eigene WBK verfügt und damit zur Ausübung der tatsächlichen Gewalt über Schußwaffen berechtigt ist. Schließlich muß der Bewachungsunternehmer noch über ein Weisungsrecht in bezug auf die Ausübung der tatsächlichen Gewalt über Schußwaffen des Bewachungsunternehmers gegenüber seinen Angestellten verfügen. Ein solches Recht ergibt sich aus § 10 Abs.1 Satz 1

---

488 Nr.28.4.3 WaffVwV.
489 Nr.28.4.3 WaffVwV.
490 Schürer, Polizei und WaffR, S.80.
491 BR-Drucks.658/70, S.22.
492 BR-Drucks.658/70, S.23; Schürer, Polizei und WaffR, S.80.

BewachVO, wonach der Gewerbetreibende den Wachdienst durch eine Dienstanweisung zu regeln hat. Diese Anweisung, von der der Wachperson nach § 10 Abs.2 BewachVO ein Abdruck auszuhändigen ist, muß nach § 10 Abs.1 Satz 3 BewachVO bestimmen, daß die Wachperson während dies Dienstes Schußwaffen nur mit Zustimmung des Gewerbetreibenden führen darf. Dabei obliegt es nach § 13 Abs.1 BewachVO dem Gewerbetreibenden, für die sichere Aufbewahrung der Schußwaffen[493] und deren Rückgabe nach Beendigung des Wachdienstes zu sorgen. Darüber hinaus hat der Gewerbetreibende der Wachperson einen Abdruck der Unfallverhütungsvorschrift Wach- und Sicherungsdienste (VBG 68) einschließlich der dazu ergangenen Durchführungsanweisungen gegen Empfangsbescheinigung auszuhändigen. Nach § 18 Abs.1 Satz 1 der Unfallverhütungsvorschrift hat der Unternehmer unter Beachtung der waffenrechtlichen Bestimmungen sicherzustellen, daß eine Ausrüstung des Wach- und Sicherungspersonals mit Schußwaffen nur dann erfolgt, wenn er dies ausdrücklich anordnet.
Dem Gewerbetreibenden steht mithin aufgrund des Arbeitsverhältnisses ein Weisungsrecht in bezug auf die Ausübung der tatsächlichen Gewalt seiner Mitarbeiter über Schußwaffen zu.
Für private Sicherheitsdienste bedeutet die Regelung des § 28 Abs.4 Nr.5, daß sie sich nicht für jeden einzelnen Mitarbeiter eine WBK ausstellen lassen müssen, sondern es genügt, daß die Erlaubnis für eine bestimmte Person, beispielsweise für den Bewachungsunternehmer, erteilt wird. Für den einzelnen Wachmann, der die Schußwaffe von seinem Arbeitgeber erwirbt, folgt daraus, daß er unter den Voraussetzungen des § 28 Abs.4 Nr.5 keine eigene WBK benötigt, sondern das Recht zum Schußwaffenerwerb und zur Ausübung der tatsächlichen Gewalt sozusagen vom Unternehmer "ableitet". Voraussetzung ist allerdings, daß der Unternehmer selbst über eine WBK verfügt und damit Berechtigter im Sinne von § 28 Abs.4 Nr.5 ist.
Konsequenz dieser Ableitung ist, daß nur der Erlaubnisinhaber (der Bewachungsunternehmer) von der zuständigen Behörde auf seine Zuverlässigkeit, Sachkunde und körperlicher Eignung überprüft wird, während eine Überprüfung des Wachpersonals nicht vorgesehen ist. Zu beachten ist allerdings, daß diese Befreiung nur für die WBK, d.h. für den Erwerb von Schußwaffen und für die Ausübung der tatsächlichen Gewalt über sie innerhalb der eigenen Wohnung, der eigenen Geschäftsräume oder des eigenen befriedeten Besitztums, gilt. Regelmäßig wird es jedoch die Bewachungstätigkeit mit

---

[493] Vgl. dazu auch § 22 Unfallverhütungsvorschrift "Wach- und Sicherungsdienste" (VGB 68).

sich bringen, daß die Wachpersonen die Schußwaffen außerhalb ihrer eigenen Geschäftsräume bzw. ihres eigenen befriedeten Besitztums tragen werden und hierfür grundsätzlich einen WS nach § 35 Abs.1 Satz 1 benötigen. In diesem Fall gelten durch die Verweisung in § 36 Abs.1 Satz 1 wiederum die Versagungsgründe des § 30 Abs.1 Satz 1, so daß eine behördliche Überprüfung der erforderlichen Zuverlässigkeit, Sachkunde und körperlicher Eignung jedes einzelnen Mitarbeiters erfolgen muß. Allerdings sieht das Waffengesetz auch im Fall des Führens von Schußwaffen bestimmte Ausnahmen von der WS-Pflicht, z.B. unter den Voraussetzungen des § 35 Abs.4 Nr.2, vor.

II. Ausnahmen von der Waffenscheinpflicht gemäß § 35 Abs.4

Nach der Entwurfsbegründung des Gesetzgebers[494] ist das Führen von Schußwaffen nur insoweit erlaubnispflichtig, als es im Sicherheitsinteresse erforderlich ist. § 35 Abs.4 sieht demnach mehrere Ausnahmen von der grundsätzlichen WS-Pflicht vor. Für private Sicherheitsdienste sind die Ausnahmeregelungen in Nr.2 b) (Waffenführen in fremden Räumen) und in Nr.2 c) (Waffentransport) der Vorschrift von großer praktischer Bedeutung.

1. § 35 Abs.4 Nr.2 b)

a) Regelungsvoraussetzungen:

aa) Waffenführen in fremden Räumen bzw. im fremden befriedeten Besitztum

Ein waffenscheinpflichtiges Führen liegt nach § 4 Abs.4 bereits dann vor, wenn jemand die tatsächliche Gewalt über die Schußwaffe außerhalb seiner Wohnung, Geschäftsräume oder seines befriedeten Besitztums ausübt[495]. Da die Mitarbeiter von privaten Sicherheitsdiensten beispielsweise beim Objektschutz regelmäßig in bzw. vor den Objekten der Auftraggeber tätig werden, benötigen sie dafür grundsätzlich einen WS. § 35 Abs.4 Nr.2 b)

[494] BT-Drucks. VI/2678, S.32.

[495] So schon Hoche, Schußwaffengesetz, Anm.2 c) zu § 15. Vgl. auch Kurth/Lehle/Lehmann, Aktuelles WaffR, § 35 Rn.16.

sieht jedoch dann eine Ausnahme von der WS-Pflicht vor, wenn jemand zwar die Waffe im Sinne von § 4 Abs.4 führt, dies jedoch mit Zustimmung eines anderen in dessen Wohnung, Geschäftsräumen oder befriedeten Besitztum tut. Hinsichtlich der Örtlichkeiten lehnt sich das Gesetz an § 123 StGB (Hausfriedensbruch) an[496]. Zur Definition dieser Begriffe ist daher die Rechtsprechung zu § 123 StGB heranzuziehen[497].

bb) Zustimmung eines anderen

Das waffenscheinfreie Führen einer Schußwaffe in den Räumen bzw. im befriedeten Besitztum eines anderen ist nur mit dessen Zustimmung zulässig. Statt "Zustimmung" wäre besser das Wort "Einwilligung" eingefügt worden. Denn die Zustimmung (§ 182 BGB) kann hier nur vorher als Einwilligung (§ 183 BGB), nicht nachträglich als Genehmigung (§ 184) erteilt werden. Die Berechtigung verträgt schon im Hinblick auf die Strafdrohung des § 53 Abs.3 Nr.1 b) keinen Schwebezustand[498]. Der "Zustimmende" muß über die Wohnung etc. verfügungsberechtigt sein, wie dies z.B. beim Eigentümer, Nutznießer, Pächter oder Mieter der Wohn- oder Geschäftsräume oder des befriedeten Besitztums der Fall ist[499].

b) Regelungsbegründung

Zur Einführung von § 35 Abs.4 Nr.2 b) verweist die Entwurfsbegründung[500] lediglich auf das Beispiel des Angestellten eines Juweliers, der mit Zustimmung des Geschäftsinhabers in dessen Geschäftsräumen eine Schußwaffe bereithält. In den von § 35 Abs.4 Nr.2 b) erfaßten Konstellationen benötigt der Angestellte oder eine andere Person für die eigene Schußwaffe also lediglich eine WBK, obwohl an sich ein WS-pflichtiges Führen im Sinne von § 4 Abs.4 vorliegt. Die Regelung ist darauf zurückzuführen, daß die

[496] Steindorf, WaffR, § 35 Rn.9.
[497] BT-Drucks. VI/2678, S.26.
[498] Vgl. dazu Steindorf, WaffR, § 35 Rn.9; Kurth/Lehle/Lehmann, Aktuelles WaffR, § 35 Rn.16; Ehmke, Waffen und WaffR, § 35, Anm.3 zu Abs.4. A.A.: Scholzen, BM 1989, 62 (63).
[499] Steindorf, WaffR, § 35 Rn.9; Ehmke, Waffen und WaffR, § 35, Anm.3 zu Abs.4.
[500] BT-Drucks. VI/2678 zu § 32, S.32.

betreffende Person zwar die tatsächliche Gewalt außerhalb ihrer Räumlichkeiten bzw. ihres Besitztums ausübt, die besondere Gefährlichkeit des "normalen" Führens jedoch dadurch gemindert wird, daß dies innerhalb von Räumlichkeiten bzw. des befriedeten Besitztums und mit Zustimmung des darüber Verfügungsberechtigten geschieht und damit nicht in der Öffentlichkeit. Schußwaffen, die nur für den häuslichen Bereich bzw. für den Bereich des befriedeten Besitztums bestimmt sind, gefährden die öffentliche Sicherheit im allgemeinen weniger stark als Schußwaffen, die außerhalb des befriedeten Besitztums geführt werden[501].

c) Anwendung auf private Sicherheitsdienste

Bei Einsätzen im befriedeten Besitztum (öffentlich nicht zugängliches Gelände) und mit Zustimmung des diesbezüglich Verfügungsberechtigten bedarf das Wachpersonal zum Führen von Schußwaffen gemäß § 35 Abs.4 Nr.2 b) keinen WS. Erwirbt das Wachpersonal in diesem Fall die Schußwaffen von ihrem Arbeitgeber im Sinne des § 28 Abs.4 Nr.5, das heißt, daß es dessen Weisungen[502] über die Ausübung der tatsächlichen Gewalt auf Grund eines Arbeitsverhältnisses zu befolgen hat, dann benötigt es ebensowenig eine WBK. Lediglich der Inhaber des Weisungsrechts muß zur Ausübung der tatsächlichen Gewalt über die betreffenden Gegenstände befugt sein.

Konsequenz davon ist, daß Mitarbeiter von privaten Sicherheitsdiensten unter den Voraussetzungen der §§ 28 Abs.4 Nr.5, 35 Abs.4 Nr.2 b) im befriedeten Besitztum Schußwaffen ohne jede Erlaubnis führen können[503], sofern nur der Gewerbetreibende eine WBK besitzt. Dementsprechend sieht das Waffengesetz auch keine Überprüfungsmöglichkeit dahingehend vor, ob Angehörige von privaten Sicherheitsdiensten bei Tätigkeiten im befriedeten Besitztum über die erforderliche Zuverlässigkeit, Sachkunde und körperliche Eignung im Sinne von § 30 Abs.1 Satz 1 Nr.2 verfügen. Die in § 35 Abs.4 Nr.2 b) festgelegte Ausnahme von der WS-Pflicht hat für das Bewachungsgewerbe eine erhebliche Bedeutung, da sie praktisch den gesamten Bereich des Ojektschutzes von der WS-Pflicht ausnimmt und die diesbe-

---

[501] BVerwGE 49, 1 (7).

[502] Vgl. Teil 4, A.I.2.

[503] Vgl. Beinhofer, BayVBl. 1997, 481 (485); Roßnagel, ZRP 1983, 59 (61) für das Werksgelände von Atomkraftwerken.

zügliche Ausrüstung der Mitarbeiter mit Schußwaffen ohne waffenrechtliche Erlaubnis und damit ohne - zumindest nach dem Waffengesetz vorgeschriebener - Überprüfung dieser Personen erfolgen kann.
Diese Rechtslage wurde zu Recht als unzulänglich[504] und als Lücke in den waffenrechtlichen Vorschriften[505] kritisiert, so daß das Waffengesetz im Jahre 1996 durch die gewerberechtliche Regelung des § 13 Abs.1 Satz 2 der neuen BewachVO ergänzt wurde. Der Gesetzgeber hielt eine Überprüfung der von der Ausnahmeregelung des § 35 Abs.4 Nr.2 b) profitierenden Mitarbeitern von Bewachungsunternehmen deswegen als besonders notwendig, weil die bislang von Werkschutzeinheiten wahrgenommenen Bewachungsaufgaben auf private Sicherheitsunternehmen übertragen wurden und dadurch die früheren Kontrollmöglichkeiten und Verantwortlichkeiten eingeschränkt worden sind[506].

d) Gewerberechtliche Ergänzung durch § 13 Abs.1 Satz 2 BewachVO

§ 13 Abs.1 BewachVO trifft gewerberechtliche Regelungen für den Fall, daß das Wachpersonal Schußwaffen trägt.

aa) Verordnungstext

Der durch die Novelle vom 7.12.1995 eingefügte § 13 Abs.1 BewachVO lautet folgendermaßen: "Der Gewerbetreibende ist für die sichere Aufbewahrung der Schußwaffen und der Munition verantwortlich. Die tatsächliche Gewalt über Schußwaffen und Munition darf er Wachpersonen für den Gebrauch im befriedeten Besitztum gemäß § 35 Abs.4 Nr.2 Buchstabe b des Waffengesetzes nur überlassen, wenn diese die sonst an den Erwerb von Waffen und Munition gestellten Anforderungen an Zuverlässigkeit, Sachkunde und körperliche Eignung (§ 30 Abs.1 Satz 1 Nr.2 des Waffengesetzes) erfüllen und die für die Erteilung waffenrechtlicher Erlaubnisse zuständige Behörde bestätigt hat, daß keine Versagungsgründe nach § 30 Abs.1 Satz 1 Nr.2 des Waffengesetzes

---

504 Roßnagel, ZRP 1983, 59 (61).
505 Marcks, in: Landmann/Rohmer, GewO II, § 13 BewachV Rn.2.
506 Verordnungsbegründung zu § 13, BR-Drucks.544/95, S.24.

vorliegen. Er hat die ordnungsgemäße Rückgabe der Schußwaffen und der Munition nach Beendingung des Wachdienstes sicherzustellen".

bb) Überprüfungspflicht des Gewerbetreibenden und Bestätigung durch die Behörde

§ 13 Abs.1 Satz 2 BewachVO trägt dem dargestellten Umstand Rechnung, daß nach den waffenrechtlichen Vorschriften bei einem Einsatz im befriedeten Besitztum keine gesetzliche Überprüfungspflicht für Angehörige von Bewachungsunternehmen dahingehend besteht, ob sie über die erforderliche Zuverlässigkeit, Sachkunde und körperliche Geeignetheit im Sinne des Waffenrechtrechts verfügen (§ 35 Abs.4 Nr.2 b))[507]. § 13 Abs.1 füllt diese Lücke in Satz 2, indem der Gewerbetreibende verpflichtet wird, diese Anforderungen zu überprüfen und zusätzlich ein entsprechendes "Attest"[508] der für die Erteilung waffenrechtlicher Erlaubnisse zuständigen Behörde einzuholen. Gleichzeitig wurde mit § 16 Nr.7 BewachVO eine Bußgeldvorschrift eingeführt, die Verstöße gegen § 13 Abs.1 Satz 2 BewachVO mit einem Bußgeld belegt.

cc) Einführung des § 16 Nr.7 BewachVO als entsprechender Ordnungswidrigkeitstatbestand

(1) Regelungstext

Ordnungswidrig im Sinne des § 144 Abs.2 Nr.1 der Gewerbeordnung handelt nach § 16 Nr.7 BewachVO, "wer vorsätzlich oder fahrlässig entgegen § 13 Abs.1 Satz 2 einer Wachperson die tatsächliche Gewalt über Schußwaffen oder Munition überläßt".

---

507 Verordnungsbegründung zu § 13, BR-Drucks.544/95, S.24; Marcks, in: Landmann/Rohmer, GewO II, § 13 BewachV Rn.2 und ders. in: GewArch 1996, 133 (137).

508 Marcks, in: Landmann/Rohmer, GewO II, § 13 BewachV Rn.2.

(2) Regelungsbegründung

Zu der neuen Bußgeldvorschrift des § 16 Nr.7 gibt die Verordnungsbegründung[509] folgende Hinweise:
"Mit der neuen Nummer 7 werden Verstöße gegen § 13 Abs.1 Satz 2 bußgeldbewehrt. Für die zuständige Behörde bestand bislang nur die Möglichkeit, im Einzelfall durch eine Auflage zur Waffenbesitzkarte des Bewachungsgewerbetreibenden nach § 28 Abs.1 Satz 5 WaffG die Überlassung von Schußwaffen an Wachpersonen für den Gebrauch im befriedeten Besitztum zu regeln. Verstöße gegen eine vollziehbare Auflage nach § 28 Abs.1 Satz 5 WaffG können nach § 55 Abs.1 Nr.1 in Verbindung mit Abs.3 WaffG mit einer Geldbuße bis zu zehntausend Deutsche Mark geahndet werden.
§ 13 Abs.1 Satz 2 enthält nunmehr eine allgemeine Regelung zur Überlassung von Schußwaffen und Munition an Wachpersonen für den Gebrauch im befriedeten Besitztum. Verstöße gegen § 13 Abs.1 Satz 2 können nach § 16 Nr.7 in Verbindung mit § 144 Abs.2 Nr.1 und Abs.4 GewO mit einer Geldbuße bis zu fünftausend Deutsche Mark geahndet werden.
Überschneidungen zwischen den vorgenannten Bußgeldvorschriften dürften sich nur in den Fällen ergeben, in denen nach dem Inkrafttreten der neuen Bewachungsverordnung Verstöße des Bewachungsgewerbetreibenden gegen bereits bestehende Auflagen gemäß § 28 Abs.1 Satz 5 WaffG, die eine Regelung im Sinne des § 13 Abs.1 Satz 2 zum Inhalt haben, festgestellt werden. In diesen Fällen, die in der Praxis selten anzutreffen sein werden, wird eine Ahndungsmöglichkeit sowohl nach § 55 Abs.1 Nr.1 WaffG als auch nach § 16 Nr.7 gegeben sein. Diese Konkurrenzsituation wird nach den allgemeinen Regeln des Ordnungswidrigkeitenrechts zu beurteilen sein.
Dagegen wird es in anderen Fällen zu keiner Überschneidung der vorgenannten Bußgeldvorschriften kommen. Sofern nach dem Inkrafttreten der neuen Bewachungsverordnung ein Zusatz zu der Waffenbesitzkarte des Bewachungsgewerbetreibenden mit dem Inhalt des § 13 Abs.1 Satz 2 von der zuständigen Behörde vorgenommen werden sollte, handelt es sich dabei nicht um eine Auflage im Sinne des § 28 Abs.1 Satz 5 WaffG , sondern nur noch um einen rein deklaratorischen Hinweis auf die bestehende Rechtslage. Dies hat zur Folge, daß bei Verstößen ausschließlich § 16 Nr.7 einschlägig ist".

---

[509] BR-Drucks.544/95, S.25.

dd) Stellungnahme

Für den Bereich des Objektschutzes, bei dem Mitarbeiter von pivaten Sicherheitsdiensten die Schußwaffen regelmäßig vom Gewerbetreibenden nach § 28 Abs.4 Nr.5 erwerben und sie mit Zustimmung des Hausrechtsinhabers (Auftraggebers) in dessen Objekten im Sinne von § 35 Abs.4 Nr.2 b) ohne WS führen, hat § 13 Abs.1 Satz 2 BewachVO eine erhebliche Lücke geschlossen. Zwar benötigt das Bewachungspersonal in diesen Fällen nach wie vor weder eine WBK noch einen WS, allerdings sieht § 13 Abs.1 Satz 2 BewachVO nunmehr eine allgemein für das mit Schußwaffen tätig werdende Bewachungsgewerbe geltende Kontrolle vor, wonach die Mitarbeiter auf ihre Zuverlässigkeit, Sachkunde und körperliche Eignung hin überprüft werden müssen. Der Gesetzgeber hat damit zu Recht[510] - insbesondere im Hinblick auf die sicherheitsrechtliche Zielsetzung des Waffengesetzes - dem Umstand Rechnung getragen, daß die Regelungen des Waffenrechts überwiegend auf die Situation des Normalbürgers zugeschnitten sind und die besonderen Anforderungen an Personen, denen Schußwaffen zu beruflichen Zwecken überlassen werden, nicht ausreichend berücksichtigen. Dies wird deutlich, wenn man die vom Gesetzgeber und der Literatur angegebenen Anwendungsbeispiele des § 35 Abs.4 Nr.2 b) betrachtet, wie etwa der Angestellte eines Juweliers, der mit dessen Zustimmung seine eigene Schußwaffe in den Geschäftsräumen bereithalten darf[511] oder ein Besucher, der mit Zustimmung des Wohnungsinhabers die Schußwaffe mit in dessen Wohnung oder Garten bringen kann[512]. Regelmäßig wird der Waffenführende in diesen Fällen eine eigene WBK benötigen und damit auch die entsprechenden Voraussetzungen nach § 30 Abs.1 Satz 1 erfüllen müssen. Bei Mitarbeitern von privaten Sicherheitsdiensten besteht die Besonderheit, daß diese sowohl von der WS-Pflicht als auch unter den Voraussetzungen des § 28 Abs.4 Nr.5 von der WBK-Pflicht befreit sind und demnach überhaupt keiner waffenrechtlichen Kontrolle unterliegen. Daß aber gerade bei einem Personenkreis, der professionell mit Schußwaffen ausgerüstet ist und bei dem im Vergleich zu Privatpersonen die Wahrscheinlichkeit hoch ist, daß Schußwaffen auch eingesetzt werden, auf die

---

510 Die Einführung des § 13 BewachVO positiv bewertend, Beinhofer, in: Protokoll Nr.56, S.61 und LT-Drucks.14/617 der Bremischen Bürgerschaft, Mitteilung des Senats zu Frage 11.

511 BT-Drucks.VI/2678 S.32; Schürer, Polizei und WaffR, S.115.

512 Schürer, Polizei und WaffR, S.115.

Kontrolle der waffenrechtlichen Voraussetzungen verzichtet wird, ist nicht einzusehen. Gerade wenn Wachpersonen so exponierte Objekte wie militärische Anlagen und Atomkraftwerke bewachen[513] und sich sozusagen von berufswegen in gefährliche Situationen begeben, muß gewährleistet sein, daß hierfür nur geeignete Personen eingesetzt werden und ungeeignete davon ausgeschlossen werden. Dafür bedarf es einer eingehenden Überprüfung, ob sie zumindest die für den "normalen" Umgang mit Schußwaffen vom Waffengesetz vorausgesetzten Anforderungen an Zuverlässigkeit, Sachkunde und körperliche Eignung erfüllen. Vor dem Hintergrund, daß bewaffnetes Bewachungspersonal nur dort tätig werden sollte, wo auch besondere Gefahren bestehen, wäre hier daran zu denken, die Anforderungen an die Bediensteten entsprechend zu erhöhen. Jedenfalls sind die von unzuverlässigen, nicht sachkundigen und körperlich ungeeigneten Personen durch den beruflichen Umgang mit Schußwaffen ausgehenden Sicherheitsrisiken unabsehbar. In diesem Zusammenhang verliert auch das für die Ausnahme nach § 35 Abs.4 Nr.2 b) herangezogene Argument, daß es sich hierbei lediglich um ein Führen im befriedeten Besitztum handelt, an Gewicht. Denn durch den alltäglichen Umgang mit Schußwaffen in Gefahrensituationen, wenngleich im befriedeten Besitztum und mit Zustimmung des Verfügungsgerechtigten, steigen auch die besonderen mit dem Waffenbesitz verbundenen Gefahren an. Sowohl die mögliche Gefährdung von unbeteiligten Dritten und des Wachpersonals selbst, als auch die Möglichkeit, daß Schußwaffen durch Unachtsamkeit abhandenkommen oder aufgrund von physischen Auseinandersetzungen in die Hände von Kriminellen geraten, ist erheblich.
Die Einführung des § 13 Abs.1 Satz 2 BewachVO ist daher zur dringend erfordlichen Schließung der bislang bestehenden waffenrechtlichen Lücke zu begrüßen. Allerdings wird die Regelung insoweit kritisiert, als es im Rahmen des § 35 Abs.4 Nr.2b) immer noch möglich sei, daß ein anderer Waffenbesitzer dem Mitarbeiter eines Sicherheitsdienstes das Führen der Waffe auf dem befriedeten Besitztum erlaubt[514]. Diese Konstellation wird von § 13 Abs.1 Satz 2 BewachVO deshalb nicht erfaßt, weil hierbei nicht der Gewerbetreibende, sondern ein Dritter, beispielsweise der Auftraggeber

---

[513] BT-Drucks.12/4419; Glavic, Die Polizei 1994, Heft 2, 36 (40); Olschok-Tautenhahn, in: Protokoll Nr.56, S.25 und 263; Bericht des BMI I, in: Innere Sicherheit Nr.64/1982, 28 (29); Stacharowsky, Krim Journal 1985, 228 (231).
[514] LT-Drucks.14/617 der Bremischen Bürgerschaft, Mitteilung des Senats zu Frage 11 und Graf, BT-Plenarprotokoll 13/129, S.11661f.

Schußwaffen an die Wachperson überläßt. Dementsprechend findet auch keine Überprüfung der Zuverlässigkeit, Sachkunde und körperlichen Eignung statt. Allerdings wird der Fall, in dem die Wachpersonen seitens des Auftraggebers mit Schußwaffen ausgerüstet werden, in der Praxis kaum eine Rolle spielen[515]. Zum einen wird regelmäßig nur derjenige einen bewaffneten Schutz durch private Sicherheitsdienste verlangen, der selbst nicht über Schußwaffen verfügt. Zum anderen werden die Wachpersonen schon aus Handhabungs-und Sicherheitsgründen Wert darauf legen, nur mit den ihnen bekannten Schußwaffen des Bewachungsunternehmens ausgestattet zu werden.
Unbefriedigend bleibt allerdings auch nach Einführung des § 13 Abs.1 BewachVO die Tatsache, daß bei Wachpersonen, die die Schußwaffen nur innerhalb des befriedetetn Besitztums tragen, lediglich die Prüfung der für den Erwerb der Waffe erforderlichen Zuverlässigkeit vorgeschrieben ist[516]. Dies führt dazu - da für diesen Personenkreis nach wie vor kein WS erforderlich ist -, daß nach dem Erwerb der Waffe keine regelmäßige Wiederholung der Zuverlässigkeitsprüfung stattfindet[517].

2. Transport nicht schußbereiter und nicht zugriffsbereiter Schußwaffen nach § 35 Abs.4 Nr.2 c)

Eine weitere Ausnahme vom grundsätzlich waffenscheinpflichtigen Führen sieht § 35 Abs.4 Nr.2 c) vor. Danach besteht eine WS-Pflicht auch dann nicht, wenn jemand außerhalb seines befriedeten Besitztums eine Schußwaffe bei sich hat, jedoch aus den Umständen klar ersichtlich ist, daß die Waffe lediglich von einem erlaubnisfreien Ort zu einem anderen befördert werden soll[518]. Nach Nr.35.6 WaffVwV betrifft § 35 Abs.4 Nr.2 c) besonders die Fälle, in denen jemand eine Schußwaffe von seiner Wohnung, seiner Betriebsstätte oder einem anderen befriedeten Besitztum zur Schießstätte, zum Ort der Instandsetzung oder in ein anderes befriedetes Besitztum, wo er sie mit Zustimmung des Hausrechtsinhabers bei sich haben darf, verbringt oder von dort wieder zurückbringt. Voraussetzung ist allerdings, daß die Schußwaffe während des Transportes sowohl nicht schußbereit als

---

[515] A.A.: Graf. BT-Plenarprotokoll 13/129, S.11661f.
[516] Beinhofer, BayVBl.1997, 481 (486).
[517] Vgl. im einzelnen hierzu Teil 4, D.II.2.
[518] BT-Drucks.VI/2678, S.32.

auch nicht zugriffsbereit ist[519]. Das Merkmal „schußbereit“ ist bereits erfüllt, wenn sich Munition in der Waffe befindet, ohne daß es darauf ankommt, ob die Waffe geladen und ihr Schloß gespannt ist[520]. Eine Schußwaffe ist zugriffsbereit, wenn sie mit wenigen schnellen Griffen in Anschlag gebracht werden kann, z.B. wenn sie in einem Halter oder in einer bei Militär und Polizei üblichen Tasche getragen oder im nicht abgeschlossenen Handschuhfach des Kraftfahrzeuges mitgeführt wird. Sie ist dagegen nicht zugriffsbereit, wenn sie verpackt (z.B. in einer geschlossenen Aktentasche oder in einem Futteral) getragen wird[521]. Die Gesetzesfassung macht deutlich, daß die Befreiung von der WS-Pflicht nicht eintritt, wenn die Schußwaffe schußbereit oder auch nur zugriffsbereit ist.

Sofern Bewachungspersonal Schußwaffen weder schußbereit noch zugriffsbereit etwa von der Betriebsstätte zu einem anderen befriedeten Besitztum transportiert, wo es beispielsweise die Schußwaffen mit Zustimmung des Hausrechtsinhabers im Sinne von § 35 Abs.4 Nr.2 b) führen darf, benötigt es für den Transport keinen WS. In anderen Fällen, etwa bei der Begleitung von Geldtransporten, bei denen Schußwaffen schußbereit und außerhalb des befriedeten Besitztums geführt werden, ist dagegen ein WS erforderlich.

B. Sonderform des Waffenscheins: Waffenschein für Unternehmen gemäß § 35 Abs.3

Um die Regelung des sogenannten WS für Unternehmen besser verständlich zu machen, soll einführend der Regelungsinhalt (I.) und die Regelungsbegründung (II.) des § 35 Abs.3 aufgezeigt werden. Danach wird der Frage nachgegangen, ob § 35 Abs.3 eine Privilegierung von beruflich bedingten WS-Inhabern darstellt (III.), wobei insbesondere die Aspekte der behördlichen Kontrolle (III.1.), deren tatsächliche Durchsetzung und die bei Pflichtverstößen vorgesehenen Sanktionen (III.2.) problematisiert werden.

---

519 Apel, WaffR, § 35 Erl.6 d); Ehmke, Waffen und WaffR, § 35 Anm.4 zu Abs.4.
520 Siehe die amtliche Begründung in BT-Drucks.VI/2678, S.32.
521 Nr.35.6.2 WaffVwV.

I. Regelungsinhalt

1. Ausdehnung des Geltungsbereichs auf Angestellte

Für private Sicherheitsdienste von großer praktischer Bedeutung ist der sogenannte Waffenschein für Unternehmen[522] nach § 35 Abs.3. Der auf den Inhaber oder Geschäftsführer eines Unternehmens ausgestellte Waffenschein[523] kann danach mit dem Zusatz ausgestellt werden, daß er auch für andere zuverlässige, sachkundige und körperlich geeignete Personen gilt, die auf Grund eines Arbeitsverhältnisses die Schußwaffe nach den Weisungen des Erlaubnisinhabers zu führen haben. Der Zusatz bewirkt, daß auch die Arbeitnehmer aus dem WS berechtigt und verpflichtet werden. Es handelt sich demnach um einen Verwaltungsakt mit besonderer Wirkung gegenüber Dritten[524]. In dem Zusatz sind die Arbeitnehmer dem Namen oder ihrer Funktion nach zu benennen (z.B. "... gilt auch für die mit Sicherheitsaufgaben betrauten Angestellten der ... Bank, die der Ausstellungsbehörde benannt werden")[525]. Sind in dem Unternehmen mehrere Schußwaffen vorhanden, dann ist es sinnvoll, für jede Schußwaffe einen derartigen WS zu beantragen[526]. Denn nach § 35 Abs.5 Satz 1 muß derjenige, der eine Schußwaffe führt, neben seinem Personalausweis, Paß oder Dienstausweis, die WBK und den WS bei sich haben und diese Papiere Polizeibeamten oder sonst zur Personenkontrolle Befugten auf Verlangen zur Prüfung aushändigen.

---

[522] Den Begriff verwenden Steindorf, WaffR , § 35 Rn.5; Ehmke, Waffen und WaffR, § 35 Anm. zu Abs.3; Hinze, WaffR, § 35 Anm.10; Frank, WaffG, § 35 Erl.5; BayVGH, GewArch 1994, 245 (245). Beinhofer, BayVBl. 1997, 481 (485) und die Fraktion BÜNDNIS 90/DIE GRÜNEN im Bayerischen Landtag, Bayr. LT-Drucks. 13/6095, bezeichnen diese Art des Waffenscheins als "Sammelwaffenschein".

[523] Nr.35.3.1 WaffVwV.

[524] Apel, WaffR, § 35 Erl.5; Dr. Fleischer, Protokoll Nr.64, S.6.

[525] Nr.35.3.1 WaffVwV.

[526] Lehne, in: Werkschutzhandbuch, S.354. Vgl. auch Nr.35.3.1 WaffVwV.

2. Auflagen und inhaltliche Beschränkugen

Gemäß § 35 Abs.3 Satz 2 ist der WS für Unternehmen zwingend[527] mit der Auflage zu erteilen, daß der Erlaubnisinhaber die Bediensteten, die Schußwaffen führen sollen, der Erlaubnisbehörde vorher zu benennen hat. Die Benennungspflicht soll es der Erlaubnisbehörde ermöglichen, die betreffenden Arbeitnehmer auf ihre Zuverlässigkeit, Sachkunde und körperliche Eignung zu überprüfen[528]. Führt die Überprüfung zu einem negativen Ergebnis, dann darf der Unternehmer die betreffende Person nicht zur Bewachung mit der Waffe einsetzen[529].
Neben der Auflage nach Abs.3 Satz 2 sind gemäß Abs.2 Satz 3, der für WS jeglicher Art gilt[530], weitere Auflagen zur Abwehr von Gefahren für Leben, Gesundheit oder Sachgüter sowie für die öffentliche Sicherheit zulässig[531]. Hierbei kann es sich insbesondere um Auflagen handeln, die das Führen der Schußwaffe betreffen. Unter Rückgriff auf § 35 Abs.2 Satz 3 kann dem eigentlichen Erlaubnisinhaber die weitere Auflage erteilt werden, dafür zu sorgen, daß das Überlassen der Waffe innerhalb des Betriebes nach Zeit und Person schriftlich festgehalten wird[532]. Darüber hinaus kommt etwa die Auflage in Betracht, daß der Erlaubnisinhaber dafür zu sorgen hat, daß die Waffen nach Beendigung der Bewachungsschicht im Büro zu Zwecke einer sachgemäßen Verwahrung wieder abgegeben werden[533].
Schließlich kann wie beim Einzelwaffenschein auch der Geltungsbereich des WS für Unternehmen gemäß § 35 Abs.2 Satz 2 auf bestimmte Anlässe oder Gebiete beschränkt werden, wenn ein darüber hinausgehendes Bedürfnis nicht nachgewiesen wird. In Betracht kommt beim Bewachungsgewerbe etwa eine Beschränkung auf Schutztätigkeiten mit erhöhter Über-

---

527 Kurth/Lehle/Lehmann, Aktuelles WaffR, § 35 Rn.8.
528 Vgl. Nr.35.3.3 WaffVwV.
529 Bericht des BMI I, in: Innere Sicherheit Nr.64/1982, 28 (34).
530 ABer. BT-Drucks.7/4407, S.8.
531 Steindorf, WaffR, § 35 Rn.4 und 5; Apel, WaffR, § 35 Erl.5.
532 Nr. 35.3.2 letzter Halbsatz WaffVwV; Apel, WaffR, § 35 Erl.5; Kurth/Lehle/Lehmann, Aktuelles WaffR, § 35 Rn.8.
533 Steindorf, WaffR, § 35 Rn.5; Kurth/Lehle/Lehmann, Aktuelles WaffR, § 35 Rn.8. Schon nach § 13 Abs.1 Satz 3 BewachVO hat der Gewerbetreibende die ordnungsgemäße Rückgabe der Schußwaffen und der Munition nach Beendigung des Wachdienstes sicherzustellen.

fallgefahr oder eine räumliche Beschränkung auf bestimmte, zu bewachende Anlagen[534].

II. Regelungsbegründung

Die Einführung dieser besonderen Form des WS im Jahre 1972 rechtfertigte der Gesetzgeber[535] mit folgenden Erwägungen:
"Vor allem Geldinstitute und Wach- und Schließgesellschaften versehen zum Teil ihre Arbeitnehmer mit Schußwaffen, die Eigentum des Instituts oder der Gesellschaft bleiben und die die Arbeitnehmer nur nach Weisung des Arbeitgebers verwenden dürfen. In diesen Fällen tritt nach der in § 27 Abs.3 Nr.4 (§ 28 Abs.4 Nr.5) vorgesehenen Regelung kein Erwerb durch die Arbeitnehmer ein. Absatz 3 sieht deshalb folgerichtig vor, daß in solchen Fällen der Waffenschein kraft besonderen Vermerks auch für nicht namentlich benannte Arbeitnehmer des Waffenscheininhabers gilt, die aufgrund eines Arbeitsverhältnisses die Schußwaffe nach den Weisungen des Erlaubnisinhabers zu führen haben.
Dadurch werden weitere Erlaubnisverfahren im Falle des Personalwechsels erübrigt. Dem Sicherheitsinteresse wird genügt, wenn der Erlaubnisinhaber diejenigen Arbeitnehmer, für die der Waffenschein gelten soll, der Erlaubnisbehörde vorher benennt. Darüber hinaus sind weitere Auflagen möglich".

III. § 35 Abs.3 als Privilegierung von beruflich bedingten Waffenscheininhabern

Es überrascht, daß der Gesetzgeber in dem ausgesprochen sicherheitsrelevanten Bereich des Waffenrechts die Möglichkeit vorsieht, den Geltungsbereich des WS auf Dritte zu erweitern. Hier würde man in der Tat eher eine Erlaubnis erwarten, die strikt auf eine Person beschränkt ist und damit eine möglichst übersichtliche und einfache Kontrolle der waffenführenden Personen gewährleistet. Dagegen fällt eine wirksame Kontrolle einer Erlaubnis, die durch einen Zusatz praktisch eine Vielzahl von Personen zum Führen von Schußwaffen berechtigt, erfahrungsgemäß schwerer. Zumindest verlangt die Regelung eine effektive behördliche

---

[534] Vgl. Schürer, Polizei und WaffR, S.117; Steindorf, WaffR, § 35 Rn.4.
[535] BT-Drucks. VI/2678 S.32.

Kontrolle und ein besonderes Verantwortungsbewußtsein des eigentlichen Erlaubnisinhabers, des Unternehmers, so daß sichergestellt ist, daß Schußwaffen nicht in die Hände von ungeeigneten Personen gelangen.
Entsprechend gespalten sind auch die Ansichten bei der Bewertung von § 35 Abs.3. Die waffenrechtliche Kommentarliteratur weist zumeist darauf hin, daß sich durch § 35 Abs.3 zahlreiche Einzelgenehmigungsverfahren erübrigten[536]. § 35 Abs.3 führe zu einer Verwaltungsvereinfachung, da der einzelne Beschäftigte weder einen Antrag stellen müsse noch einen Bescheid erhalte, trotzdem aber über das Unternehmen materiell die Berechtigung zum Führen einer Waffe erhalte[537]. Andere Stimmen wiederum, insbesondere im Zusammenhang mit der Bewaffnung von privaten Sicherheitsdiensten[538], kritisieren die durch § 35 Abs.3 ermöglichte besondere Form des WS[539]. Sie heben hervor, daß die Praxis des Sicherheitsgewerbes zeige, daß die Unternehmen ihre "Privilegierung"[540] nach § 35 Abs.3 nutzten und der Unternehmer die WS für seine Mitarbeiter gleich mit beantragte[541]. In der Regel würden die Erlaubnisse auch erteilt werden, wobei die gesetzlichen Voraussetzungen bei den einzelnen Wachleuten eher "kursorisch"[542] überprüft werden würden. Tatsächlich müsse also nur der Firmenchef die hohen Anforderungen des

---

[536] Kurth/Lehle/Lehmann, Aktuelles WaffR, § 35 Rn.7; Hinze, WaffR, § 35 Anm.11; Frank, § 35 Erl.5.

[537] Wichura, Protokoll Nr.64, S.6f. Ähnlich auch: BT-Drucks. VI/2678 S.32; Steindorf, WaffR, § 35 Rn.5; Apel, WaffR, § 35 Erl.5; Ehmke, Waffen und WaffR, § 35 Anm. zu Abs.3; Schürer, Polizei und WaffR, S.117.

[538] Die Abgeordneten Dr. Fleischer, Rieger und die Fraktion BÜNDNIS 90/ DIE GRÜNEN haben im Bayerischen Landtag beantragt, keine Sammelwaffenscheine nach § 35 Abs.3 WaffG mehr an Wachpersonal zu erteilen, Bayr.LT-Drucks.13/6095. Dieser Antrag wurde jedoch abgelehnt, Bayr.LT-Drucks. 13/7352.

[539] Roßnagel, ZRP 1983, 59 (61); Steffenhagen, DSD 16/95, 18 (22); Freiberg, Stellungnahme der Gewerkschaft der Polizei, in: Protokoll Nr.56, S.226; Ahlf, in: Weiß/Plate, Privatisierung von polizeilichen Aufgaben, 9 (17); Frankfurter Rundschau vom 25.05.1994, S.1.

[540] Roßnagel, ZRP 1983, 59 (61); Dr. Fleischer, Plenarprotokoll 13/87 des Bayerischen Landtages, S.6216.

[541] Ahlf, in: Weiß/Plate, Privatisierung von polizeilichen Aufgaben, 9 (17); Frankfurter Rundschau vom 25.05.1994, S.1.

[542] Ahlf, in: Privatisierung von polizeilichen Aufgaben, 9 (17); Dr.Fleischer, Protokoll Nr.64, S.7. Steffenhagen, DSD 16/95, 18 (22) und Freiberg, Stellungnahme der Gerwerkschaft der Polizei, in: Protokoll Nr.56, S.226, sprechen davon, daß die behördliche Kontrolle nur "indirekt" möglich sei.

Waffengesetzes erfüllen[543]. Es stelle einen "Skandal"[544] dar, daß Beschäftigte von privaten Sicherheitsunternehmen unkontrolliert Waffen tragen könnten, wenn nur der Unternehmer eine Erlaubnis dafür besitze[545]. Dadurch sei "dem Mißbrauch Tür und Tor geöffnet"[546], und die Bevölkerung werde eher gefährdet als gesichert. Die Regelung des § 35 Abs.3 sei daher zumindest[547] verbesserungsbedürftig[548].

Der sicherheitsrechtlichen Ausrichtung des Waffengesetzes[549] würde es in der Tat widersprechen, wenn die durch § 35 Abs.3 bezweckte Verwaltungsvereinfachung dazu führen würde, daß an Mitarbeiter von Bewachungsunternehmen geringere Anforderungen gestellt werden würden als an andere Waffenträger und sie dadurch einen weniger kontrollierten oder sogar unkontrollierten Zugriff auf Schußwaffen erhielten.
Ob § 35 Abs.3 tatsächlich eine derart weitreichende Privilegierung vorsieht, kann nicht auf den ersten Blick beantwortet werden, sondern bedarf einer eingehenden Untersuchung. Zu berücksichtigen sind dabei insbesondere die im Gesetz vorgesehenen Kontrollmöglichkeiten (Benennungs-, Aufzeichungs- und Auskunftspflicht), die eine Gefährdung der öffentlichen Sicherheit verhindern sollen (1.). In bezug darauf ist von entscheidender Bedeutung, ob die Behörden ihren Kontrollmöglichkeiten tatsächlich auch nachkommen oder ob insoweit ein Vollzugsdefizit existiert. Darüber hinaus ist zu klären, mit welchen Sanktionen auf Verstöße gegen die gesetzlichen Vorgaben reagiert werden kann. Hierbei ist zwischen waffenrechtlichen (2.) und gewerberechtlichen Sanktionen (3.) zu unterscheiden. Schließlich stellt sich die Frage, ob die vorgesehenen Ahndungsmöglichkeiten ausreichend sind (4.).

---

[543] Frankfurter Rundschau vom 25.05.1994, S.1.
[544] Steffenhagen, DSD 16/95, 18 (22). Dr.Fleischer, Protokoll Nr.64, S.6, spricht von einem "Unding".
[545] Steffenhagen, a.a.O.
[546] Steffenhagen, a.a.O.
[547] Nach Roßnagel, ZRP 1983, 59 (61) sollte die Regelung sogar aufgehoben werden. Die Abgeordneten Dr. Fleischer, Rieger und die Fraktion BÜNDNIS 90/ DIE GRÜNEN haben im Bayerischen Landtag beantragt, keine Sammelwaffenscheine nach § 35 Abs.3 WaffG mehr an Wachpersonal zu erteilen, Bayr.LT-Drucks.13/6095. Dieser Antrag ist jedoch abgelehnt worden, Bayr.LT-Drucks. 13/7352.
[548] Ahlf, in: Weiß/Plate, Privatisierung von polizeilichen Aufgaben, 9 (17).
[549] Vgl. Teil 3, A.

1. Wahrung der öffentlichen Sicherheit durch behördliche Kontrolle

a) Benennungspflicht nach § 35 Abs.3 Satz 2 und Aufzeichnungspflicht nach § 35 Abs.2 Satz 3 i.V.m. Nr.35.3.2 WaffVwV

Die Möglichkeit, die Gültigkeit des WS auf andere Personen zu übertragen, führt jedenfalls nach den gesetzlichen Vorgaben des § 35 Abs.3 nicht zu einer unkontrollierten Abgabe von Schußwaffen. Dies ist darauf zurückzuführen, daß WS für Unternehmen nach § 35 Abs.3 Satz 2 zwingend[550] mit der Auflage zu erteilen sind, daß der Erlaubnisinhaber die Personen, die die Schußwaffen ebenfalls führen sollen, vorher der Behörde benennt. Der Sinn dieser Auflage besteht darin, zu gewährleisten, daß die Erlaubnisbehörde insbesondere die waffenrechtliche Zuverlässigkeit, aber auch die Sachkunde und körperliche Eignung des Benannten überprüfen kann[551]. Daher muß der ebenfalls berechtigte Mitarbeiter namentlich benannt werden. Seine Benennung lediglich nach der innerbetrieblichen Funktion zu fordern[552], ist dagegen wenig sinnvoll[553], weil dann keine Individualisierung möglich ist. Eine Überprüfung der genannten Voraussetzungen seitens der Behörde kann nur dann sinnvoll geschehen, wenn der ebenfalls Berechtigte namentlich benannt wird. Die entsprechende Auflage ist daher so zu formulieren, daß der Erlaubnisinhaber die vollständigen Personaldaten schriftlich mitzuteilen und deren Richtigkeit gegebenenfalls durch Vorlage geeigneter amtlicher Ausweispapiere zu belegen hat, bevor er dem Arbeitnehmer eine Schußwaffe zum Führen überläßt. Die zuständige Behörde wird die vollständigen Personaldaten vornehmlich deshalb benötigen, um im Rahmen der Überprüfung der waffenrechtlichen Zuverlässigkeit auch eine Auskunft aus dem Bundeszentralregister einholen zu können[554].

Führt die Überprüfung zu einem negativen Ergebnis, dann darf der Mitarbeiter für eine Tätigkeit, die eine Ausrüstung mit Schußwaffen erfordert, nicht eingesetzt werden.

Unter Rückgriff auf § 35 Abs.2 Satz 3 sollte dem eigentlichen Erlaubnisinhaber die weitere Auflage erteilt werden, dafür zu sorgen, daß das Überlassen der Waffe innerhalb des Betriebes nach Person und Zeit

---

[550] Kurth/Lehle/Lehmann, Aktuelles WaffR, § 35 Rn.8.

[551] Kurth/Lehle/Lehmann, Aktuelles WaffR, § 35 Rn.8; Nr.35.3.3 WaffVwV.

[552] In Nr.35.3.1 WaffVwV ebenfalls vorgesehen.

[553] Kurth/Lehle/Lehmann, Aktuelles WaffR, § 35 Rn.8.

[554] Kurth/Lehle/Lehmann, Aktuelles WaffR, § 35 Rn.8.

schriftlich festgehalten wird[555]. Dadurch kann die Behörde kontrollieren, ob tatsächlich nur die nach § 35 Abs.3 Satz 1 berechtigtgen Personen die Schußwaffen des Erlaubnisinhabers führen. Es entspricht dem Sinn der Vorschrift, wenn die Behörde Wert darauf legt, stets aktuell informiert zu sein. Sie kann deshalb dem Erlaubnisinhaber die Verpflichtung auferlegen, sie unverzüglich zu unterrichten, wenn einer der benannten Arbeitnehmer das Arbeitsverhältnis beendet[556].

b) Auskunftspflicht nach § 46 Abs.1 Satz 1

Die dargestellten Pflichten des eigentlichen Erlaubnisinhabers müssen, wenn ihre Einhaltung sichergestellt werden soll, von den zuständigen Behörden überwacht werden können. § 46 Abs.1 Satz 1 räumt der Behörde die Befugnis ein, die für die Durchführung des Gesetzes erforderlichen Auskünfte vom Erlaubnisinhaber einzuholen. Hierbei ist nach Nr.46.1 WaffVwV[557] durch Stichproben festzustellen, ob der Erlaubnisinhaber die ihm nach dem Waffengesetz und den Durchführungsbestimmungen hierzu obliegenden Pflichten erfüllt. Auskunft im Sinne von § 46 Abs.1 bedeutet die Beantwortung von im Einzelfall gestellten Fragen, nicht aber eine allgemeine, fortlaufende Benachrichtigung über Geschäftsvorfälle. Die Pflicht, Auskunft zu erteilen, umfaßt auch die Verpflichtung, Abschriften, Auszüge und Zusammenstellungen vorzulegen[558].
Dementsprechend können die zuständigen Behörden im Rahmen des § 35 Abs.3 etwa Auskünfte darüber verlangen, ob der Unternehmer seiner Benennungspflicht nach § 35 Abs.3 Satz 2 ordnungsgemäß nachkommt oder seine Aufzeichnungspflicht im Sinne von Nr.35.3.2 WaffVwV erfüllt. Für letzteres kann sie sich beispielsweise die entsprechenden Aufzeichnungen vorlegen lassen.

Zu betonen ist, daß die behördliche Überwachung auch den Zweck hat, Mängel und Nachlässigkeiten im Umgang mit Schußwaffen erst gar nicht

---

[555] Nr.35.3.2 WaffVwV.
[556] Vgl. Kurth/Lehle/Lehmann, Aktuelles WaffR, § 35 Rn.8.
[557] Nr.46.1 WaffVwV gilt zwar ausdrücklich nur für Waffengewerbetreibende. Da aber § 46 auch für den außergewerblichen Bereich gilt, ist hierfür auch die Regelung der Nr.46.1 WaffVwV sinngemäß anzuwenden.
[558] Nr.46.1 WaffVwV.

aufkommen zu lassen. Daraus folgt, daß nicht erst eingetretene Mißstände im Rahmen des § 35 Abs.3 auslösendes Moment für eine Kontrolle sein brauchen bzw. nicht sein dürfen. Die Behörde kann, ja muß vielmehr von sich aus im dargelegten Umfang die Initiative ergreifen, um dem Schutzzweck der Aufsicht gerecht zu werden[559]. Verstöße gegen § 46 Abs.1 Satz 1, zum Beispiel die Verweigerung der Auskunft, die nicht richtige oder nicht vollständige Auskunft, können als Ordnungswidrigkeiten nach § 55 Abs.1 Nr.26 geahndet werden.
Diese Auskunftspflicht ist jedoch insoweit begrenzt, als der Erlaubnisinhaber nach § 46 Abs.1 Satz 2 die Auskunft auf solche Fragen verweigern kann, deren Beantwortung ihm selbst oder einen der in § 383 Abs.1 Nr.1 bis 3 der Zivilprozeßordnung bezeichneten Angehörigen der Gefahr strafgerichtlicher Verfolgung oder eines Verfahrens nach dem Gesetz über Ordnungswidrigkeiten aussetzen würde.

c) Zwischenergebnis

Zusammenfassend ist festzustellen, daß die Bennungspflicht in § 35 Abs.3 Satz 2 die Behörde einerseits in die Lage versetzt, die betreffenden Mitarbeiter auf die Einhaltung der waffenrechtlichen Voraussetzungen im Sinne von § 30 Abs.1 Satz 1 Nr.1 und 2 hin zu überprüfen. Das Gesetz sieht demnach keine "kursorische" Überprüfung der Mitarbeiter vor[560], sondern stellt an sie die gleichen Anforderungen[561] wie bei anderen Waffenscheininhabern auch[562]. Materiell-rechtlich besteht zwischen der Vergabe eines WS für Unternehmen und einem normalen Einzelwaffenschein damit kein Unterschied. Lediglich das Antragsverfahren unterscheidet sich von dem beim Einzelwaffenschein, während die Überprüfung der Personen im gleichen Umfang erfolgt[563]. Voraussetzung für eine effektive Überprüfung ist allerdings, daß der berechtigte Mitarbeiter nicht nur seiner Funktion nach, sondern namentlich benannt wird[564].

---

[559] Vgl. Mahlberg, Gefahrenabwehr durch gewerbliche Sicherheitsunternehmen, S.251, für die gewerberechtliche Auskunftspflicht eines Bewachungsunternehmers.
[560] So aber Ahlf, in: Weiß/Plate, Privatisierung von polizeilichen Aufgaben, 9 (17).
[561] Mit Ausnahme des Bedürfnisnachweis nach § 30 Abs.1 Satz 1 Nr.3.
[562] So auch Beinhofer, in: Protokoll Nr.56, S.61.
[563] Hölzl, Protokoll Nr.64, S.5f. A.A., Dr. Fleischer, S.7 des vorzitierten Protokolls.
[564] Vgl. Teil 4, B.III.1.a).

Andererseits kann die Behörde den Erlaubnisinhaber mit Hilfe der Aufzeichungspflicht dahingehend kontrollieren, daß er die Schußwaffen nur an die nach § 35 Abs.3 Satz 1 berechtigten Personen abgibt. Zur Überwachung dieser Pflichten dient der Behörde das in § 46 Abs.1 Satz 1 festgelegte Auskunftsrecht. Soweit der Unternehmer und die Behörde ihren Verpflichtungen nachkommen, kann von einer Privilegierung nur insoweit gesprochen werden, als daß ein Bewachungsunternehmer im Gegensatz zu einem privaten WS-Inhaber überhaupt die Möglichkeit hat, den Geltungsbereich des WS auf andere Personen auszudehnen.

Ob die öffentliche Sicherheit durch die Erweiterung des Geltungsbereichs nach § 35 Abs.3 tatsächlich nicht gefährdet wird, hängt entscheidend davon ab, ob der Unternehmer seinen gesetzlich vorgeschriebenen Verpflichtungen auch nachkommt. Denn ohne dessen Mitwirkung läuft auch die Prüfungspflicht der Behörde ins Leere und es wäre zu befürchten, daß Schußwaffen in die Hände von ungeeigneten Personen gelangten. Diesbezüglich ist vg on Bedeutung, wie groß das Interesse des Unternehmers ist, seinen Pflichten nachzukommen bzw. wie sicher es ist, daß die gesetzlichen Vorgaben durchgesetzt werden. Die Befolgung der gesetzlichen Verpflichtungen hängt unter anderem davon davon ab, mit welchen Sanktionen er bei Verstößen zu rechnen hat. Würden Zuwiderhandlungen etwa zum Entzug der waffenrechtlichen oder sogar der gewerberechtlichen Erlaubnis führen, dann wäre der Anreiz für ein ordnungsgemäßes Verhalten entsprechend hoch einzuschätzen, da er andernfalls seine wirtschaftliche Existenz aufs Spiel setzte.

2. Durchsetzung der behördlichen Kontrolle und nach dem WaffG vorgesehene Sanktionen bei Pflichtverstößen

Wie bei anderen Regelungen besteht auch im Rahmen des § 35 Abs.3 die Möglichkeit, daß die gesetzlichen Vorgaben mißachtet werden. Diesbezügliche Verstöße sind sowohl auf der Seite der Behörde als auch auf der des Erlaubnisinhabers denkbar[565]. Entweder kommt die Erlaubnis-

---

[565] Und in der Praxis nach Roßnagel, ZRP 1983, 59 (59f.) mit Verweis auf die schriftliche Antwort des bayerischen Ministers der Justiz, des Inneren und für Wirtschaft und Verkehr auf eine Anfrage des Landtagsabgeordneten Dr. Schlittmeier, Bayr. Landtag,

behörde selbst ihrer vorgeschriebenen Kontrollpflicht nicht oder nicht ausreichend nach[566] oder der Erlaubnisinhaber verstößt gegen die ihm auferlegten Pflichten[567].
Im ersten Fall verstößt die Behörde gegen Nr.35.3.3 WaffVwV, wonach sie bei Mitteilung der Bediensteten seitens des Erlaubnisinhabers verpflichtet ist, deren Zuverlässigkeit, Sachkunde und körperliche Eignung zu überprüfen. Für die Annahme, daß die Personenürprüfung im Rahmen des § 35 Abs.3 in der Praxis tendenziell weniger sorgfältig durchgeführt wird als bei anderen WS[568], bestehen allerdings keine Anhaltspunkte[569]. Bei der folgenden Betrachtung gehe ich deshalb davon aus, daß auf der Behördenseite insoweit kein Vollzugsdefizit besteht.
Hinsichtlich möglicher Verstöße des Erlaubnisinhabers ist denkbar, daß er die Personen, die Schußwaffen führen sollen, nicht benennt und dennoch bewaffnet oder er sie zwar benennt, aber das negative Überprüfungsergebnis der Behörde nicht beachtet (b.). Weiterhin ist in Betracht zu ziehen, daß der Bewachungsunternehmer das Überlassen der Schußwaffen nach Zeit und Ort nicht schriftlich festhält (c.).

Die aufgezeigten möglichen Zuwiderhandlungen wären allerdings nur dann bedenklich, wenn der Gesetzgeber für diesen Fall keine ausreichenden Durchsetzungsmöglichkeiten und Sanktionen vorgesehen hätte und die Einhaltung der gesetzlichen Bestimmungen in der Praxis nicht gewährleistet wäre. Wie die Verwaltungsbehörde gesetzliche Vorgaben durchsetzen und auf Verstöße reagieren kann, hängt unter anderem davon ab, wie die aus § 35 Abs.2 Satz 3 i.V.m. Nr.35.3.2 WaffVwV und § 35 Abs.3 resultierenden

---

Drucks.9/6929, bei der Bewachung des Kernkraftwerkes Isar I in Ohu durch die Firma "Ziviler Sicherheitsdienst - Carl Wiedmaier" auch vorgekommen sind.
566 Dazu Roßnagel, ZRP 1983, 59 (60), wonach der bayerische Innenminister bei der Bewachung des Kernkraftwerkes Isar I in Ohu zugeben mußte, daß lediglich die Inhaber waffenrechtlicher Erlaubnisse -mithin entsprechend § 35 Abs.3 WaffG vermutlich nur wenige leitende Personen des ZSD- vor Erteilung einer Erlaubnis u.a. durch Einholung einer unbeschränkten Auskunft aus dem Strafregister auf ihre Zuverlässigkeit überprüft worden waren.
567 Roßnagel, a.a.O., wonach Mitarbeiter des ZSD, die nicht im Besitz eines Waffenscheines und auch nicht den Überwachungsbehörden angezeigt worden waren, ihre Schußwaffen auch auf Fahrten außerhalb des Kernkraftwerkes mit sich geführt hatten.
568 So wohl Ahlf, in: Weiß/Plate, Privatisierung von polizeilichen Aufgaben, 9 (17).
569 Auch bei Roßnagel, ZRP 1983, 59 (59f.), handelt es sich um einen Einzelfall aus dem Jahre 1983.

Pflichten des Erlaubnisinhabers rechtlich einzuordnen sind. Beispielsweise sieht das Waffengesetz bei Verstößen gegen Auflagen andere Sanktionen vor als bei der Nichterfüllung von inhaltlichen Beschränkungen. Aus diesem Grund ist zunächst zu klären, wie die Pflichten, die ein Unternehmer bei Erteilung eines WS für Unternehmen zu beachten hat, rechtlich einzuordnen sind. Erst im Anschluß daran werden die möglichen Durchsetzungsmöglichkeiten und Sanktionen erläutert.

a) Unterscheidung zwischen Auflagen und inhaltlichen Beschränkungen i.S.d. WaffG

Eine Auflage ist eine Anordnung, die selbständig zum Hauptinhalt des Verwaltungsaktes hinzutritt[570] und dem Begünstigten ein bestimmtes Tun, Dulden oder Unterlassen vorschreibt[571]. Der Unterschied zur Beschränkung liegt darin, daß Auflagen die Begünstigung zunächst in vollem Umfang entstehen lassen, während inhaltliche Beschränkungen den Begünstigungsumfang von Anfang an materiell-rechtlich begrenzen[572] und damit den Inhalt der Erlaubnis berühren. Dementsprechend hängt der Bestand der Erlaubnis von der Befolgung der inhaltlichen Beschränkung ab. Dagegen ist die Gültigkeit einer Erlaubnis nicht von der Erfüllung einer Auflage abhängig und die Mißachtung der Auflage macht das Handeln nicht zu einem solchen ohne Erlaubnis[573]. Gegen den Erlaubnisinhaber kann jedoch nach § 55 Abs.1 Nr.1 ein Bußgeld verhängt werden und die Behörde kann die Erfüllung der Auflage im Wege des Verwaltungszwanges durchsetzen[574], sofern diese vollziehbar ist[575].
Wendet man die dargestellten Unterscheidungsmerkmale auf die dem Erlaubnisinhaber auferlegte Benennungs- bzw. Aufzeichnungspflicht nach § 35 Abs.3 Satz 2 und § 35 Abs.2 Satz 3 i.V.m. Nr.35.3.2 WaffVwV an,

---

[570] Zur Abgrenzung von Auflagen und inhaltlichen Beschränkungen im Sinne des Waffengesetzes vgl. auch die Ausführungen in Teil 3, C.
[571] § 36 Abs.2 Nr.4 VwVfG.
[572] Hinze, WaffR, § 47 Anm.8; Apel/Keusgen, Sprengstoffgesetz, Bd.2, § 5 SprengG Erl.8a).
[573] Steindorf, WaffR, § 53 Rn.4.
[574] So Apel/Keusgen für Auflagen nach nach § 10 SprengG, Sprengstoffgesetz, Bd.2, § 10 SprengG Erl.5; Pottmeyer, Kriegswaffenkontrollgesetz, § 10 Rn.70 für § 10 Abs.1 KWKG.
[575] Zu den weiteren Voraussetzungen siehe §§ 9ff VwVG.

dann wird deutlich, daß diese Pflichten nicht in den Hauptinhalt der Erlaubnis eingreifen. Das Recht des eigentlichen Erlaubnisinhabers, Schußwaffen zu führen, bleibt uneingeschränkt, es tritt lediglich die Pflicht hinzu, die Mitarbeiter zu benennen und das Überlassen der Waffe nach Zeit und Person schriftlich festzuhalten. Befolgt der Erlaubnisinhaber diese Pflicht nicht, dann handelt er zwar ordnungswidrig, den Bestand des WS berührt dies jedoch nicht. Mithin handelt es sich bei diesen behördlichen Anordnungen um Auflagen im dargestellten Sinne.

Als inhaltliche Beschränkung wäre dagegen die Möglichkeit in § 35 Abs.2 Satz 2, welche auch für den WS für Unternehmen gilt, zu qualifizieren, den Geltungsbereich des WS auf bestimmte Anlässe oder Gebiete zu beschränken[576]. Denn dies berührt den Inhalt der Erlaubnis, da dadurch die Gültigkeit des WS von vornherein anlaßmäßig oder räumlich begrenzt wird. Tragen Mitarbeiter etwa bei nicht vom WS erfaßten Anlässen Schußwaffen, dann handeln sie insoweit ohne gültigen WS.

Problematisch erscheint dagegen die Zuordnung der in § 35 Abs.3 Satz 1 enthaltenen Regelung, wonach ein WS mit dem Zusatz ausgestellt werden kann, daß er auch für andere zuverlässige, sachkundige und körperlich geeignete Personen gilt, die auf Grund eines Arbeitsverhältnisses die Schußwaffe nach den Weisungen des Erlaubnisinhabers zu führen haben, zu beurteilen. Dieser Zusatz berührt zwar den Inhalt der Erlaubnis, der Geltungsbereich des WS wird jedoch dadurch nicht beschränkt, sondern auf Dritte erweitert. Eine materielle Beschränkung ist auch nicht darin zu sehen, daß der Berechtigte die Waffen nur an zuverlässige, sachkundige und körperlich geeignete Personen abgeben darf und dies auch nur dann, wenn diese auf Grund eines Arbeitsverhältnisses die Schußwaffen nach den Weisungen des Erlaubnisinhabers zu führen haben[577]. Denn der Begünstigungsumfang der Erlaubnis wird nicht dadurch beschränkt, daß der eigentliche Erlaubnisinhaber die Schußwaffe nur bestimmten Personen überlassen darf. Das Recht des Unternehmers, Schußwaffen zu führen, bleibt davon unberührt. Gegen die Annahme einer inhaltlichen Beschränkung[578] spricht schließlich auch, daß der Gesetzgeber, nicht wie in anderen Regelungen, von einer "Beschränkung", sondern von einem "Zusatz" spricht.

---

[576] Hinze, WaffR, § 47 Anm.8.
[577] So aber Hinze, WaffR, § 47 Anm.8.
[578] Hinze, WaffR, § 47 Anm.8.

Die Regelung des § 35 Abs.3 Satz 1 stellt daher weder eine Auflage noch eine inhaltliche Beschränkung im Sinne des Waffengesetzes dar. Dennoch führt ein Verstoß gegen § 35 Abs.3 Satz 1 sowohl zu Konsequenzen für den Bewachungsunternehmer als auch für den Mitarbeiter.

b) Nichterfüllung der Auflage nach § 35 Abs.3 Satz 2 und Verstoß gegen § 35 Abs.3 Satz 1:

Fraglich ist, ob der WS als waffenrechtliche Erlaubnis und begünstigender Verwaltungsakt nach § 47 Abs.2 widerrufen werden kann, wenn der Erlaubnisinhaber seinen Mitarbeitern Schußwaffen überläßt, obwohl er die betreffenden Personen vorher nicht benannt hat bzw. sie benennt, aber das negative Ergebnis der Prüfung nicht beachtet.

aa) Obligatorischer Widerruf nach § 47 Abs.2 Satz 1

Nach § 47 Abs.2 Satz 1 ist eine Erlaubnis zu widerrufen, wenn nachträglich Tatsachen eintreten, die zur Versagung hätten führen müssen. Hauptanwendungsfall des Widerrufstatbestandes des § 47 Abs.2 Satz 1 ist der nachträgliche Eintritt von Tatsachen, nach denen sich die Annahme rechtfertigt, daß der Erlaubnisinhaber die erforderliche Zuverlässigkeit nicht mehr besitzt[579].
Die Zuverlässigkeit des Unternehmers könnte dadurch entfallen sein, daß er durch die unterlassene Benennung der Beschäftigten gegen die Auflage nach § 35 Abs.3 Satz 2 verstößt und dadurch den Tatbestand des § 5 Abs.2 Nr.2 erfüllt[580]. Danach fehlt die erforderliche Zuverlässigkeit in der Regel bei Personen, die wiederholt oder gröblich gegen die Vorschriften eines der in Nummer 1 Buchstabe e genannten Gesetze (Waffengesetz, Bundeswaffengesetz, Reichswaffengesetz, Gesetz über die Kontrolle von Kriegswaffen, Sprengstoffgesetz oder Bundesjagdgesetz) verstoßen haben. Zu den

---

[579] Meyer, GewArch 1998, 89 (96); Steindorf, WaffR, § 47 Rn.5; Kurth/Lehle/Lehmann, Aktuelles WaffR, § 47 Rn.14.

[580] Da der Erlaubnisinhaber die Schußwaffe einem zum Erwerb Berechtigten überläßt (§ 28 Abs.4 Nr.5) ist mangels Verstoß gegen § 34 Abs.1 der Straftatbestand des § 53 Abs.3 Nr.2 nicht erfüllt, so daß auch die Regelvermutung des § 5 Abs.2 Nr.1 e) nicht eingreift.

von § 5 Abs.2 Nr.2 erfaßten Verstößen gegen das Waffengesetz werden auch die in § 55 erwähnten Ordnungswidrigkeiten gezählt[581]. Nach § 55 Abs.1 Nr.1 handelt unter anderem derjenige ordnungswidrig, der eine vollziehbare Auflage nach § 35 Abs.3 Satz 2 nicht, nicht vollständig oder nicht rechtzeitig erfüllt. Erfüllt der Erlaubnisinhaber dementsprechend die ihm mittels Auflage erteilte Benennungspflicht nicht, dann stellt dies bei vorsätzlichem oder fahrlässigem Handeln eine Ordnungswidrigkeit gemäß § 55 Abs.1 Nr.1 dar. Eine Unzuverlässigkeitsvermutung im Sinne von § 5 Abs.2 Nr.2 resultiert daraus aber erst dann, wenn der Gesetzesverstoß wiederholt oder gröblich begangen worden ist. Die Frage, ob ein wiederholter oder gröblicher Verstoß vorliegt, beurteilt sich nach ordnungsrechtlichen Gesichtspunkten[582]. Während es bei der wiederholten Begehung nicht so sehr auf die Schwere des Verstoßes als vielmehr auf die Mehrmaligkeit der Begehung ankommt[583], setzt die Gröblichkeit einen bewußt schwerwiegenden, eventuell sogar mit Nachdruck begangenen Verstoß voraus[584]. Gröblich ist ein Verstoß, der nach objektivem Gewicht und dem Grad der Vorwerfbarkeit eine schwerwiegende Zuwiderhandlung darstellt, die dem Betroffenen bewußt ist und die auf seine in einem gewissen, nicht unerheblichen Ausmaß rechtsfeindliche Einstellung schließen läßt[585].
Maßgebend für die Anwendung des § 5 Abs.2 Nr.2 ist sein ordnungsrechtlicher Zweck, wonach das mit jedem Waffenbesitz verbundene Sicherheitsrisiko möglichst gering gehalten werden soll und nur bei Personen hingenommen werden kann, die nach ihrem Verhalten Vertrauen darin verdienen, daß sie mit der Waffe stets und in jeder Hinsicht ordnungsgemäß umgehen[586]
Verstößt der Bewachungsunternehmer also mehrmals gegen die ihn obliegende Benennungspflicht, dann greift die Regelvermutung des § 5 Abs.2 Nr.2 ein. Bei der Frage nach der Gröblichkeit des Verstoßes müssen die konkreten Umstände des Einzelfalles beachtet werden. Hierbei ist insbeson-

---

[581] Steindorf, WaffR, § 5 Rn.23; Kurth/Lehle/Lehmann, Aktuelles WaffR, § 5 Rn.33; Apel, WaffR, § 5 Erl.5 b).
[582] Vgl. BVerwGE 101, 24 (33) und die Ausführungen unter Teil 3, D.II.2.b)cc).
[583] Für wiederholt reicht eine einmalige Wiederholung aus, so daß schon der zweite Verstoß die Zuverlässigkeit ernstlich in Frage stellt, vgl. Kurth/Lehle/Lehmann, Aktuelles WaffR, § 5 Rn.33.
[584] Steindorf, WaffR, § 5 Rn.24; Kurth/Lehle/Lehmann, Aktuelles WaffR, § 5 Rn.33; Frank, Waffengesetz, § 5 Erl.7.
[585] Kurth/Lehle/Lehmann, Aktuelles WaffR, § 5 Rn.33.
[586] Sächs. OVG, GewArch 1997, 335 (337).

dere zu berücksichtigen, ob der Erlaubnisinhaber seinen Pflichten überhaupt nicht oder nur nicht rechtzeitig nachkommt und ob er in Kenntnis der Unrechtmäßigkeit seines Verhaltens[587] gegen die Auflagen verstößt. Diesbezüglich kann von Bedeutung sein, ob es bereits Beanstandungen seitens der Behörde gegeben hat und ob er danach sein Verhalten geändert hat. Schließlich ist zu beachten, daß der Gesetzgeber durch seine Entscheidung, diesbezügliche Auflagenverstöße als Ordnungswidrigkeiten einzustufen, dieses Verhalten aus dem Bereich der Bagatellverfehlungen herausgenommen hat[588]. Dies ist bei einem Verstoß gegen § 35 Abs.3 Satz 2 damit zu erklären, daß die Erfüllung der Benennungspflicht die Behörde überhaupt erst in die Lage versetzt, zu kontrollieren, ob neben dem eigentlichen Erlaubnisinhaber auch die Mitarbeiter den waffenrechtlichen Anforderungen entsprechen. Aufgrunddessen sind WS für Unternehemen auch zwingend mit der entsprechenden Auflage zu versehen. Die fehlende Benennung der Mitarbeiter führt dazu, daß die behördliche Überprüfung nicht stattfinden kann und ungeeignete Personen in den Besitz von Schußwaffen gelangen können. Dies bedeutet eine erhebliche Gefahr für die öffentliche Sicherheit. Verstöße gegen die Benennungspflicht sind daher von ihrem objektiven Gewicht her als besonders schwerwiegend zu qualifizieren. Ein Bewachungsunternehmer, der diesbezügliche Auflagen mißachtet und die behördliche Kontrolle seiner Mitarbeiter bewußt umgeht, verdient kein Vertrauen darin, daß er mit Schußwaffen stets und in jeder Hinsicht ordnungsgemäß umgeht. Ihm fehlt, sofern die Regelvermutung des § 5 Abs.2 Nr.2 nicht ausnahmsweise widerlegt wird, die erforderliche waffenrechtliche Zuverlässigkeit, so daß der WS nach § 47 Abs.2 Satz 2 zwingend zu widerrufen ist.

Zu einem Widerruf nach § 47 Abs.2 Satz 2 wegen mangelnder Zuverlässigkeit führt es auch, wenn der Unternehmer zwar die Auflage erfüllt und die entsprechenden Mitarbeiter der Behörde benennt, er jedoch im Falle eines negativen Ergebnisses den betreffenden Beschäftigten dennoch mit einer Schußwaffe ausrüstet. Dies ist darauf zurückzuführen, daß hier als Zuwiderhandlung im Sinne von § 5 Abs.2 Nr.2 ein Verstoß gegen § 35 Abs.3 Satz 1 einschlägig ist, wonach der Erlaubnisinhaber verpflichtet ist, die Schuß-

---

587 Kurth/Lehle/Lehmann, Aktuelles WaffR, § 5 Rn.33.

588 So das Sächs. OVG 1997, 335 (337) zu der Frage, ob als Ordnungswidrigkeit (§ 55 Abs.1 Nr.4) geahndete Verstöße gegen die in § 12 festgelegte Pflicht, ein Waffen- und Munitionshandelsbuch zu führen, gröbliche Verstöße im Sinne § 5 Abs.2 Nr.2 darstellen.

waffe nur zuverlässigen, sachkundigen und körperlich geeigneten Personen zu überlassen[589]. Erfüllt der überprüfte Mitarbeiter eine der Voraussetzungen nicht, dann liegt für ihn ein zwingender Versagungsgrund nach §§ 36 Abs.1 Satz 1, 30 Abs.1 Satz 1 vor. Die Behörde wird den eigentlichen Erlaubnisinhaber vom negativen Ausgang der Überprüfung unterrichten und die betreffende Person nicht in dem nach § 35 Abs.3 Satz 1 vorgeschriebenen Vermerk ("gilt auch für den mit Sicherheitsaufgaben betrauten Angestellten ... ") aufnehmen, so daß der WS für diese keine Gültigkeit besitzt. Überläßt der Erlaubnisinhaber einem solchen Mitarbeiter dennoch Schußwaffen, dann setzt er sich bewußt über das Ergebnis der behördlichen Kontrolle hinweg und verstößt gegen § 35 Abs.3 Satz 1[590]. Danach darf der Berechtigte Schußwaffe nur an zuverlässige, sachkundige und körperlich geeignete Personen abgeben.
Eine Unzuverlässigkeitsvermutung im Sinne von § 5 Abs.2 Nr.2 resultiert daraus aber erst dann, wenn der Gesetzesverstoß wiederholt oder gröblich begangen worden ist. Maßgebend für die Anwendung des § 5 Abs.2 Nr.2 ist auch hier sein ordnungsrechtlicher Zweck, wonach das mit jedem Waffenbesitz verbundene Sicherheitsrisiko möglichst gering gehalten werden soll und nur bei Personen hingenommen werden soll, die nach ihrem Verhalten Vertrauen darin verdienen, daß sie mit der Waffe stets und in jeder Hinsicht ordnungsgemäß umgehen[591].
Verstößt der Bewachungsunternehmer wiederholt gegen § 35 Abs.3 Satz 1, dann greift die Regelvermutung des § 5 Abs.2 Nr.2 ein. Während für die wiederholte Begehung eine einmalige Wiederholung ausreicht[592], bedarf die Frage, ob es sich um einen gröblichen Verstoß handelt, einer näheren Begründung. Im Hinblick darauf ist zu berücksichtigen, daß dem Erlaubnisinhaber aus der Mitteilung der Behörde und dem fehlenden Zusatz ersichtlich ist, daß ein bestimmter Mitarbeiter für eine bewaffnete Tätigkeit ungeeignet ist. Er setzt sich daher bewußt über das Ergebnis der behördlichen Überprüfung hinweg. Letztendlich wird dadurch die gesamte Regelung des § 35 Abs.3 in Frage gestellt, wonach die Möglichkeit, den

---

[589] Hinze, WaffR, § 47 Anm.8.
[590] Da der Erlaubnisinhaber die Schußwaffe einem zum Erwerb Berechtigten überläßt (§ 28 Abs.4 Nr.5), ist mangels Verstoß gegen § 34 Abs.1 der Straftatbestand des § 53 Abs.3 Nr.2 nicht erfüllt, so daß auch die Regelvermutung des § 5 Abs.2 Nr.1 e) nicht eingreift.
[591] Sächs. OVG, GewArch 1997, 335 (337).
[592] Kurth/Lehle/Lehmann, Aktuelles WaffR, § 5 Rn.33.

Geltungsbereich des WS auf andere Personen zu erweitern und damit auf die Ausstellung von Einzelwaffenscheinen zu verzichten, nur dann mit dem Sicherheitsinteresse zu vereinbaren ist, wenn die gesetzlichen Sicherheitsvorkehrungen strikt eingehalten werden. Entsprechende Verstöße stellen deshalb nach ihrem objektiven Gewicht und ihrer Vorwerfbarkeit schwerwiegende Verfehlungen dar und sind als gröblich im Sinne von § 5 Abs.2 Nr.2 zu qualifizieren. Die betreffende Person verdient kein Vertrauen darin, daß sie mit der Schußwaffe jederzeit und in jeder Hinsicht ordnungsgemäß umgehen wird. Sofern die Regelvermutung des § 5 Abs.2 Nr.2 nicht ausnahmsweise widerlegt wird[593], fehlt der betreffenden Person auch hier die waffenrechtliche Zuverlässigkeit. Bei einem Verstoß gegen § 35 Abs.3 Satz 1 wird daher regelmäßig der Widerrufstatbestand des § 47 Abs.2 Satz 1 erfüllt sein, so daß die Erlaubnis zwingend zu widerrufen ist.

bb) Strafbarkeit des Angestellten nach § 53 Abs.1 Satz 1 Nr.3a. b)

Sowohl wenn der Unternehmer den Beschäfitgten überhaupt nicht der Behörde benennt, als auch dann, wenn er ihn zwar benennt, aber das negative Ergebnis nicht beachtet, erstreckt sich die Gültigkeit des WS nicht auf den betreffenden Mitarbeiter. Dieser macht sich daher bei vorsätzlichem Handeln nach § 53 Abs.1 Satz 1 Nr.3a b) strafbar, weil er eine halbautomatische Selbstladewaffe mit einer Länge von nicht mehr als 60 cm ohne die erforderliche Erlaubnis führt. Um halbautomatische Selbstlade-Kurzwaffen handelt es sich deshalb, weil das Bewachungspersonal bei bewaffnet durchzuführenden Tätigkeiten regelmäßig mit Kurzwaffen ausgerüstet ist[594] und es sich dabei entweder um Selbstladepistolen oder sogenannte "double action" Revolver handelt[595]. Was die Berechtigung zum Waffenführen anbetrifft, wäre in diesem Fall ein WS nach § 35 Abs.3 Satz 1 erforderlich, dessen Gültigkeitsvermerk sich auch auf den betreffenden Mitarbeiter erstreckt. Zu beachten ist, daß auch fahrlässiges Handeln nach § 53 Abs.4 unter Strafe steht. Handelt der Täter in den Fällen des Absatzes 1

---

[593] Vgl. Teil 3, D.II.2.b)dd).

[594] Ehses, in: Handbuch, S.480.

[595] So Hennig, Waffensachkundeprüfung, S.85 für den Geld-und Werttransport, den Personen- und Objektschutz. Daß auch der "Double-Action" Revolver zu den halbautomatischen Selbstladewaffen zählen, vgl. BGHSt 32, 300 (300). Zustimmend Steindorf, WaffR, § 1 Rn.29 und Kurth/Lehle/Lehmann, Aktuelles WaffR, § 35 Rn.26.

Satz 1 Nr.3a b) fahrlässig, so ist die Strafe Freiheitsstrafe bis zu zwei Jahren oder Geldstrafe.

cc) Strafbarkeit des Bewachungsunternehmers nach § 53 Abs.3 Nr.2 ?

Darüber hinaus könnte sich auch der Erlaubnisinhaber nach § 53 Abs.3 Nr.2 strafbar gemacht haben, wonach derjenige mit Freiheitsstrafe bis zu drei Jahren oder mit Geldstrafe bestraft wird, der entgegen § 34 Abs.1 Satz 1 eine Schußwaffe oder Munition, zu deren Erwerb es einer Erlaubnis bedarf, einem Nichtberechtigten überläßt. Man könnte hier der Ansicht sein, daß der Unternehmer, der entgegen des Zusatzes des WS nach § 35 Abs.3 Satz 1, beispielsweise einen unzuverlässigen Mitarbeiter bewaffnet, die Schußwaffe insoweit einem Nichberechtigten überläßt. Denn in diesem Fall erfaßt der Zusatz des WS nicht den von der Behörde als unzuverlässig erachteten Angestellten, so daß dieser zum Führen von Schußwaffen nicht berechtigt ist. Allerdings nimmt § 53 Abs.3 Nr.2 auf § 34 Abs.1 Satz 1 Bezug, nach dessen Wortlaut Schußwaffen und Munition, zu deren Erwerb es ihrer Art nach einer Erlaubnis bedarf, nur Personen überlassen werden dürfen, die nach diesem Gesetz ... zum Erwerb berechtigt sind. Die Formulierung des § 34 Abs.1 Satz 1 ist insoweit enger gefaßt, als danach der Empfänger der Schußwaffe nur zum Erwerb und nicht auch zum Führen berechtigt sein muß.
In bezug auf die Regelung des § 35 Abs.3 Satz 1 bedeutet dies, daß der von dem Zusatz nicht erfaßte Mitarbeiter eigentlich wegen mangelnder Zuverlässigkeit auch nicht zum Erwerb von Schußwaffen berechtigt wäre. Bei § 34 Abs.1 Satz 1 müssen aber die in § 28 Abs.4 waffenbesitzkartenfrei gestellten Fälle berücksichtigt werden[596]. Da im Fall des sogenannten WS für Unternehmen hinsichtlich der Erwerbsberechtigung der Bediensteten § 28 Abs.4 Nr.5 gilt[597], sind diese jedenfalls zum Erwerb berechtigt. Lediglich zum Führen von Schußwaffen fehlt ihnen die Berechtigung, was jedoch vom Tatbestand des § 53 Abs.3 Nr.2 nicht erfaßt ist. Dies führt dazu, daß der überlassende Unternehmer insoweit nicht tatbestandsmäßig handelt, da seinen Mitarbeitern der Erwerb im Rahmen des § 28 Abs.4 Nr.5 gestattet ist. Der insoweit eindeutige Wortlaut des § 34 Abs.1 Satz 1 läßt eine andere Auslegung nicht zu, so daß hier der überlassende Unternehmer nicht bestraft

---

[596] Steindorf, WaffR, § 34 Rn.1.
[597] Nr.35.3.3 WaffVwV.

werden kann, obwohl sich seine Mitarbeiter nach § 53 Abs.1 Nr.3a b) strafbar machen.
Sofern der Bewachungsunternehmer seine Mitarbeiter jedoch nicht benennt, verstößt er gegen § 55 Abs.1 Nr.1. Danach handelt derjenige ordnungswidrig, der vorsätzlich oder fahrlässig eine vollziehbare Auflage nicht, nicht vollständig oder nicht rechtzeitig erfüllt. Nach § 55 Abs.3 kann die Ordnungswidrigkeit mit einer Geldbuße bis zu zehntausesnd Deutsche Mark geahndet werden.

c) Nichterfüllung der Auflage gemäß § 35 Abs.2 Satz 3 i.V.m. Nr.35.3.2 WaffVwV:

Fraglich ist, ob der WS auch dann zu widerrufen ist, wenn der Unternehmer zwar die Mitarbeiter ordnungsgemäß benennt und sie auch erst nach der behördlichen Prüfung bewaffnet, er jedoch seiner Aufzeichnungspflicht nicht nachkommt.

aa) Obligatorischer Widerruf des WS nach § 47 Abs.2 Satz 1

Auch hier kommt ein Widerruf nach § 47 Abs.2 Satz 1 wegen mangelnder Zuverlässigkeit in Betracht. Die Zuverlässigkeit des Erlaubnisinhabers könnte dadurch entfallen sein, daß er die mit seinem WS verbundenen Auflagen nicht erfüllt hat und damit gegen § 35 Abs.2 Satz 3 i.V.m. Nr.35.3.2 WaffVwV verstößt. In Betracht kommt hier wiederum die Regelvermutung des § 5 Abs.2 Nr.2, wonach Personen, die wiederholt oder gröblich gegen die Vorschriften eines der in Nummer 1 Buchstabe e genannten Gesetze (Waffengesetz, Bundeswaffengesetz, Reichswaffengesetz, Gesetz über die Kontrolle von Kriegswaffen, Sprengstoffgesetz oder Bundesjagdgesetz) verstoßen haben, die erforderliche Zuverlässigkeit in der Regel nicht besitzen. Zu den von § 5 Abs.2 Nr.2 erfaßten Verstößen gegen das Waffengesetz werden auch die in § 55 erwähnten Ordnungswidrigkeiten gezählt[598]. Nach § 55 Abs.1 Nr.1 handelt unter anderem derjenige ordnungswidrig, der eine vollziehbare Auflage nach § 35 Abs.2 Satz 3 nicht, nicht vollständig oder nicht rechtzeitig erfüllt. Erfüllt der Erlaubnisinhaber dementsprechend

---

[598] Steindorf, WaffR, § 5 Rn.23; Kurth/Lehle/Lehmann, Aktuelles WaffR, § 5 Rn.33; Apel, WaffR, § 5 Erl.5 b).

die ihm mittels Auflage erteilte Aufzeichnungspflicht nicht, dann stellt dies bei vorsätzlichem oder fahrlässigem Handeln eine Ordnungswidrigkeit nach § 55 Abs.1 Nr.1 dar.
Ein Unzuverlässigkeitsvermutung im Sinne von § 5 Abs.2 Nr.2 folgt daraus erst, wenn der Gesetzesverstoß wiederholt oder gröblich begangen worden ist. Verstößt der Erlaubnisinhaber demnach mehrmals gegen die ihn obliegenden Aufzeichnungspflicht, dann greift die Regelvermutung des § 5 Abs.2 Nr.2 ein.
Bei der Frage nach der Gröblichkeit des Verstoßes müssen die konkreten Umstände des Einzelfalles beachtet werden. Hierbei ist insbesondere zu berücksichtigen, ob der Erlaubnisinhaber seinen Pflichten überhaupt nicht oder nur nicht rechtzeitig nachkommt und ob er in Kenntnis der Unrechtmäßigkeit seines Verhaltens[599] gegen die Auflagen verstößt. Diesbezüglich kann von Bedeutung sein, ob es bereits Beanstandungen seitens der Behörde gegeben hat und ob er danach sein Verhalten geändert hat. Schließlich ist zu beachten, daß der Gesetzgeber durch seine Entscheidung, diesbezügliche Auflagenverstöße als Ordnungswidrigkeiten einzustufen, dieses Verhalten aus dem Bereich der Bagatellverfehlungen herausgenommen hat[600]. In bezug auf Verstöße gegen die Aufzeichnungpflicht ist dies damit zu erklären, daß hierduch die Behörde überhaupt erst in die Lage versetzt wird, zu kontrollieren, ob tatsächlich nur den berechtigten Personen die Schußwaffen überlassen werden. Allerdings ist einem entsprechenden Verstoß nicht die Bedeutung zuzumessen, die einem Verstoß gegen die zwingende Benennungsauflage nach § 35 Abs. 3 Satz 2 zukommt. Denn auch wenn der Unternehmer als eigentlicher Erlaubnisinhaber seiner Aufzeichungspflicht nicht nachkommt, hat er die Mitarbeiter der Behörde benannt, so daß diese nach einer Überprüfung als Berechtigte in den WS eingetragen wurden. Sie sind daher zum Führen von Schußwaffen berechtigt. Sofern es sich also um eine einmalige Verfehlung handelt, wird sich die Behörde unter Würdigung des Verhältnismäßigkeitsgrundsatzes auf eine Abmahnung und die Einleitung eines Bußgeldverfahrens zu beschränken haben. Kommt der Bewachungsunternehmer trotz Abmahnung und Einleitung eines Bußgeldverfahrens seiner Aufzeichungspflicht wiederholt nicht, nicht vollständig oder nicht rechtzeitig nach, dann handelt es sich nicht nur um wiederholte, sondern

---

[599] Kurth/Lehle/Lehmann, Aktuelles WaffR, § 5 Rn.33.

[600] So das Sächs. OVG 1997, 335 (337) zu der Frage, ob als Ordnungswidrigkeit (§ 55 Abs.1 Nr.4) geahndete Verstöße gegen die in § 12 festgelegte Pflicht, ein Waffen- und Munitionshandelsbuch zu führen, gröbliche Verstöße im Sinne § 5 Abs.2 Nr.2 darstellen.

auch um schwere und damit gröbliche Verstöße im Sinne von § 5 Abs.2 Nr.2. Denn eine effektive behördliche Kontrolle ist im Rahmen von § 35 Abs.3 nur dann möglich, wenn die Behörde aktuell darüber informiert ist, wer zu welchem Zeitpunkt über welche Schußwaffe verfügt.
Ein Bewachungsunternehmer, der hartnäckig waffenrechtliche Auflagen mißachtet, verdient kein Vertrauen darin, daß er mit Schußwaffen stets und in jeder Hinsicht ordnungsgemäß umgeht. Ihm fehlt, sofern die Regelvermutung nicht ausnahmsweise widerlegt wird, die erforderliche waffenrechtliche Zuverlässigkeit, so daß der WS nach § 47 Abs.2 Satz 2 zwingend zu widerrufen ist.

bb) Bußgeld nach § 55 Abs.1 Nr.1 i.V.m. § 55 Abs.3

Wer vorsätzlich oder fahrlässig eine vollziehbare Auflage nach § 35 Abs.2 Satz 3 nicht, nicht vollständig oder nicht rechtzeitig erfüllt, handelt gemäß § 55 Abs.1 Nr.1 ordnungswidrig. Nach § 55 Abs.3 kann die Ordnungswidrigkeit mit einer Geldbuße bis zu zehntausend Deutsche Mark geahndet werden. Darüber hinaus kann der Unternehmer im Wege des Verwaltungszwanges dazu angehalten werden, die Auflage zu erfüllen.

3. Auswirkungen waffenrechtlicher Verstöße auf die Gewerbeerlaubnis

Neben den aufgezeigten waffenrechtlichen Sanktionen sind bei Verstößen gegen § 35 Abs.2 Satz 3 i.V.m. Nr.35.3.2 WaffVwV und § 35 Abs.3 auch Auswirkungen auf die Gewerbeerlaubnis des Bewachungsunternehmers in Erwägung zu ziehen. Problematisch ist, ob derartige Verstöße die Annahme rechtfertigen, daß die betreffende Person die für das Bewachungsgewerbe erforderliche gewerberechtliche Zuverlässigkeit nicht mehr besitzt und wenn ja, ob dies ggf. zu einer Gewerbeuntersagung wegen Unzuverlässigkeit nach § 35 Abs.1 Satz 1 GewO führen kann.

a) Fehlen der erforderlichen Zuverlässigkeit zur Ausübung des Bewachungsgewerbes im Sinne von § 34a Abs.1 Satz 3 Nr.1 GewO

Die nach § 34a Abs.1 Satz 3 Nr.1 GewO erforderliche Zuverlässigkeit besitzt ganz allgemein derjenige nicht, der nach dem Gesamteindruck seines Verhaltens nicht die Gewähr dafür bietet, daß er sein Gewerbe ordnungsgemäß ausüben wird[601]. Ordnungsgemäßes Ausüben in diesem Sinne bedeutet, daß das Gewerbe so betrieben wird, daß die gesetzlichen Vorschriften eingehalten, allgemein verbindliche Maßstäbe nicht verletzt und Dritte nicht geschädigt werden[602]. Nicht ordnungsgemäß übt sein Gewerbe dagegen aus, wer in nicht unerheblichen Umfang gegen die für das betreffende Gewerbe erlassenen Rechtsvorschriften oder gegen gültige behördliche Anordnungen verstößt. Die Prognose über die Unzuverlässigkeit kann nur gewerbebezogen[603] erfolgen. Die Tatsachen müssen also den Rückschluß darauf zulassen, daß eine Person für das konkret von ihr ausgeübte Gewerbe unzuverlässig ist.
Wenngleich bei der Entscheidung über die Unzuverlässigkeit maßgeblich auf die konkreten Umstände des Einzelfalles abzustellen ist, kommt einem Verstoß des Bewachungsunternehmers gegen die auf Grundlage des § 35 Abs.3 Satz 2 bzw. § 35 Abs.2 Satz 2 i.V.m Nr.35.3.2 WaffVwV erlassenen Auflagen eine schwerwiegende Bedeutung zu. Dies ist darauf zurückzuführen, daß es sich dabei um solche waffenrechtlichen Vorschriften handelt, die gerade in Hinblick auf den berufsbedingten Umgang mit Schußwaffen unter anderem durch Bewachungsunternehmen eingeführt worden sind[604]. Die behördlichen Auflagen stellen sozusagen die Voraussetzungen dar, unter denen der Gewerbetreibende überhaupt erst das Recht erhalten

---

601 Ständige Rechtsprechung seit BVerwG, GewArch 1965, 101. Zu neueren Entscheidungen des BVerwG siehe GewArch 1994, 114; 1995, 111; 1995, 159. Ebenso Heß, in: Friauf, GewO, § 35 Rn.48ff.; Marcks, in: Landmann/Rohmer, GewO I, § 35 Rn.28ff. Spezielle Bedenken im Sinne von § 34a Abs.1 Satz 3 Nr.1 GewO liegen der ratio legis entsprechend vor, wenn Umstände darauf hindeuten, daß der künftige Bewachungsunternehmer die Vermögenssphäre seines Auftraggebers nicht respektiert, von Geschäfts- oder Betriebsgeheimnissen seiner Kunden unbefugt Gebrauch macht oder allgemein zu aggressiven Verhalten neigt. Vgl. Höfling, in: Friauf, GewO, § 34a Rn.37; Marcks, in: Landmann/Rohmer, GewO I, § 34a Rn.18.

602 Fröhler/Kormann, GewO, § 35 Rn.14.

603 Heß, in: Friauf, GewO, § 35 Rn.48; Marcks, in: Landmann/Rohmer, GewO I, § 35 Rn.33; Fröhler/Kormann, GewO, § 35 Rn.16.

604 Vgl. BT-Drucks.VI/2678 S.32 bezüglich des früheren § 32 Abs.3.

soll, den Waffenschein zu übertragen. Nur die entsprechenden Auflagen können gewährleisten, daß trotz der Übertragung der Waffenführungsmöglichkeit das Sicherheitsinteresse[605] nicht beeinträchtigt wird.
Während die Benennungspflicht sicherstellen soll, daß nur die Mitarbeiter, die die waffenrechtlichen Anforderungen erfüllen, ihre Tätigkeit bewaffnet durchführen, dient die Aufzeichnungspflicht der behördlichen Kontrolle, ob tatsächlich die gesetzlichen Vorgaben eingehalten werden. Verstöße gegen diese Auflagen betreffen damit unmittelbar die Frage der Ausübung des Bewachungsgewerbes, nämlich unter welchen Voraussetzungen der Gewerbetreibende seine waffenrechtliche Erlaubnis auf Mitarbeiter übertragen darf und diese dann mit Schußwaffen des Unternehmens ausrüsten kann. Zu einer ordnungsgemäßen Ausübung des Bewachungsgewerbes gehört - zumal wenn diese Tätigkeit bewaffnet durchgeführt wird -, daß der Gewerbetreibende die waffenrechtlichen Vorschriften strikt beachtet. Da im Bereich der bewaffneten Wachtätigkeit schon geringe Unzulänglichkeiten im Umgang mit Schußwaffen zur Gefährdung Dritter und der Wachpersonen selbst führen können, stellen derartige Pflichtverletzungen erhebliche Verstöße dar.
Die aufgeführten Verstöße werden daher regelmäßig den Schluß zulassen, daß der Gewerbetreibende keine Gewähr dafür bietet, daß er sein Gewerbe - und hier insbesondere die bewaffnete Bewachungstätigkeit - in Zukunft den Vorgaben des Waffengesetzes entsprechend und damit ordnungsgemäß ausüben wird.

b) Gewerbeuntersagung nach § 35 Abs.1 GewO oder Widerruf der Erlaubnis wegen Unzuverlässigkeit ?

Liegen dementsprechend Tatsachen vor, welche die Unzuverlässigkeit des Bewachungsunternehmers in bezug auf sein Gewerbe dartun, dann ist eine Gewerbeuntersagung nach § 35 Abs.1 GewO in Betracht zu ziehen.

[605] Vgl. BT-Drucks.VI/2678 S.32.

aa) Keine Anwendung des § 35 Abs.1 bis 7 GewO bei Einschlägigkeit des § 35 Abs.8 GewO

In diesem Fall ist allerdings § 35 Abs.8 Satz 1, 2.Alt. GewO zu berücksichtigen, wonach die Absätze 1 bis 7 dieser Vorschrift dann nicht anzuwenden sind, wenn eine für das Gewerbe erteilte Zulassung wegen Unzuverlässigkeit des Gewerbetreibenden zurückgenommen oder widerrufen werden kann. Die Bestimmung des § 35 Abs.8 Satz 1 GewO erkennt insoweit die Priorität der §§ 48, 49 VwVfG bzw. der entsprechenden Landesregelungen an[606]. Für § 35 GewO besteht daher kein Anwendungsbereich, soweit diese Vorschriften zum Tragen kommen[607]. Wesentlich für die Anwendbarkeit der Sonderregelungen ist, daß diese auf die Zuverlässigkeit des Gewerbetreibenden abstellen, das heißt, daß sie eine Regelung über die Rücknahme bzw. den Widerruf der Genehmigung für den Fall der Unzuverlässigkeit des Gewerbetreibenden vorsehen[608].
Auch die Bewachungserlaubnis kann wegen Unzuverlässigkeit des Gewerbetreibenden widerrufen werden. Wer gewerbsmäßig Leben oder Eigentum fremder Personen bewachen will (Bewachungsgewerbe), bedarf gemäß § 34a Abs.1 Satz 1 GewO der Erlaubnis der zuständigen Behörde. Die Erlaubnis ist nach § 34a Abs.1 Satz 3 Nr.1 zu versagen, wenn Tatsachen die Annahme rechtfertigen, daß der Antragsteller die für den Gewerbebetrieb erforderliche Zuverlässigkeit nicht besitzt. Die hiernach notwendige Prognose entspricht der nach § 35 Abs.1 Satz 1 GewO erforderlichen Beurteilung der Unzuverlässigkeit des Gewerbetreibenden[609]. Erweist sich der Inhaber einer Gewerbeerlaubnis nachträglich als unzuverlässig, dann ist die Erlaubnis nach Maßgabe von § 49 Abs.2 Nr.3 VwVfG zu widerrufen.
Da die Voraussetzungen des § 35 Abs.8 Satz 1 GewO beim Bewachungsgewerbe vorliegen, scheidet eine Gewerbeuntersagung nach § 35 Abs.1 Satz 1 GewO aus.

[606] Marcks, in: Landmann/Rohmer, GewO I, § 35 Rn. 195.
[607] Marcks, in: Landmann/Rohmer, GewO I, § 35 Rn. 195.
[608] Heß, in: Friauf, GewO, § 35 Rn.12.
[609] OVG Schleswig-Holstein, GewArch 1994, 167 (168).

bb) Widerruf der Gewerbeerlaubnis nach § 49 Abs.2 Nr.3 VwVfG

Ein rechtmäßiger begünstigender Verwaltungsakt darf, auch nachdem er unanfechtbar geworden ist, ganz oder teilweise mit Wirkung für die Zukunft nur widerrufen werden, wenn die Behörde auf Grund nachträglich eingetretener Tatsachen berechtigt wäre, den Verwaltungsakt nicht zu erlassen, und wenn ohne den Widerruf das öffentliche Interesse gefährdet würde, § 49 Abs.2 Nr.3 VwVfG.

Anerkannt ist insoweit, daß die Änderung der tatsächlichen Verhältnisse auch in einer Veränderung des Verhaltens des Betroffenen bestehen kann[610], z.B. wenn der Begünstigte sich als unzuverlässig erweist[611]. Maßgebend ist, daß die Tatsachen, wären sie bei Erlaß des VA bekannt gewesen, die Behörde berechtigt hätten, den VA nicht zu erlassen[612]. Dementsprechend wäre die Behörde bei mangelnder gewerberechtlicher Zuverlässigkeit befugt gewesen, die Erlaubnis nach § 34 a Abs.1 Satz 3 Nr.1 GewO zu versagen. Für die darüber hinaus geforderte Gefährdung des öffentlichen Interesses reicht es nach der Fassung von § 49 Abs.2 Nr.3 VwVfG nicht, daß der Widerruf nur im öffentlichen Interesse liegt[613]. Er muß vielmehr zur Abwehr einer Gefährdung des öffentlichen Interesses, das heißt grundsätzlich zur Beseitigung oder Verhinderung eines sonst unmittelbar drohenden Schadens für den Staat, die Allgemeinheit oder für wichtige Gemeinschaftsgüter erforderlich sein[614]. Notwendig ist insoweit eine durch den Bestand des VA gegebene konkrete Gefährdung, zu deren Beseitigung der Widerruf beitragen kann und erforderlich ist[615].
Dafür genügt es namentlich, wenn ohne den Widerruf damit zu rechnen ist, daß ungeeignete Personen weiterhin ihre Tätigkeit ausüben[616]. Soweit Verstöße des Bewachungsunternehmers gegen waffenrechtliche Vorgaben dazu führen, daß Mitarbeiter Schußwaffen tragen, die dazu nicht berechtigt sind, ist eine konkrete Gefährdung im dargestellten Sinn zu bejahen. Denn der Umgang mit Schußwaffen durch ungeeignete Personen führt sowohl zu

---

[610] BVerwGE 18,34 (36); 59,124 (127ff.).
[611] Obermayer, VwVfG, § 49 Rn.36.
[612] Sachs in: Stelkens/Bonk/Sachs, VwVfG, § 49 Rn.36.
[613] BayVBl. 1992, 730 (730).
[614] BayVBl. 1992, 730 (730).
[615] NVwZ, 1985, 284; NVwZ 1988, 943.
[616] Sachs in: Stelkens/Bonk/Sachs, VwVfG, § 49 Rn.39.

einer Gefährdung von Leben und Gesundheit der Allgemeinheit als auch der Schußwaffenträger selbst. Der Widerruf der Erlaubnis nach § 34a Abs.1 Satz 1 GewO führt auch dazu, daß die von dem unsachgemäßen Umgang mit Schußwaffen ausgehenden Gefahren beseitigt werden. Dies ist damit zu erklären, daß soweit die gewerbsmäßige Bewachung von Leben oder Eigentum fremder Personen nicht mehr durch eine Erlaubnis nach § 34 a Abs.1 GewO gedeckt ist, auch kein waffenrechtliches Bedürfnis im Sinne von § 32 Abs.1 Nr.3 mehr besteht. Der Bestand waffenrechtlicher Erlaubnisse für den Verantwortlichen hängt insoweit von einer Erlaubnis nach § 34 a Abs.1 GewO ab, als das erforderliche waffenrechtliche Bedürfnis sich erst aus der - erlaubten - gewerbsmäßigen Bewachung des Lebens oder Eigentums fremder Personen ergeben kann[617]. Entfällt das waffenrechtliche Bedürfnis durch Widerruf der Gewerbeerlaubnis, so ist auch die waffenrechtliche Erlaubnis gemäß § 47 Abs.2 Satz 1 zwingend zu widerrufen ist. In diesem Fall kann die Behörde nach § 48 Abs.2 anordnen, daß die Schußwaffen unbrauchbar gemacht bzw. bei Nichtbefolgung sichergestellt und verwertet werden.
Da der Widerruf nach § 49 Abs.2 Nr.3 VwVfG jedoch im Ermessen der Behörde steht[618], ist bei Verstößen gegen Auflagen und inhaltliche Beschränkungen nach dem Waffengesetz zu berücksichtigen, daß es angesichts des Verhältnismäßigkeitsgrundsatz möglicherweise nicht erforderlich ist, neben der waffenrechtlichen Erlaubnis auch die Gewerbeerlaubnis nach § 34a Abs.1 GewO zu widerrufen. In diesem Fall wäre der Unternehmer lediglich an solchen Bewachungstätigkeiten gehindert, die zwingend mit Schußwaffen durchgeführt werden müssen, während er sein Gewerbe in anderen Bereichen weiterhin ausüben könnte.

4. Ergebnis

Die Möglichkeit, neben der Verhängung eines Bußgeldes sowohl die waffenrechtliche als auch die gewerberechtliche Erlaubnis zu widerrufen, gibt der Verwaltungsbehörde ein wirkungsvolles Instrumentarium an die Hand, um auf Verstöße des Erlaubnisinhabers gegen die aus den §§ 35 Abs.2 Satz 3, 35 Abs.3 resultierenden Pflichten zu reagieren und damit Mißbräuche vorzubeugen. Durch Entziehung der WBK bzw. des WS droht

---

[617] OVG Hamburg, GewArch 1992, 453 (455).
[618] Kopp, VwVfG, § 49 Rn.20.

dem Unternehmer, daß er keine Aufträge mehr annehmen kann, die eine Bewaffnung seiner Mitarbeiter erforderlich machen. Er geht damit, je nach dem wie hoch der Anteil an bewaffneten Tätigkeiten in seinem Unternehmen ist, ein erhebliches wirtschaftliches Risiko ein. Kommt es aufgrund seiner Verfehlungen zu einem Widerruf der Bewachungserlaubnis, riskiert der Gewerbetreibende praktisch seine Existenzgrundlage. In Anbetracht der dargestellten Verwaltungssanktionen wird der auf dem Unternehmer lastende Druck, waffenrechtliche Auflagen, inhaltliche Beschränkungen und Zusätze im Sinne von § 35 Abs.3 Satz 1 zu beachten, beträchtlich sein.
Auch der einzelne Mitarbeiter, der im Rahmen der §§ 28 Abs.4 Nr.5, 35 Abs.3 Satz 1 Schußwaffen erwerben und führen kann, ist in Hinblick auf die Strafandrohung in § 53 Abs.1 Nr.3a b) gehalten, genaustens zu prüfen, ob auch er durch den WS generell oder für den jeweiligen Anlaß berechtigt ist.
Unter der Voraussetzung, daß auch die zuständigen Behörden die ihnen zustehenden Kontrollbefugnisse und Überwachungsmöglichkeiten wahrnehmen und die waffen- und gewerberechtlichen Sanktionsmöglichkeiten ausschöpfen, impliziert die Regelung des § 35 Abs.3 Satz 1 keine Gefahr für die öffentliche Sicherheit. Sie ermöglicht, unter den dargestellten Voraussetzungen den Geltungsbereich des WS auf Mitarbeiter zu erweitern. Das Führen der Schußwaffe ist dann für den Arbeitnehmer ohne "eigenen" Waffenschein möglich und auch der Erwerb der zu führenden Waffe ist für ihn nach § 28 Abs.4 Nr.5 waffenbesitzkartenfrei[619]. Dadurch werden zum einen zusätzliche Erlaubnisverfahren im Falle personeller Fluktuation entbehrlich[620]. Zum anderen führt die Übertragungsmöglichkeit dazu, daß die Zahl der Einzelwaffenscheine und die Anzahl der im privaten Besitz befindlichen Schußwaffen gering bleibt. Anstatt jeweils einen Waffenschein für eine eigene Schußwaffe zu beantragen[621], führt die Wachperson mit Zustimmung des Erlaubnisinhabers nur bei bestimmten Tätigkeiten eine firmeneigene[622] Schußwaffe. Entsprechend des nur zeitweise bestehenden Bedürfnisses zum Führen einer Schußwaffe ist es sinnvoll, daß dem Mitarbeiter die Schußwaffe auch nur vorübergehend überlassen wird und er mit-

---

[619] Vgl. Nr. 35.3.3 WaffVwV; Ehmke, Waffen und WaffR, § 35 Anm. zu Abs.3.
[620] BT-Drucks. VI/2678, S.32; Steindorf, WaffR, § 35 Rn.5; Kurth/Lehle/Lehmann, Aktuelles WaffR, § 35 Rn.7; Apel, WaffR, § 35 Erl.5; Schürer, Polizei und WaffR, S.80; OVG Hamburg, GewArch 1992, 453 (455); BayVGH, GewArch 1994, 245 (245).
[621] Siehe dazu auch BayVGH, GewArch 1994, 245 (245).
[622] Der Arbeitgeber behält also das Eigentumsrecht an der Schußwaffe, vgl. Schürer, Polizei und WaffR, S.117.

tels einer Auflage dazu verpflichtet wird, die Waffe nach Beendigung des Wachdienstes wieder zurückzugeben[623]. Letzteres gewährleistet schließlich auch, daß beim Ausscheiden des Mitarbeiters aus dem Arbeitsverhältnis die Waffe nicht beim Betreffenden verbleibt[624]. Denn mit Beendigung der Tätigkeit für das Unternehmen entfällt auch automatisch die waffenrechtliche Berechtigung des ehemaligen Mitarbeiters. Würde hingegen ein Einzelwaffenschein erteilt werden, dann dauerte es sicherlich einige Zeit, bis die Behörde vom Ausscheiden des Beschäftigten erführe und die Berechtigung entziehen könnte[625].

C. Zusammenfassung der Abschnitte A. und B.

Private Sicherheitsdienste benötigen zum Führen von Schußwaffen grundsätzlich einen WS. Dieser wird, sofern keine Versagungsgründe vorliegen, in der Praxis regelmäßig in der Form des sogenannten WS für Unternehmen gemäß § 35 Abs.3 Satz 1 erteilt. Der auf den Inhaber oder Geschäftsführer des Bewachungsunternehmens ausgestellte WS ist hierfür mit dem Zusatz zu versehen, daß er auch für andere zuverlässige, sachkundige und körperlich geeignete Personen gilt, die auf Grund eines Arbeitsverhältnisses die Schußwaffe nach den Weisungen des Erlaubnisinhabers zu führen haben. Dieser Zusatz bewirkt, daß neben dem eigentlichen Erlaubnisinhaber auch die Arbeitnehmer aus dem WS berechtigt und verpflichtet werden. Hinsichtlich der Erwerbsberechtigung der Bediensteten gilt in diesem Fall § 28 Abs.4 Nr.5.

Der WS für Unternehmen ist gemäß § 35 Abs.3 Satz 2 zwingend mit der Auflage zu erteilen, daß der Erlaubnisinhaber die Personen, die die Schußwaffen führen sollen, der zuständigen Behörde vorher namentlich benennt. Der Sinn dieser Auflage besteht darin, zu gewährleisten, daß die Erlaubnisbehörde insbesondere die waffenrechtliche Zuverlässigkeit, aber auch die Sachkunde und körperliche Eignung des Benannten überprüfen kann. Erfüllt ein Mitarbeiter eine der waffenrechtlichen Voraussetzungen nicht, dann erstreckt sich die Gültigkeit des WS nicht auf ihn, und er ist nicht zum Führen von Schußwaffen berechtigt. Darüber hinaus kann der WS unter Rückgriff auf § 35 Abs.2 Satz 3 mit der Auflage erteilt werden, daß der Erlaub-

---

[623] Vgl. dazu auch § 13 Abs.1 Satz 3 BewachVO.
[624] Allgemein zu diesem Aspekt Schürer, Polizei und WaffR, S.80.
[625] Wichura, Protokoll Nr.64, S.7.

nisinhaber dafür zu sorgen hat, daß das Überlassen der Waffe innerhalb des Betriebes nach Zeit und Person schriftlich festgehalten wird. Auch kann der Geltungsbereich des WS für Unternehmen gemäß § 35 Abs.2 Satz 2 auf bestimmte Anlässe und Gebiete beschränkt werden, wenn ein darüber hinausgehendes Bedürfnis nicht nachgewiesen wird. Bei privaten Sicherheitsdiensten kommt beispielsweise eine Beschränkung auf Schutztätigkeiten mit erhöhter Überfallgefahr in Betracht.
Der WS für Unternehmen macht einerseits zusätzliche Erlaubnisverfahren im Falle personeller Fluktuation entbehrlich und trägt andererseits dazu bei, daß die Zahl der Schußwaffen im Privatbesitz gering bleibt. Da die Schußwaffen nach Beendigung des Wachdienstes wieder dem Bewachungsunternehmer zurückgegeben werden müssen, ist schließlich auch gewährleistet, daß die Waffen nach Ausscheiden des Mitarbeiters aus dem Arbeitsverhältnis nicht bei diesem verbleiben.
Verstößt der Bewachungsunternehmer als eigentlicher Erlaubnisinhaber gegen seine Benennungs- oder Aufzeichnungspflicht nach den §§ 35 Abs.3 Satz 2, 35 Abs.2 Satz 3 i.V.m. Nr.35.3.2 WaffVwV oder seine Pflichten aus § 35 Abs.3 Satz 1, dann droht ihm neben der Verhängung eines Bußgeldes nach § 55 Abs.1 Nr.1 i.V.m. Abs.3 vor allem der Widerruf des WS und der Gewerbeerlaubnis wegen mangelnder waffenrechtlicher bzw. gewerberechtlicher Zuverlässigkeit. Der Bewachungsunternehmer wird daher gehalten sein, die entsprechenden waffenrechtlichen Vorschriften genaustens zu beachten.
Soll die Wachperson die Schußwaffe lediglich innerhalb des bewachten befriedeten Besitztums tragen, dann ist hierzu unter den Voraussetzungen der §§ 28 Abs.4 Nr.5, 35 Abs.4 Nr.2 b) weder eine WBK noch ein WS erforderlich. § 13 Abs.1 Satz BewachVO schreibt allerdings vor, daß der Unternehmer in diesem Fall die Schußwaffe Wachpersonen nur überlassen darf, wenn die Waffenrechtsbehörde vorher bestätigt hat, daß diese die sonst an den Erwerb von Waffen und Munition gestellten Anforderungen an Zuverlässigkeit, Sachkunde und körperliche Eignung aufweisen.
Ebenso ist zum Transport einer nicht schußbereiten und nicht zugriffsbereiten Schußwaffe etwa zwischen mehreren bewachten Objekten ein WS unter den Voraussetzungen des § 35 Abs.4 Nr.2 c) nicht erforderlich.

D. Zwingende Erlaubnisversagungsgründe nach §§ 30 Abs.1 Satz 1, 36 Abs.1

Den in § 30 Abs.1 Satz 1 festgelegten Versagungsgründen kommt eine erhöhte Bedeutung zu, da sie gemäß § 36 Abs.1 Satz 1 auch bei der Erteilung von WS zu berücksichtigen sind[626]. Da privaten Sicherheitsdiensten waffenrechtliche Erlaubnisse vor allem wegen mangelnder Zuverlässigkeit und fehlendem Bedürfnisses versagt werden, bilden diese beiden Versagungsgründe (II. und V.) den Schwerpunkt der folgenden Darstellung.

I. Fehlendes Mindestalter und fehlender Nachweis einer Haftpflichtversicherung beim Waffenschein

Nach §§ 30 Abs.1 Satz 1 Nr.1, 36 Abs.1 Satz 1 sind die entsprechenden Erlaubnisse zu versagen, wenn der Antragsteller das achtzehnte Lebensjahr noch nicht vollendet hat. Diese Altersgrenze stimmt mit dem in § 9 Satz 1, 2. HS BewachVO festgelegten Alterserfordernis überein, wonach der Gewerbetreibende nur Personen, die das achtzehnte Lebensjahr vollendet haben, mit der Bewachung beschäftigen darf.
Ferner ist der WS zu versagen, wenn der Antragsteller eine angemessene Versicherung gegen Haftpflicht - 500.000 Deutsche Mark für Personenschäden und 50.000 Deutsche Mark für Sachschäden - nicht nachweist[627].

II. Unzuverlässigkeit

Von der Vielzahl der allgemein gegen die waffenrechtliche Zuverlässigkeit sprechenden Tatsachen werden im folgenden diejenigen aufgezeigt, die speziell für private Sicherheitsunternehmen von Bedeutung sind (1.). In Betracht kommt insbesondere eine frühere Mitarbeit beim Ministerium für Staatssicherheit oder bei der Volkspolizei der ehemaligen DDR (1.a)), eine Entfernung aus dem Polizeidienst (1.b)), Verurteilungen nach den §§ 5 Abs.2 Nr.1 a)-c) (1.c)), Steuerschulden, Nichtabführung von Sozialversicherungsbeiträgen oder mangelnde wirtschaftliche Leistungsfähigkeit

---

[626] Steindorf, WaffR, § 30 Rn.1.
[627] Vgl. Teil 3, D.I.

(1.d)), Verstöße gegen waffenrechtliche Vorschriften (1.e)) und mangelnde Sachkunde (1.f)).
Im Anschluß an die Darlegung der einzelnen Unzuverlässigkeitsgründe soll auf das Erfordernis eingegangen werden, die Zuverlässigkeitsüberprüfung bei privaten Sicherheitsdiensten regelmäßig zu wiederholen (2.).

1. Für die Zuverlässigkeitsprüfung von privaten Sicherheitsdiensten relevante Tatsachen im Sinne von § 5

a) Ehemalige Mitarbeit beim Ministerium für Staatssicherheit oder bei der Volkspolizei der ehemaligen DDR

Die Problematik der waffenrechtlichen Zuverlässigkeit von ehemaligen Mitarbeitern des MfS oder der Volkspolizei stellt sich für die privaten Sicherheitsunternehmen im besonderen Maße, da diese ihr Personal - vor allem in den neuen Bundesländern - in erheblichem Umfang aus ehemaligen Stasi-Mitarbeitern und entlassenen Volkspolizisten rekrutieren[628]. Nach der Begründung eines Gesetzesentwurfes des Bundesrates[629] stünden weite Teile der Bevölkerung der Bewaffnung dieses Personenkreises aufgrund der historischen Situation äußerst kritisch gegenüber. Gerade das Recht Waffen zu besitzen, sei unter dem alten Regime als Privileg für aktive Parteinahme verliehen worden (Jagdausübung) und sei darüber hinaus Voraussetzung zur Mitwirkung an der staatlichen Unterdrückung gewesen[630]. Die Befürchtungen hinsichtlich einer Bewaffnung von ehemaligen Mitarbeitern des MfS seien durch Erkenntnisse über die enge Kooperation zwischen der terroristischen Organisation der RAF und dem ehemaligen Staatssicherheitsdienst noch verstärkt worden[631].

---

628 BT-Drucks. 12/5246, S.7; Kemper, BT-Plenarprotokoll 13/129, S.11670; Hapel, Abgeordnetenhaus von Berlin, Drucks.13/854, S.1265 und Wieland S.1271; Der SPIEGEL 40/1992, 110 (110); DIE ZEIT, Nr.22/1998, 23 (23); Zimmermann, Die Polizei Nr.2/1994, 60 (61); Olschok-Tautenhahn, in: Handbuch, S.13; Höfling in: Friauf, GewO, § 34a Rn.8a; Ahlf in: Weiß/Plate, Privatisierung von polizeilichen Aufgaben, 9 (30).
629 Vgl. die Zielsetzung des Gesetzentwurf des BR, BT-Drucks. 12/1171, S.1.
630 Karnop/Sanetra, KommunalPraxis MO, 1993, 51 (51). Vgl. dazu auch KreisG Suhl, LKV 1992, 421 (422f.).
631 Vgl. die Zielsetzung des Gesetzentwurf des BR, BT-Drucks. 12/1171, S.1.

Es stellt sich die Frage, ob die Mitarbeit bei den genannten Organisationen als Tatsache herangezogen werden kann, die gegen die waffenrechtliche Zuverlässigkeit der heute für private Sicherheitsdienste tätigen Personen spricht. Der Großteil der allgemein zur Zuverlässigkeitsproblematik bei ehemaligen MfS-Mitarbeitern ergangenen Rechtsprechung befaßt sich allerdings nicht mit der waffenrechtlichen Unzuverlässigkeit, sondern mit dem jagdrechtlichen Unzuverlässigkeitsbegriff und der Problematik, ob eine Tätigkeit für das MfS zur Versagung des Jagdscheines nach § 17 Abs.1 Nr.2 Bundesjagdgesetz (BJagdG) wegen mangelnder Zuverlässigkeit führen kann[632]. Weil es sich beim Bundesjagdgesetz und beim Waffengesetz um artverwandte Rechtsmaterien handelt, wird in diesen Entscheidungen jedoch zumeist darauf hingewiesen, daß dieselben Umstände, die zur Verneinung der jagdrechtlichen Zuverlässigkeit führen, auch gegen die waffenrechtliche Zuverlässigkeit im Sinne von § 5 WaffG sprechen[633]. Da es sich beim Gesetzgeber des BJagdG und des WaffG um das identische Verfassungsorgan handelt und beide Gesetze mit der Zuverlässigkeitsprüfung primär dasselbe Ziel verfolgen[634], nämlich eine Gefährdung der öffentlichen Sicherheit durch einen unsachgemäßen Umgang mit Waffen und Munition zu vermeiden[635], ist es im Rahmen der vorliegenden Untersuchung gerechtfertigt, sich - auch für den waffenrechtlichen Zuverlässigkeitsbegriff - an den diesbezüglichen Entscheidungen zum Bundesjagdgesetz zu orientieren.

aa) Unterschiedliche systematische Einordnung des Problems

Zwar ist weder in § 5 Abs.1 noch in § 5 Abs.2 die Tätigkeit für die frühere Staatssicherheit als Tatsache genannt, die die Unzuverlässigkeit begründet bzw. vermuten läßt. Allerdings ist anerkannt, daß daraus nicht der Schluß gezogen werden kann, daß eine solche Tätigkeit von vornherein für die Prüfung der Zuverlässigkeit unbeachtlich bleiben muß. Umstritten ist jedoch, ob die Mitarbeit beim MfS im Rahmen des § 5 Abs.1 oder des § 5

[632] Vgl. Sächs. OVG, Sächs. VBl. 1994, 80ff; OVG Greifswald, LKV 1995, 255ff; KreisG Chemnitz-Stadt, LKV 1993, 63ff.

[633] Vgl. Sächs. OVG, Sächs. VBl. 1994, 80 (82); OVG Greifswald, LKV 1995, 255 (256); KreisG Chemnitz-Stadt, LKV 1993, 63 (64).

[634] Zu den inhaltlichen Unterschieden zwischen § 17 Abs.4 BJagdG n.F. und § 5 Abs.2 Nr.1 WaffG siehe Belling, NJW 1991, 280 (280) und Meyer, GewArch 1998, 89 (94).

[635] VG Sigmaringen, GewArch 1994, 87 (87).

Abs.2 zu berücksichtigen ist. Während ein Teil der Rechtsprechung und Literatur davon ausgeht, daß § 5 Abs.2 nur eine beispielhafte Aufzählung enthalte[636] und folglich danach gefragt werden müsse, ob eine entsprechende Tätigkeit mit einem der dort aufgezählten Regelsachverhalte vergleichbar sei[637], qualifiziert insbesondere das Bundesverwaltungsgericht § 5 Abs.2 als abschließende Vermutungsregelung[638]. Die Frage, ob die genannten Personen im Einzelfall die erforderliche Zuverlässigkeit besitzen, sei durch diese Feststellung allerdings noch nicht entschieden, vielmehr müsse dies im Rahmen des § 5 Abs.1 geprüft werden[639].
Die unterschiedliche systematische Einordnung hat insoweit Auswirkungen auf das Ergebnis der Unzuverlässigkeitsprüfung, als § 5 Abs.1 eine Aufzählung von Unzuverlässigkeitsgründen enthält, die zwingend zur Versagung der entsprechenden Erlaubnisse führen[640]. Demgegenüber enthält § 5 Abs.2 eine Reihe von Regelvermutungen, bei denen nur "in der Regel" der Mangel der erforderlichen Zuverlässigkeit gegeben ist. Anders als bei § 5 Abs.1 kann diese Vermutung durch besondere Umstände des Einzelfalles jedoch entkräftet werden[641]. Darüber hinaus enthält § 5 Abs.2 Nr.1 eine sogenannte Sperrfrist, wonach die Regelvermutung nicht mehr eingreift, wenn seit der Rechtskraft der letzten Verurteilung mehr als fünf Jahre verstrichen sind. Dagegen ist bei § 5 Abs.1 keine zeitliche Grenze gezogen, von der ab die vor der behördlichen Entscheidung liegenden Tatsachen nicht mehr berücksichtigt werden können[642]. Es hängt hier allein von den gesamten Umständen des Einzelfalls ab, ob Tatsachen, die mehr als fünf

---

636 VG Hamburg, GewArch 1988/9, 306 (306). Steindorf, WaffR , § 5 Rn.3; Karnop/Sanetra, KommunalPraxis MO, 1993, 51 (52); Heinrich, GewArch 1989, 313 (314).
637 Sächs. OVG, GewArch 1994/5, 195 (196); Steindorf, WaffR , § 5 Rn.2; Karnop/Sanetra, KommunalPraxis MO, 1993, 51 (52).
638 BVerwG, Beschluß vom 19.01.1995, SächsVBl. 1995, 184 (184); Meyer, GewArch 1998, 89 (92); VG Meiningen, ThürVBl. 1995, 184 (185). Ebenso für § 17 Abs.4 BJagdG: OVG Berlin, AS 20, 107 (108) und OVG Greifswald, LKV 1995, 255 (255).
639 BVerwG, Beschluß vom 19.01.1995, SächsVBl. 1995, 184.
640 Sächs. OVG, GewArch 1994/5, 195 (196).
641 BVerwG, DVBl. 1985, 1311 (1314); BVerwG Buchholz 402.5 WaffG, Nr.30, S.13 und Nr.53, S.28f.
642 BVerwG, Buchholz 402.5 WaffG, Nr.30, S.12f; Meyer, GewArch 1998, 89 (91), Heinrich, GewArch 1989, 313 (313).

Jahre zurückliegen, die Annahme der Zuverlässigkeit im Sinne von § 5 Abs.1 rechtfertigen oder nicht[643].

Im folgenden werden die unterschiedlichen systematischen Ansatzpunkte bei der waffenrechtlichen Unzuverlässigkeitsprüfung früherer MfS-bzw. Volkspolizei-Mitarbeiter dargestellt und bewertet.

(1) Am Sicherungszweck orientierte Auslegung des § 5 Abs.2

Nach einem Urteil des Sächsischen OVG führt eine am Sicherungszweck orientierte Auslegung des § 5 Abs.2 dazu, daß jedenfalls bei einem hauptamtlichen Mitarbeiter des MfS sowohl dessen waffenrechtliche als auch jagdrechtliche Unzuverlässigkeit zu vermuten sei[644]. Ob diese Vermutung tatsächlich zutreffe, müsse anhand einer Einzelfallanalyse geklärt werden[645]. Das Gericht begründet seine Ansicht damit, daß nach dem Sicherungszweck des § 5 Abs.2 davon auszugehen sei, daß die Risiken, die mit jedem Waffenbesitz verbunden sind, nur bei solchen Personen hingenommen werden können, die die Gewähr dafür bieten, daß sie verantwortungsbewußt mit der Waffe umgehen und die die Waffe lediglich in Fällen benutzen, in denen die Rechtsordnung dies gestattet[646]. Sei dieser Sicherungszweck nicht betroffen, müsse eine Vermutung gegen die waffenrechtliche Zuverlässigkeit verneint werden, auch wenn sie nach dem Wortlaut des § 5 Abs.2 gegeben wäre. Andererseits verlange der Sicherungszweck des § 5 Abs.2, auch in anderen als den dort ausdrücklich geregelten Fällen, eine Vermutung gegen die waffenrechtliche Zuverlässigkeit anzunehmen, wenn sonst jener Zweck verfehlt würde. Bei der Zuverlässigkeitsprüfung könnten daher auch solche Tatbestände berücksichtigt werden, die nicht im Katalog des § 5 Abs.2 enthalten sind, beispielsweise die Mitarbeit beim MfS[647]. In Hinblick auf diese Tätigkeit führt das Gericht aus, daß das MfS einen perfekten Überwachungsapparat, einen Staat im Staate dargestellt habe, der seinen eigenen Regeln folgte, ohne sich dabei an die allgemein gültigen Normen der DDR

643 BVerwG, Buchholz 402.5 WaffG, Nr.30, S.12f.
644 GewArch 1994/5, 195 (196) und SächsVBl. 1994, 80 (81f.).
645 Sächs. OVG, GewArch 1994/5, 195 (196); Sächs. VBl. 1994, 80 (82).
646 Sächs. OVG, GewArch 1994/5, 195 (196) mit Verweis auf VGH Bad. Würt., GewArch 1989, 68 (69).
647 Sächs. OVG, GewArch 1994/5, 195 (196).

gebunden gefühlt zu haben[648]. Zur Erreichung seiner Ziele habe sich das MfS in weitem Umfang seine eigenen Normen gesetzt. Die jahrelange Zugehörigkeit zu einer solchen Organisation sei daher geeignet, sich in dem Sinn prägend auf die Persönlichkeit auszuwirken, daß die innere Bereitschaft entstehe, "Richtigkeit und Notwendigkeit des Handelns an autonomen Ordnungsvorstellungen auszurichten, ihnen höheres Gewicht als den für alle geltenden Normen beizumessen". Gerade eine solche Persönlichkeitsstruktur könne zu einer strafbaren Verletzung oder Tötung von Menschen führen. Tatsächlichen oder vermeintlichen Bedrohungen durch Angreifer, Diebe, Einbrecher, Hausfriedensbrechern oder Sachbeschädigern könnte mit der Waffe begegnet werden, ohne daß dies strafrechtlich etwa durch Notwehr oder Nothilfe gerechtfertigt wäre. Allerdings führten derartige Überlegungen nur bei einer engen Zusammenarbeit mit dem MfS, z.B. als hauptamtlicher Mitarbeiter, nicht jedoch bei inoffiziellen Mitarbeitern zur Vermutung der waffenrechtlichen Unzuverlässigkeit[649]. Denn letztere standen dem MfS ferner als die hauptamtlichen Mitarbeiter und hätten sich nicht selten nur aufgrund besonderer Druck- und Krisensituationen zur Mitarbeit bereit erklärt[650]. Die hauptamtliche Mitarbeit beim MfS führe daher im Rahmen des § 5 Abs.2 zur Vermutung des Fehlens der waffenrechtlichen Zuverlässigkeit.

In der Literatur wird daneben die Ansicht vertreten, daß die hauptamtliche Mitarbeit beim MfS mit einer in § 5 Abs.2 Nr.1a aufgeführten Vorstrafe wegen Gefährdung des demokratischen Rechtsstaates (§§ 84-92 StGB) vergleichbar sei[651]. Dies sei darauf zurückzuführen, daß diese Vorschriften allgemein den Zweck verfolgten, bestimmte politische Aktivitäten, die eine Beseitigung oder Gefährdung des demokratischen Rechtsstaates zum Ziel haben, zu pönalisieren[652]. Auch die grundlegenden politischen Wertentscheidungen der DDR beziehungsweise der sie dominierenden SED hätten

---

[648] Sächs. OVG, GewArch 1994/5, 195 (196).

[649] Sächs. OVG, GewArch 1994/5, 195 (196). A.A.: OVG Greifswald, LKV 1995, 255 (256) und LKV 1996, 26 (27), wonach sich eine schematische Unterscheidung zwischen offiziellen und inoffiziellen Mitarbeitern verbiete, da Verstöße gegen Persönlichkeitsrechte und die Grundsätze der Menschlichkeit unabhängig von dieser Unterscheidung begangen werden könnten.

[650] Sächs. OVG, GewArch 1994/5, 195 (196), Sächs. VBl. 1994, 80 (82).

[651] Karnop/Sanetra, KommunalPraxis MO, 1993, 51 (52f.), wobei sie zur Klarstellung eine Änderung des Waffengesetzes für begrüßenswert halten, a.a.O. S.53.

[652] Karnop/Sanetra, KommunalPraxis MO, 1993, 51 (52).

in fundamentalem Widerspruch zu Grundprinzipien der freiheitlichen demokratischen Grundordnung gestanden. Deren Beseitigung bzw. Schwächung sei sowohl verbal angestrebt als auch tätig praktiziert worden. Die Repräsentation derartiger Institutionen (z.B. des MfS) stelle eine politische Aktivität dar, die mit den in den §§ 84-92 StGB pönalisierten Handlungen durchaus vergleichbar sei[653].

Sowohl nach der zitierten Rechtsprechung und Literatur ist jedoch für eine endgültige Entscheidung eine sorgfältige Analyse des Einzelfalls erforderlich[654]. Die Zuverlässigkeit könne nicht mittels einer pauschalen Bezugnahme auf irgendeine Funktionsausübung in der ehemaligen DDR verneint werden. Vielmehr müsse die konkret ausgeübte Funktion des Betroffenen präzise beschrieben und dann in qualitativer Hinsicht gewürdigt werden[655]. Das sächsiche OVG kam diesbezüglich zu dem Ergebnis, daß die erforderliche Zuverlässigkeit bei jahrelanger hauptamtlicher "operativer" Mitarbeit als Offizier des MfS zu verneinen sei[656]. Denn es bestehe die Gefahr, daß der Kläger in Situationen, in denen er sich bedroht fühle, die Richtigkeit und Notwendigkeit seines Verhaltens und vor allem des Waffeneinsatzes nach Maßstäben bestimmen könnte, die nicht diejenigen des für alle geltenden Strafrechts sind[657].

Zu berücksichtigen sei allerdings, daß die Vermutung der waffenrechtlichen Unzuverlässigkeit durch Zeitablauf entfallen könne. In Anlehnung an § 5 Abs.2 Nr.1 sei von einer Fünfjahresfrist auszugehen, die mit Beendigung der Mitarbeit beim MfS beginne[658].

---

653 Karnop/Sanetra, KommunalPraxis MO, 1993, 51 (53).

654 Sächs. OVG, GewArch 1994/5, 195 (196), Sächs. VBl. 1994, 80 (82); Karnop/Sanetra, KommunalPraxis MO, 1993, 51 (53).

655 Karnop/Sanetra, KommunalPraxis MO, 1993, 51 (53).

656 Sächs. OVG, GewArch 1994/5, 195 (196f.).

657 Sächs. OVG, GewArch 1994/5, 195 (197).

658 Sächs. OVG, GewArch 1994/5, 195 (197). A.A.: OVG Greifswald, LKV 1996, 26 (27) und LKV 1995, 255 (256), wonach sich ein strikte Übertragung der Fünfjahresfrist verbiete und daher in jedem Einzelfall zu prüfen sei, ob die Umstände für das Vorliegen der Unzuverlässigkeit entfallen sind. Für die analoge Anwendung der Fünf-Jahres-Frist des § 17 IV Nr.1 BJagdG bei Erteilung eines Jagdscheines wiederum: Sächs. OVG, Sächs. VBl. 1994, 80 (82) und VGH München, LKV 1997, 69 (70).

Geht man mit der dargestellten Rechtsprechung[659] von einer fünfjährigen Verjährungsfrist ab Beendigung der Tätigkeit für das MfS aus, so kann Mitarbeitern von privaten Sicherheitsdiensten ihre frühere Mitarbeit heute praktisch nicht mehr entgegengehalten werden, da die Frist in den weitaus meisten Fällen im Jahre 1995 abgelaufen ist.

(2) Einzelfallprüfung im Rahmen des § 5 Abs.1

Eine andere Ansicht betont dagegen, daß weder § 5 Abs.2 noch § 17 Abs.4 BJagdG eine Vermutung des Inhalts enthalte, daß Führungskräfte im Staatsapparat der ehemaligen DDR, insbesondere im MfS, als unzuverlässig anzusehen seien[660]. Da die Gründe für eine derartige Vermutung in beiden Normen abschließend aufgeführt seien[661], komme der Behörde auch nicht die Befugnis zu, eine darüber hinausgehende Vermutung aufzustellen[662].
Die Erkenntnis, daß es im geltenden Recht an einer Rechtsgrundlage für eine allgemeine Vermutung im Sinne von § 5 Abs.2 fehlt, besage jedoch noch nichts darüber, ob im Einzelfall eine Person die erforderliche Zuverlässigkeit besitzt. Die Tätigkeit für das MfS müsse nämlich bei der umfassenden Prüfung aller wesentlichen Umstände des Einzelfalls im Sinne von § 5 Abs.1 berücksichtigt werden[663]. Allerdings rechtfertige allein die Tatsache, daß eine Person als Führungskraft im Staatsapparat der ehemaligen DDR, insbesondere im MfS tätig gewesen ist, auch im Rahmen von § 5 Abs.1 nicht die Annahme, daß diese eine dem heute geltdenden Recht gegenüber ablehnende Einstellung besitzt. Noch weniger resultiere daraus die Gefahr der mißbräuchlichen oder leichtfertigen Verwendung von Waffen oder Munition[664]. Vielmehr müßten auch bei hauptamtlichen Mitar-

---

659 Karnop/Sanetra, KommunalPraxis MO, 1993, 51ff. äußern sich zur Verjährungsfrist nicht.

660 BVerwG, Beschluß vom 19.01.1995, SächsVBl.1995, 184 (184); OVG Berlin AS 20, 107 (108); OVG Greifswald, LKV 1995, 255 (255) und 1996, 26 (26); Beschluß des VG Berlin vom 22.06.1992 -VG 1 A 170.92, S.6, unveröffentlicht; VG Meiningen, ThürVBl.1995, 184 (185); KreisG Chemnitz-Stadt, LKV 1993, 63 (64) und LKV 1992, 343 (344).

661 So ausdrücklich das BVerwG für § 5 Abs.2, SächsVBl, 184 (184).

662 OVG Berlin AS 20, 107 (108).

663 BVerwG, Beschluß vom 19.O1.1995, SächsVBl. 1995, 184 (184).

664 OVG Berlin AS 20, 107 (108); Beschluß des VG Berlin vom 22.06.1992 -VG 1 A 170.92, S.6, unveröffentlicht; VG Meiningen, ThürVBl.1995, 184 (185f.).

beitern des MfS oder anderen staatstragenden Organisationen der ehemaligen DDR in jedem Einzelfall konkrete Tatsachen dargelegt werden, welche eine Annahme im Sinne des § 5 Abs.1 rechtfertigen[665].
Zu berücksichtigen ist bei dieser Ansicht allerdings, daß § 5 Abs.1 im Gegensatz zu § 5 Abs.2 Nr.1 keine zeitliche Grenze zieht, von der ab die vor der behördlichen Entscheidung liegenden Tatsachen nicht mehr Grundlage der Beurteilung sein dürfen[666]. Insoweit ist die Fünfjahresfrist des § 5 Abs.2 Satz 1 Nr.1 nicht anwendbar[667]. Es hängt vielmehr von den Umständen des Einzelfalls ab, ob länger zurückliegende Tatsachen für sich oder im Zusammenhang mit anderen Tatsachen einen Zuverlässigkeitsmangel begründen oder ob ihnen wegen ihres Inhalts, ihres Gewichts, wegen veränderter Verhältnisse oder der inzwischen verstrichenen Zeit für die Annahme eines Zuverlässigkeitsmangel keine Bedeutung mehr zukommt[668]. Schlechthin ausgeschlossen ist die Berücksichtigung auch länger zurückliegender Tatsachen jedenfalls nicht[669].

Aus der dargestellten Ansicht folgt, daß Angestellten von privaten Sicherheitsdiensten im Gegensatz zu der unter (1) angeführten Rechtsprechung grundsätzlich auch noch heute ihre frühere Tätigkeit beispielsweise für das MfS entgegengehalten werden kann und dies ggf. zur Verneinung der erforderlichen Zuverlässigkeit führt. Erforderlich ist jedoch in jedem Einzelfall der Nachweis, daß die Tätigkeit mit einem Verhalten verbunden gewesen ist, welches eine Annahme im Sinne von § 5 Abs.1 Nr.1-3 rechtfertigt. Sofern der Tatbestand des § 5 Abs.1 allerdings erfüllt ist, müssen die entsprechenden Erlaubnisse zwingend versagt bzw. zurückgenommen oder widerrufen werden.

---

665 Beschluß des VG Berlin vom 22.06.1992 -VG 1 A 170.92, S.6, unveröffentlicht; VG Meiningen, ThürVBl.1995, 184 (185f.).
666 BVerwG, Buchholz 402.5 WaffG, Nr.30, S.13; Meyer, GewArch 1998, 89 (91); Heinrich, GewArch 1989, 313 (313).
667 Meyer, GewArch 1998, 89 (91).
668 BVerwG, Buchholz 402.5 WaffG, Nr.30, S.13 und Nr.36.
669 BVerwG, Buchholz 402.5 WaffG, Nr.30, S.13.

(3) Stellungnahme

Die Annahme, daß bei hauptamtlichen Mitarbeiter des MfS oder anderen staatstragenden Organisationen der ehemaligen DDR das Fehlen der waffenrechtlichen Zuverlässigkeit im Rahmen des § 5 Abs.2 regelmäßig zu vermuten sei, unterliegt erheblichen Bedenken[670]. Gegen eine solche Vermutung spricht insbesondere die mittlerweile gescheiterte Gesetzesinitiative des Bundesrates zur Änderung des Jagd- und Waffengesetzes (BT-Drucks.12/1171)[671]. Denn der Entwurf sah in § 5 Abs.2 Nr.5 die Vermutung der Unzuverlässigkeit für den Fall einer früheren hauptamtlichen oder inoffiziellen Mitarbeit beim MfS vor. Der Gesetzgeber hätte jedoch keine Veranlassung zu der angestrebten Gesetzesänderung gehabt, wenn bereits allein die ehemalige Zugehörigkeit zum MfS eine Unzuverlässigkeitsvermutung i.S. von § 5 Abs.2 hervorrufen könnte[672]. Vielmehr ist er davon ausgegangen, daß die geltenden Vorschriften des Bundesjagdgesetzes und des Waffengesetzes keine "hinreichende Handhabung" für diese Fälle bieten[673] und deshalb ergänzt werden müssen. Aus diesem Grund ist es bedenklich, entgegen dem insoweit klaren Wortlaut, in § 5 Abs.2 einen eigenen Unzuverlässigkeitstatbestand "hineinzulesen"[674]. Darüber hinaus fehlt es auch an einer sachlichen Berechtigung für die generelle Vermutung, daß frühere Mitarbeiter etwa des MfS die heute geltenden Normen nicht befolgen, sondern diese mißachten und insbesondere Waffen und Munition mißbräuchlich oder leichtfertig verwenden. Eine solche Annahme mit dem besonderen Näheverhältnis zum MfS, das zu einer speziellen Persönlichkeitsprägung mit "autonomen Ordnungsvorstellungen" geführt haben soll[675], zu begründen, überzeugt jedenfalls nicht. Denn daß die so beschriebene Persönlichkeitsprägung in Bedrohungssituationen generell zu einem gesetzwidrigen Waffeneinsatz führt, läßt sich durch Tatsachen gerade nicht bele-

---

[670] So ausdrücklich BVerwG, Beschluß vom 19.01.1995, SächsVBl.1995, 184 (184).

[671] Vgl. BVerwG, Beschluß vom 19.01.1995, SächsVBl.1995, 184 (184); OVG Berlin AS 20, 107 (108); OVG Greifswald, LKV 1996, 26 (26) und LKV 1995, 255 (255); KreisG Chemnitz-Stadt, LKV 1993, 63 (64); VG Meiningen, ThürVBl.1995, 184 (186).

[672] OVG Greifswald, LKV 1996, 26 (26); KreisG Chemnitz-Stadt, LKV 1993, 64 (66).

[673] BT-Drucks.12/1171, S.1 und S.5.

[674] Vgl. Scholzen, DWJ 1994, 1364 (1365). Diese Bedenken teilen wohl auch Karnop/Sanetra, KommunalPraxis MO, 1993, 51 (51), wenn sie darauf hinweisen, daß die Problematik auf der der Grundlage des geltenden Waffenrechts nur "schwierig zu bewältigen" sei.

[675] Sächs. OVG, GewArch 1994, 195 (196) und Sächs. VBl. 1994, 80 (81).

gen. Diesbezüglich könnte man mit gleicher Berechtigung davon ausgehen, daß die autoritäre Struktur des Staatswesens diese Personen im Sinne einer "buchstabengetreuen Befolgung"[676] von Vorschriften geprägt habe. Vom Typ her wird man diesem Personenkreis jedenfalls nicht pauschal einen Hang zur Mißachtung der geltenden Rechtsordnung nachsagen können. Eher dürften die Angst vor Entdeckung ihrer früheren Tätigkeit und die damit ausgelösten negativen Folgen dafür sprechen, daß ehemalige Mitarbeiter des MfS bestrebt sind, nicht auffällig zu werden, was zum Beispiel beim Verstoß gegen Rechtsvorschriften beim Waffeneinsatz der Fall wäre[677]. Wenn darauf hingewiesen wird, daß es dem Mehrheitswillen der Bevölkerung entspreche, die Mitarbeiter des Staatssicherheitsdienstes als ehemalige Priviligierte vom Waffentragen auszuschließen[678], dann ist dies vor dem Hintergrund der geschichtlichen Entwicklung in den neuen Bundesländern sicherlich verständlich. Allerdings geben weder das Jagdgesetz noch das Waffengesetz eine "Grundlage zur Verhängung von Sühnemaßnahmen zur Kompensation früherer Privilegien"[679]. Vielmehr handelt es sich bei den in Rede stehenden waffenrechtlichen und jagdrechtlichen Entscheidungen (Erlaubnisversagung, Rücknahme und Widerruf) um Maßnahmen der Gefahrenabwehr, die auf das Vorliegen einer Gefahr für die öffentliche Sicherheit abstellen. Dafür, daß der Umgang mit Schußwaffen durch ehemalige Mitarbeiter des MfS grundsätzlich eine Gefahr für die öffentliche Sicherheit darstellt, bestehen jedoch - wie oben dargelegt - keine Anhaltspunkte.

Die Auffassung, daß die hauptamtliche Mitarbeit beim MfS und anderen staatstragenden Organisationen der ehemaligen DDR im Rahmen des § 5 Abs.2 zur Vermutung der waffenrechtlichen Unzuverlässigkeit führt, ist aus den dargelegten Gründen abzulehnen. Vielmehr ist in jedem Einzelfall zu prüfen, ob die Tätigkeit mit einem Verhalten verbunden war, welches eine Annahme im Sinne des § 5 Abs.1 rechtfertigt. Diese Lösung hat zudem den Vorteil, daß die Beurteilung der Unzuverlässigkeit nicht an die starre 5-jährige Versagungsverjährungsfrist gebunden ist[680], sondern geprüft werden

[676] KreisG Suhl, LKV 1992, 421 (422).
[677] KreisG Suhl, LKV 1992, 421 (422).
[678] Karnop/Sanetra, KommunalPraxis MO, 1993, 51 (53). Ebenso die Begründung zum Bundesratsentwurf, BT-Drucks. 12/1171, S.5.
[679] KreisG Suhl, LKV 1992, 421 (422).
[680] Gegen eine strikte Übertragung der Fünfjahresfrist auch OVG Greifswald, LKV 1995, 255 (256) und 1996, 26 (27); VG Dresden, SächsVBl.1993, 162 (162). Der Entwurf eines

kann, ob trotz der bislang verstrichenen Zeit noch von einer negativen Prognose auszugehen ist oder nicht.

bb) Ergebnis

Da die Gesetzesinitiative des Bundesrates, die Regelvermutung des § 5 Abs.2 unter anderem auf die Tätigkeit als Mitarbeiter des MfS auszudehnen, gescheitert ist[681], kann Mitarbeitern von privaten Sicherheitsdiensten eine entsprechende Tätigkeit nur im Rahmen des § 5 Abs.1 entgegengehalten werden. Eine zeitliche Beschränkung, wonach eine länger zurückliegende Mitarbeit nicht mehr berücksichtigt werden dürfte, besteht insoweit allerdings nicht. Erforderlich ist jedoch in jedem Einzelfall eine umfassende Prüfung, ob die Tätigkeit der betreffenden Person mit einem Verhalten verbunden war, das eine Prognose im Sinne von § 5 Abs.1 rechtfertigt.

b) Entfernung aus dem Polizeidienst

Bekannt ist, daß auch ehemalige Polizeibeamte ein neues Betätigungsfeld bei privaten Sicherheitsdiensten suchen bzw. gefunden haben[682]. Für die Frage der waffenrechtlichen Unzuverlässigkeit dieser Personen ist entscheidend, aus welchem Grund das Beamtenverhältnis beendet wurde. Während der Eintritt in den Ruhestand regelmäßig keine Auswirkung auf die waffenrechtliche Zuverlässigkeit haben wird, können Fälle der Rücknahme der Ernennung, der Entlassung, des Verlustes der Beamtenrechte und der Entfernung aus dem Dienst nach den Disziplinarordnungen im Rahmen des § 5 durchaus Berücksichtigung finden. Zu beachten ist allerdings, daß sich die Gesetzeszwecke des Waffengesetzes und der Beamtengesetze grundsätzlich voneinander unterscheiden[683]. Während das Waffengesetz auf

---

Gesetzes zur Änderung des Waffengesetzes und des Bundesjagdgesetzes, BT-Drucks.12/1171, sah eine 10-jährige Frist vor.

681 BVerwG, Beschluß vom 19.01.1995, SächsVBl. 1995, 184 (184).

682 Ahlf, in: Weiß/Plate, Privatisierung von polizeilichen Aufgaben, 9 (30); BT-Drucks.12/5204; Bayerischer LT, Drucks.11/5171, S.3.

683 Anders die Begründung zum Entwurf eines Gesetzes zur Änderung des Waffengesetzes und des Bundesjagdgesetzes, BT-Drucks.12/1171, S.5, wonach derjenige, der für den öffentlichen Dienst nicht tragbar ist, auch im Jagd- und Waffenrecht nicht als zuverlässig angesehen werden kann.

die Gefährlichkeit im Umgang mit Waffen abstellt und die Zuverlässigkeitsprüfung das Ziel hat, waffenrechtlich Unzuverlässige vom Umgang mit Waffen auszuschließen, liegt den Beamtengesetzen von Bund und Ländern der Rechtsgedanke zugrunde, daß die Person für ein öffentliches Amt befähigt sein muß und insbesondere die Gewähr dafür bietet, daß sie jederzeit für die freiheitliche demokratische Grundordnung im Sinne des Grundgesetzes eintritt[684]. Letzteres beruht auf dem Gedanken, daß sich eine öffentlich-rechtliche Körperschaft zur Erfüllung ihrer Aufgaben in besonderer Weise auf die Loyalität ihrer Bediensteten verlassen können muß. Beide Gedanken lassen sich jedoch nicht auf das Jagd-oder Waffenrecht übertragen[685]. Denn diese stellen in erster Linie auf den Schutz der öffentlichen Sicherheit ab. Wer also für den öffentlichen Dienst nicht tragbar ist, kann sehr wohl die Gewähr dafür bieten, daß er mit Waffen und Munition verantwortungsvoll umgeht und daher die waffenrechtliche Zuverlässigkeit besitzen.
Für die Prüfung der waffenrechtlichen Unzuverlässigkeit bei ehemaligen Polizeibeamten sind also nur die Beendigungsgründe relevant, die gleichzeitig den Tatbestand des § 5 verwirklichen. Dabei wird es sich in erster Linie um strafrechtliche Verurteilungen handeln, die zum Verlust der Beamtenrechte führen. Dies ist unter anderem dann der Fall, wenn ein Beamter wegen einer vorsätzlichen Tat zu einer Freiheitsstrafe von mindestens einem Jahr oder wegen einer vorsätzlichen Tat, die nach den Vorschriften über Friedensverrat, Hochverrat, Gefährdung des demokratischen Rechtsstaates oder Landesverrat und Gefährdung der äußeren Sicherheit strafbar ist, zu einer Freiheitsstrafe von mindestens sechs Monaten verurteilt worden ist[686]. Ist die Verurteilung vom Katalog des § 5 Abs.2 Nr.1 erfaßt, was insbesondere auf die zuletzt genannten Straftaten zutrifft, die mit den in § 5 Abs.2 Nr.1 a) aufgezählten übereinstimmen, dann greift die Regelvermutung der Unzuverlässigkeit ein. Bei anderen Gründen, die zur Beendigung des Beamtenverhältnis geführt haben, ist dagegen für jeden Einzelfall zu prüfen, ob dies auf Tatsachen beruhte, die eine Annahme im Sinne von § 5 Abs.1 rechtfertigen.

---

[684] Vgl. z.B. § 7 Abs.1 Nr.2 BBG.
[685] Vgl. VG Dresden, Urteil vom 05. Dezember 1991-III K 210/91, S.6f. (unveröffentlicht); KreisG Suhl, LKV 1992, 421 (422).
[686] Vgl. z.B. § 48 BBG.

c) Verurteilungen nach § 5 Abs.2 Nr.1 a) - c)

Da keine Erkenntnisse darüber vorliegen, daß bestimmte Straftaten von Bewachungsunternehmern bzw. dessen Angestellten besonders häufig begangen werden, kann hier nur auf die umfangreiche Aufzählung von relevanten Straftaten in § 5 Abs.2 Nr.1 a) - c) verwiesen werden. Allgemein ist darauf hinzuweisen, daß nach Auffassung des Bundesverwaltungsgerichts für das Merkmal der gemeingefährlichen Straftat im Sinne von § 5 Abs.2 Nr.1 b) nicht auf einen materiellen Begriff der Gemeingefahr abzustellen ist. Das Merkmal ist vielmehr im Sinne des 27. Abschnittes des Besonderen Teils des Strafgesetzbuchs zu verstehen[687], so daß zu den gemeingefährlichen Straftaten im Sinne des § 5 Abs.2 Nr.1 b) auch Trunkenheit im Straßenverkehr (§ 316 StGB)[688], Straßengefährdung im Zustand der Trunkenheit (§ 315c StGB)[689] und Vollrausch (§ 323a StGB)[690] gezählt werden. In diesen Fällen wird die Regelvermutung im Gegensatz zu § 5 Abs.2 Nr.1 c) also bereits durch eine einmalige Verurteilung ausgelöst.
Zu den Straftaten gegen das Vermögen zählt das Bundesverwaltungsgericht Untreue (§ 266 StGB)[691], Bankrott (§ 283 Abs.1 Nr.1 StGB)[692] und Steuerhinterziehung (§ 370 AO)[693].

c) Steuerschulden, Nichtabführung von Sozialversicherungsbeiträgen oder mangelnde wirtschaftliche Leistungsfähigkeit

Problematisch ist, ob auch Steuerschulden, die Nichtabführung von Sozialversicherungsbeiträgen oder mangelnde wirtschaftliche Leistungsfähigkeit des Bewachungsunternehmers die waffenrechtliche Unzuverlässigkeit im Sinne von § 5 hervorrufen können.

---

[687] BVerwG, DVBl.1990, 699 (700).

[688] BVerwG, Buchholz 402.5 WaffG, Nr.54; BVerwG, DVBl.1991, 1369ff. Zustimmend z.B. Steindorf, § 5 Rn.19; Gehrmann, GewArch 1991, 201 (205); Pottmeyer, Kriegswaffenkontrollgesetz, § 6 Rn.104; für das BJagdG Seib, JR 1991, 231ff.; Belling, NJW 1991, 280 (280). A.A: VGH Mannheim, GewArch 1989, 68ff. mit zustimmender Anmerkung von Apel; Kluth, DVBl. 1990, 241ff.

[689] BVerwG, Urteil vom 19. Dezember 1989 - 1 C 38.87.

[690] BVerwG, GewArch 1992, 159 (159).

[691] BVerwG, Buchholz 402.5 WaffG, Nr.58.

[692] VerwG, DVBl.1991, 1379 (1379).

[693] BVerwG, Buchholz 402.5 WaffG, Nr.62. A.A.: Belling, NJW 1991, 280 (280).

Im Gewerberecht sollen beispielsweise Steuerschulden die Annahme der gewerberechtlichen Unzuverlässigkeit begründen können, "wenn es dem Gewerbetreibenden an dem für die Ausübung seines Gewerbes erforderlichen Willen fehlt, seine öffentlichen Berufspflichten zu erfüllen"[694]. Steuerrückstände seien aber nur dann geeignet, einen Gewerbetreibenden als unzuverlässig zu erweisen, "wenn sie sowohl ihrer absoluten Höhe als auch im Verhältnis zur steuerlichen Gesamtbelastung des Gewerbetreibenden von Gewicht sind"[695]. Auch wirtschaftliche Leistungsunfähigkeit könne zur Unzuverlässigkeit des Gewerbetreibenden führen, wenn dieser aufgrunddessen weder zur ordnungsgemäßen Betriebsführung noch zur Erfüllung seiner öffentlich-rechtlichen Zahlungsverpflichtungen in der Lage sei[696]. Beim Bewachungsgewerbe kommt diesbezüglich hinzu, daß insbesondere der Geld- und Werttransport ein verstärktes Vertrauen geldgebender Kunden voraussetzt, welches durch nachhaltige wirtschaftliche Leistungsunfähigkeit[697] des Gewerbetreibenden in Frage gestellt wird.

Allerdings ist es zweifelhaft, ob die hierbei für die gewerberechtliche Zuverlässigkeit aufgestellten Maßstäbe auf die waffenrechtliche Zuverlässigkeit übertragen werden können. Denn eine über die in § 5 hinausgehende Zuverlässigkeitsprüfung anhand allgemeiner gewerberechtlicher Grundsätze ist nur in den Fällen vorgesehen, in denen ein Waffengewerbetreibender eine Erlaubnis nach § 7 beantragt[698]. Da es sich beim Bewachungsgewerbe nicht um ein Gewerbe im Sinne von § 7 handelt, erfolgt die waffenrechtliche Zuverlässigkeitsprüfung ausschließlich im Rahmen des § 5. Hierbei können nur die in § 5 Abs.2 abschließend aufgezählten Vermutungsgründe und die Tatsachen berücksichtigt werden, die eine Annahme im Sinne von § 5 Abs.1 rechtfertigen. § 5 Abs.2 enthält jedoch keine Regelung, wonach bei Steuerschulden, Nichtabführung von Sozialversicherungsbeiträgen oder mangelnder wirtschaftlicher Leistungsfähigkeit die waffenrechtliche Zuverlässigkeit regelmäßig zu vermuten sei. Ebensowenig läßt sich anhand dieser Tatsachen eine Annahme im Sinne von § 5 Abs.1 recht-

---

[694] BVerwG, GewArch 1963, 129 (131).

[695] BVerwG, NVwZ 1988, 432 (432).

[696] BVerwGE 65, 1 (2).

[697] Allgemein zur gewerberechtlichen Unzuverlässigkeit wegen mangelnder wirtschaftlicher Leistungsfähigkeit, BVerwGE 65, 1ff.

[698] BVerwG, Buchholz 402.5 WaffG, Nr.71; Heinrich, GewArch 1989, 313 (315f); VG Hamburg, GewArch 1988, 306 (306). Zustimmend Steindorf, WaffR, § 5 Rn.3. Vgl. auch Nr.5.3 WaffVwV.

fertigen. Dies ist darauf zurückzuführen, daß zwischen Steuerschulden, Nichtabführung von Sozialversicherungsbeiträgen und mangelnder wirtschaftlicher Leistungsfähigkeit einerseits und dem Umgang mit Waffen und Munition andererseits kein unmittelbarer sachlicher Sachzusammenhang besteht[699]. Mit anderen Worten kann ein Bewachungsunternehmer, der ein schlechter Steuerzahler ist, durchaus ein zuverlässiger WS bzw. WBK-inhaber sein, der verantwortungsbewußt mit Waffen und Munition umgeht[700]. Solange dem Steuerschuldner also nicht zugleich auch ein strafbares Verhalten vorgeworfen werden kann, das den Tatbestand der Steuerhinterziehung erfüllt und zu der Regelvermutung des § 5 Abs.2 Nr.1 b) führt, begründet das Vorliegen von Steuerschulden nicht die waffenrechtliche Unzuverlässigkeit im Sinne von § 5 Abs.1[701]. Denn anders als die in § 5 Abs.2 aufgeführten Straftaten, die keinen waffenrechtlichen Bezug aufweisen müssen[702], stellt der Tatbestand des § 5 Abs.1 unmittelbar auf den Umgang mit Waffen oder Munition ab. Allein die Tatsache, daß jemand Steuerschulden hat, wirtschaftlich nicht leistungsfähig ist oder Sozialversicherungsbeiträge nicht abführt, rechtfertig jedenfalls keine negative Prognose im Sinne von § 5 Abs.1.

e) Verstöße gegen waffenrechtliche Vorschriften

Nach § 5 Abs.2 Nr.1 e) bzw. § 5 Abs.2 Nr.2 besitzen Personen die erforderliche Zuverlässigkeit in der Regel nicht, die wegen einer Straftat gegen das Waffengesetz, das Bundeswaffengesetz, das Reichswaffengesetz, das Gesetz über die Kontrolle von Kriegswaffen, das Sprengstoffgesetz oder das Bundesjagdgesetz rechtskräftig verurteilt worden sind bzw. wiederholt oder

---

[699] So Pottmeyer, Kriegswaffenkontrollgesetz, § 6 Rn.113ff., für die Unuverlässigkeit nach dem KWKG, der allerdings einen Rückschluß auf die Unzuverlässigkeit im Sinne von § 6 Abs.3 Nr.3 KWKG bei beharrlichen, größenmäßig ganz erheblichen Rückständen, die die verantwortungslose Gesinnung und den Hang zur Nichtbeachtung gesetzlicher Vorschriften in besonderem Maße hervortreten lassen, befürwortet.

[700] Zur Auswirkung von Steuervergehen auf die jagdrechtliche Zuverlässigkeit Belling, NJW 1991, 280 (280).

[701] Bedenklich daher die Entscheidung des VG Darmstadt, NVwZ 1994, 581 (581f.), wonach derjenige, der beim Vorwurf der Steuerhinterziehung vor den Strafverfolgungsbehörden ins Ausland flieht, generell nicht die erforderliche charakterliche Eignung zum Besitz von Schußwaffen aufweist. Ebenso zweifelnd Steindorf, WaffR, § 5 Rn.4.

[702] BVerwG, Buchholz 402.5 WaffG, Nr.53.

gröblich gegen die Vorschriften eines der in Nummer 1 Buchstabe e genannten Gesetze verstoßen haben.
Im Rahmen des § 5 Abs.2 Nr.2 kommt es - unter den Gesichtspunkten des wiederholten oder des gröblichen Gesetzesverstoßes - allein auf das sachliche Gewicht des zu beurteilenden Handelns oder Unterlassens an[703]. Unerheblich ist dagegen, ob der Gesetzesverstoß als Straftat oder als Ordnungswidrigkeit geahndet worden ist oder geahndet werden kann[704]. Entscheidend ist allein, daß sich feststellen läßt, daß gegen eine Vorschrift der genannten Gesetze verstoßen wurde[705].
Bei privaten Sicherheitsdiensten kommen vor allem Verurteilungen wegen Verstöße gegen das Waffengesetz oder wiederholte oder gröbliche Verstöße gegen das Waffengesetz in Betracht. Von großer praktischer Bedeutung sind in diesem Zusammenhang Zuwiderhandlungen gegen solche waffenrechtlichen Vorschriften, nach denen die WBK oder der WS mit Nebenbestimmungen, insbesondere mit Auflagen, versehen oder inhaltlich beschränkt[706] werden können. Auch sind Verstöße des Bewachungsunternehmers gegen die ihm obliegende Auskunftspflicht nach § 46 Abs.1 Satz 1 denkbar.

aa) Nichterfüllung waffenrechtlicher Auflagen

Als für private Sicherheitsdienste relevante Auflagen kommen beispielsweise solche in Betracht, die sich gemäß § 28 Abs.1 Satz 5 auf die sichere Aufbewahrung von Schußwaffen beziehen[707]. Die Behörde kann z.B.

---

[703] Vgl. Teil 3, D.II.2.b)cc).
[704] BVerwG, Buchholz 402.5 WaffG, Nr.28.
[705] Auch der Erlaß eines Bußgeldbescheides wegen der betreffenden Zuwiderhandlung ist nicht erforderlich, vgl. Steindorf, WaffR, § 5 Rn.23 und Kurth/Lehle/Lehmann, Aktuelles WaffR, § 5 Rn.33.
[706] Zur Abgrenzung von Auflagen und inhaltlichen Beschränkugen nach dem Waffengesetz vgl. Teil 3, C.
[707] Gemäß § 22 Abs.1 der Unfallverhütungsvorschrift "Wach- und Sicherungsdienste" (VBG 68) hat der Unternehmer dafür zu sorgen, daß für die Aufbewahrung von Schußwaffen und Munition zumindest Stahlblechschränke mit Sicherheitsschloß oder entsprechende sichere Einrichtungen vorhanden sind, die eine getrennte Unterbringung von Waffen und Munition ermöglichen und Schutz gegen Abhandenkommen oder unbefugten Zugriff gewährleisten. Nach § 22 Abs.2 der gleichen Vorschrift muß die Aufbewahrung

anordnen, daß der Arbeitnehmer die Schußwaffen nach Beendigung der Bewachungsschicht auf dem Büro zu sachgemäßer Verwahrung abzugeben hat[708] und daß die Waffen vom Arbeitgeber besonders eingeschlossen und von der Munition getrennt aufgewahrt werden müssen[709]. Darüber hinaus ist im Rahmen des § 35 Abs.2 Satz 3 etwa die behördliche Anordnung denkbar, daß die Schußwaffen nur gesichert[710] bzw. entspannt mitgeführt werden dürfen. Ferner kann es erforderlich sein, die Bediensteten von privaten Sicherheitsdiensten durch Auflage zu verpflichten, die Schußwaffen auf dem Wege vom und zum Einsatzort in der Öffentlichkeit nicht in einer auffälligen Form am Körper zu tragen[711].

Die Nichterfüllung derartiger waffenrechtlichen Auflagen seitens des Unternehmers oder seiner Mitarbeiter kann zur Unzuverlässigkeitsvermutung im Sinne von § 5 Abs.2 Nr.2 führen[712]. Dies ergibt sich daraus, daß zu den von § 5 Abs.2 Nr.2 erfaßten Verstößen gegen das Waffengesetz auch die in § 55 erwähnten Ordnungswidrigkeiten gehören[713]. Nach § 55 Abs.1 Nr.1 handelt unter anderem derjenige ordnungswidrig, der eine vollziehbare Auflage nach §§ 28 Abs.1 Satz 5, 35 Abs.2 Satz 3, Abs.3 Satz 2 nicht, nicht vollständig oder nicht rechtzeitig erfüllt. Erfüllt ein Mitarbeiter etwa die voll-

---

von Schußwaffen und Munition in verschlossenen Einrichtungen nach Absatz 1 erfolgen. Schußwaffen dürfen darüber hinaus nur im entladenen Zustand aufbewahrt werden.

708 Steindorf, WaffR, § 35 Rn.5. Auch nach § 13 Abs.1 Satz 3 BewachVO hat der Gewerbetreibende die ordnungsgemäße Rückgabe der Schußwaffen und der Munition nach Beendigung des Wachdienstes sicherzustellen.

709 Allgemein hierzu: Steindorf, WaffR, § 28 Rn.10; Ehmke, Waffen und WaffR, § 28 Anm.5 zu Abs.1. Siehe auch Nr.42.4 WaffVwV.

710 Allgemein zu dieser Auflage: Apel, WaffR, § 35 Erl.4.

711 Apel, WaffR, § 35 Erl.4. Wie die Schußwaffe im Einzelfall getragen werden soll, hängt jedoch auch von dem jeweiligen Tätigkeitsbereich ab. Während bei Personenschützern die Bewaffnung möglichst unauffällig bleiben soll, kann es bei Geld- und Werttransporten durchaus erwünscht sein, daß bewaffnetes Begleitpersonal zwecks Abschreckung auch deutlich als solches in Erscheinung tritt, vgl. Hennig, Die Waffensachkundeprüfung, S.85.

712 Verstöße gegen die §§ 20, 22 der Unfallverhütungsvorschrift "Wach- und Sicherungsdienste" (VBG 68) können dagegen die Unzuverlässigkeitsvermutung im Sinne von § 5 Abs.2 Nr.2 nicht begründen. Dies ist darauf zurückzuführen, daß die Unfallverhütungsvorschrift nicht in § 5 Abs.2 Nr.1 e) erwähnt ist. Verstöße können jedoch nach § 28 der Vorschrift als Ordnungswidrigkeit im Sinne von § 710 Abs.1 Reichsversicherungsordnung geahndet werden.

713 Steindorf, WaffR § 5 Rn.23; Kurth/Lehle/Lehmann, Aktuelles WaffR, § 5 Rn.33; Apel, WaffR, § 5 Erl.5 b).

ziehbare Auflage, die Schußwaffe nur gesichert mitzuführen, nicht, dann stellt dies bei vorsätzlichem oder fahrlässigem Handeln eine Ordnungswidrigkeit im Sinne von § 55 Abs.1 Nr.1 dar. Eine Unzuverlässigkeitsvermutung nach § 5 Abs.2 Nr.2 resultiert daraus aber erst dann, wenn der Gesetzesverstoß wiederholt oder gröblich begangen worden ist[714]. Die Frage, ob ein wiederholter oder gröblicher Verstoß vorliegt, beurteilt sich nach ordnungsrechtlichen Gesichtspunkten[715].
Erfüllt der Unternehmer oder seine Angestellten in diesem Sinne wiederholt oder gröblich die ihm oder ihnen auferlegten Auflagen nicht, dann greift die Regelvermutung der waffenrechtlichen Unzuverlässigkeit nach § 5 Abs.2 Nr.2 ein. Liegt weder ein wiederholter noch ein gröblicher Verstoß vor, dann scheidet zwar eine Vermutung im Sinne von § 5 Abs.2 Nr.2 aus. Es stellt sich dann jedoch die Frage, ob das dem Auflagenverstoß zugrundeliegende Verhalten eine Annahme im Sinne von § 5 Abs.1 rechtfertigt. Von Bedeutung können hierbei insbesondere Verstöße gegen solche Auflagen sein, die die ordnungsgemäße Aufbewahrung von Schußwaffen gewährleisten sollen[716]. Diesbezüglich schreibt § 42 Abs.1 Satz 2 vor, daß Personen, die die tatsächliche Gewalt über Schußwaffen oder Munition ausüben, die erforderlichen Vorkehrungen zu treffen haben, um zu verhindern, daß diese Gegenstände abhandenkommen oder daß Dritte diese unbefugt an sich nehmen. Welche konkreten Maßnahmen zur sicheren Aufbewahrung hier von privaten Sicherheitsdiensten zu fordern sind, hängt zwar von den Umständen des Einzelfalles ab[717]. Im allgemeinen wird es jedoch erforderlich sein, Kurzwaffen, auch wenn sie sich in verschlossenen Räumen befinden, besonders einzuschließen[718]. Die Behörde kann darüber hinaus noch zusätzliche Maßnahmen anordnen, beispielsweise die Verwendung eines speziellen Waffenschrankes, der eine besonders sichere und eine getrennte Unterbringung von Schußwaffen und Munition ermöglicht[719]. Derartige Auflagen werden insbesondere dann in Betracht kommen, wenn eine

---

[714] Zur Abgrenzung vgl. Teil 3, D.II.2.b)cc).
[715] BVerwGE 101, 24 (33).
[716] Nach § 13 Abs.1 Satz 1 BewachVO ist der Gewerbetreibende für die sichere Aufbewahrung der Schußwaffen und der Munition verantwortlich.
[717] Zu diesem Aspekt allgemein Steindorf, WaffR, § 42 Rn.2 und Nr.42.4 WaffVwV.
[718] Nr.42.4 WaffVwV.
[719] Zur getrennten Aufbewahrung von Waffen und Munition, Steindorf, WaffR, § 28 Rn.10; Ehmke, Waffen und WaffR, § 28 Anm.5 zu Abs.1.

größere Anzahl von Kurzwaffen in Räumen aufbewahrt werden, die wegen ihrer Lage oder Bauweise besonders einbruchsgefährdet sind[720].
Verstoßen private Sicherheitsdienste gegen entsprechende Auflagen, dann wird dies - vorbehaltlich einer umfassenden Prüfung aller wesentlichen Umstände - die Annahme im Sinne von § 5 Abs.1 Nr.2 rechtfertigen, daß der betreffende Unternehmer auch in Zukunft Waffen und Munition nicht sorgfältig verwahren wird und er daher waffenrechtlich unzuverlässig ist[721].
Auch Verstöße gegen die behördliche Anordnung, die Schußwaffen nur gesichert bzw. entspannt mitzuführen, können die Annahme rechtfertigen, daß die betreffende Person auch zukünftig mit Schußwaffen und Munition nicht vorsichtig im Sinne von § 5 Abs.1 Nr.2 umgehen wird. Dies ist darauf zurückzuführen, daß die Gefährlichkeit von Schußwaffen einen entsprechend vorsichtigen Umgang erfordert, bei dem alle Sicherheitsmöglichkeiten ausgenutzt werden und nicht nur die eigene Gefährdung, sondern auch die dritter Personen, soweit wie irgend möglich ausgeschlossen wird[722]. Die Feststellung, daß eine Person mit Schußwaffen oder Munition nicht vorsichtig umgeht, ist z.B. gerechtfertigt, wenn zu befürchten ist, daß sie mit der Waffe nicht umsichtig hantiert, sie zum Beispiel nach Gebrauch nicht entlädt oder entspannt oder einschlägige Vorschriften über die Handhabungssicherheit nicht sorgfältig beachtet[723].
Was die Handhabungssicherheit einer zur Verteidigung getragenen Schußwaffe anbetrifft, muß der Zustand der Waffe einerseits stets so sein, daß eine unbeabsichtigte Schußauslösung nach menschlichem Ermessen ausgeschlossen ist, daß aber andererseits in dem dadurch gesteckten Rahmen die Waffe so schnell wie möglich feuerbereit gemacht werden kann[724]. Welcher Zustand diese beiden Forderungen erfüllt, ergibt sich im einzelnen aus der jeweiligen Waffenkonstruktion. Bei modernen Markenerzeugnissen wird man aber grob von folgenden Regeln ausgehen können:
Zur sicheren Handhabung von Kurzwaffen gehört, daß Revolver mit vollständig geladener Trommel aber mit entspanntem Hahn und Selbstladepistolen mit Spannabzug mit gefülltem Magazin, einer Patrone im

---

[720] Vgl. Nr.42.5 WaffVwV.

[721] Wer auch nur eine in § 5 Abs.1 Nr.2 erwähnte Voraussetzung nachweisbar nicht erfüllt, ist als unzuverlässig im Sinne von § 5 Abs.1 zu bezeichnen, vgl. Steindorf, WaffR, § 5 Rn.11.

[722] Steindorf, WaffR, § 5 Rn.9; Apel, WaffR, § 5 Erl.4. b).

[723] Steindorf, WaffR, § 5 Rn.9; Apel, WaffR, § 5 Erl.4. b).

[724] Hennig, Die Waffensachkundeprüfung, S.82.

Patronenlager und entsichert, jedoch mit entspanntem Schloßwerk getragen werden[725]. Wer diese grundlegenden Sicherheitsvorkehrungen mißachtet, verdient kein Vertrauen darin, daß er mit Schußwaffen stets und in jeder Hinsicht ordnungsgemäß umgeht.
Erfüllen Mitarbeiter von privaten Sicherheitsdiensten entsprechende Auflagen über das Führen von Schußwaffen nicht, dann rechtfertigt dies vorbehaltlich einer Einzelfallprüfung die Annahme, daß die betreffende Person auch künftig mit Waffen und Muntion nicht vorsichtig umgehen wird und daher unzuverlässig im Sinne von § 5 Abs.1 Nr.2 ist.

bb) Nichtbeachtung inhaltlicher Beschränkungen

Auch die Nichtbeachtung von inhaltlichen Beschränkungen, etwa die nach § 35 Abs.2 Satz 2 mögliche Beschränkung des WS auf bestimmte Anlässe oder Gebiete[726], kann zur waffenrechtlichen Unzuverlässigkeit führen. Anders als die Nichtbeachtung von Auflagen, die nach § 55 Abs.1 Nr.1 "nur" als Ordnungswidrigkeit geahndet wird, kommt einem Verstoß gegen inhaltliche Beschränkugen eine so große Bedeutung zu, daß dies nach § 53 als Straftat geahndet wird[727] und damit schon eine einmalige Verurteilung die Regelvermutung nach § 5 Abs.2 Nr.1 e) auslösen kann. Dies ist darauf zurückzuführen, daß bei der Beschränkung von Anfang an der Inhalt der Erlaubnis eingeschränkt ist und derjenige, der hiergegen verstößt - anders als bei einem Auflagenverstoß - ohne waffenrechtliche Erlaubnis handelt[728].

---

[725] Hennig, Die Waffensachkundeprüfung, S.82. § 20 Abs.3 der Unfallverhütungsvorschrift "Wach- und Sicherungsdienste" (VBG 68) sieht vor, daß außer bei drohender Gefahr, sich keine Patrone vor dem Lauf befinden darf. Dies gilt nicht, wenn durch konstruktive Maßnahmen sichergestellt ist, daß sich bei entspanntem Hahn kein Schuß lösen kann. Nach Abs.4 der Vorschrift sind geführte Schußwaffen mit einer äußeren Sicherungseinrichtung, ausgenommen bei ihrem Einsatz, zu sichern.

[726] Da die Behörde durch § 35 Abs.2 Satz 2 allgemein berechtigt wird, den WS entsprechend zu beschränken, kann auch der sogenannte WS für Unternehmen inhaltlich beschränkt werden.

[727] Allgemein zum Verstoß gegen inhaltliche Beschränkungen nach dem Waffengesetz, Steindorf, § 53 Rn.3 und § 55 Rn.3 und Apel/Keusgen, Sprengstoffgesetz, Band II, § 10 SprengG Erl.5 und § 34 SprengG Erl.4 b), für inhaltliche Beschränkungen nach dem Sprengstoffgesetz.

[728] Vgl. Teil 3, C.

Beim Transportschutz kommt beispielsweise eine Beschränkung auf die erforderlichen Transportfahrten in Betracht[729]. Trägt der Erlaubnisinhaber selbst oder einer seiner Mitarbeiter entgegen dieser Beschränkung Schußwaffen auch bei nicht vom WS erfaßten Anlässen, dann verstößt er gegen § 35 Abs.2 Satz 2. Bei den im Bewachungsgewerbe verwendeten Selbstladepistolen und "double action" Revolvern[730] macht er sich nach § 53 Abs.1 Nr.3a b) strafbar, weil es insoweit an der erforderlichen Erlaubnis, nämlich eines in seinem Geltungsbereich uneingeschränkten WS oder eines WS, der diese Anlässe mit umfaßt, fehlt. Liegt eine entsprechende rechtskräftige Verurteilung wegen Verstoß gegen § 53 Abs.1 Nr.3a b) vor, dann greift die Regelvermutung des § 5 Abs.2 Nr.1 e) ein.
Fehlt es dagegen an einer Verurteilung, dann greift die Regelvermutung nur dann ein, wenn es sich um einen wiederholten oder gröblichen Verstoß im Sinne von § 5 Abs.2 Nr.2 handelt. Für die Frage der Gröblichkeit ist allein auf ordnungsrechtliche Maßstäbe abzustellen[731]. Maßgebend für die Anwendung des § 5 Abs.2 Nr.2 ist sein ordnungsrechtlicher Zweck, wonach das mit jedem Waffenbesitz verbundene Sicherheitsrisiko möglichst gering gehalten werden soll und nur bei Personen hingenommen werden soll, die nach ihrem Verhalten Vertrauen darin verdienen, daß sie mit Schußwaffen stets und in jeder Hinsicht ordnungsgemäß umgehen[732]. Dieses Vertrauen fehlt bei einem WS-Inhaber, der sich bewußt über den Geltungsbereich seines WS hinwegsetzt und damit wissentlich eine Schußwaffe ohne die erforderliche Erlaubnis führt[733]. Denn er mißachtet damit den Grundsatz, daß Waffenführungsbefugnisse nicht generell gelten sollen, sondern nur für den Schutzzweck, für den sie beantragt und erteilt worden sind[734]. Ist eine Bewaffnung von privaten Sicherheitsdiensten nur für ganz bestimmte Tätigkeiten erforderlich und ist der WS, weil ein darüber hinaus gehendes Bedürfnis seitens der Behörde nicht anerkannt worden ist, auf bestimmte Anlässe beschränkt, dann fehlt es bei anderen Tätigkeiten an dem insoweit

---

[729] Steindorf, WaffR, § 35 Rn.4; für den Werkschutz, vgl. Lehne, Werkschutzhandbuch, S.353.

[730] Vgl. Stübiger, PROTECTOR 10/97, 34 (35) und die Empfehlungen bei Hennig, Waffensachkundeprüfung, S.79ff.

[731] BVerwGE 101, 24 (33).

[732] Sächs. OVG, GewArch 1997, 335 (337).

[733] Ähnlich Apel, WaffR, § 5 Rn. 5. b), wonach ein gröblicher Verstoß dann vorliegt, wenn jemand das Waffenherstellungs- oder -handelsgewerbe wissentlich ohne die erforderliche Erlaubnis betrieben hat.

[734] Zu diesem Grundsatz Hinze, WaffR, § 35 Anm.7.

erforderlichen Bedürfnis für eine Ausrüstung mit Schußwaffen. In Fällen aber, in denen ein Bedürfnis zum Führen von Schußwaffen nicht gegeben ist, kann auch das mit Schußwaffen verbundene Sicherheitsrisiko nicht hingenommen werden. Wer sich über diesen Grundsatz wissentlich hinwegsetzt und Schußwaffen in Situationen trägt, in denen überhaupt kein Bedürfnis hierfür besteht, der handelt gröblich im Sinne von § 5 Abs.2 Nr.2 und ist daher waffenrechtlich unzuverlässig.

cc) Verletzung der Auskunftspflicht nach § 46 Abs.1 Satz 1

Gemäß § 55 Abs.1 Nr.26 handelt auch derjenige ordnungswidrig, der vorsätzlich oder fahrlässig entgegen § 46 Abs.1 Satz 1 eine Auskunft nicht, nicht richtig oder nicht vollständig erteilt[735]. Oftmals wird eine zutreffende Auskunftserteilung die Behörde überhaupt erst in die Lage versetzen, Verstöße gegen Auflagen oder inhaltliche Beschränkungen festzustellen. Verstöße gegen die Auskunftspflicht gemäß § 46 Abs.1 Satz 1 führen allerdings nur dann zur Unzuverlässigkeitsvermutung im Sinne von § 5 Abs.2 Nr.2, wenn diese wiederholt vorkommen oder als gröblich zu bezeichnen sind.

f) Mangelnde Sachkunde

Auch mangelnde Sachkunde im Umgang mit Schußwaffen kann die Unzuverlässigkeit im Sinne von § 5 Abs.1 Nr.2 begründen. Dies folgt daraus, daß im allgemeinen nur derjenige sachgemäß mit Schußwaffen umgehen kann, der mit ihrer Handhabung vertraut ist, ihre technischen Einrichtungen kennt und über eine gewisse Sicherheit im Zielen verfügt[736]. Insoweit überschneiden sich die Anforderungen an die Zuverlässigkeit mit dem Nachweis der Sachkunde nach § 31[737]. Für § 5 Abs.1 Nr.2 ist indessen ausschlaggebend, daß die betreffende Person nach ihrer Persönlichkeit auch die Gewähr für die sachgemäße Anwendung des erworbenen Wissens bietet. Demnach ist es denkbar, daß bei einer Person, die ihre Sachkunde zwar nach § 31 nachgewiesen hat, Tatsachen auftreten, die die Annahme rechtfertigen,

---

735 Zum Umfang der Auskunftspflicht vgl. Teil 4, B.III.1.b).

736 Steindorf, WaffR, § 5 Rn.10; Apel, WaffR, § 5 Rn.4. b); Pottmeyer, Kriegswaffenkontrollgesetz, § 6 Rn.111, für die Unzuverlässigkeit nach § 6 KWKG.

737 Apel, WaffR, § 5 Rn.4. b).

daß sie mit Waffen und Munition nicht sachgemäß umgehen wird. Dies kann beispielsweise dann in Betracht kommen, wenn die Sachkundeprüfung schon längere Zeit zurückliegt und die betreffende Person mangels Übung tatsächlich nicht mehr in der Lage ist, mit Schußwaffen sachgemäß umzugehen. Allerdings ist auch in diesem Zusammenhang eine umfassende Würdigung aller Umstände des Einzelfalles vorzunehmen.

2. Wiederholung der Zuverlässigkeitsprüfung bei Mitarbeitern von privaten Sicherheitsdiensten

Damit tatsächlich nur zuverlässige Wachpersonen in den Besitz von Schußwaffen gelangen, ist es erforderlich, daß deren Zuverlässigkeit regelmäßig überprüft wird.

a) § 35 Abs.3 Satz 2 i.V.m. Nr.35.3.3 WaffVwV

Bezüglich der Bediensteten, die im Auftrag des Unternehmers Schußwaffen führen sollen, ist in Nr.35.3.3 WaffVwV festgelegt, daß die Behörde im Zusammenhang mit der Erteilung eines sogenannten WSs für Unternehmen - also bei Wachpersonen, die die Schußwaffen außerhalb des befriedeten Besitztums führen sollen - die Zuverlässigkeit des einzelnen Bediensteten zu prüfen hat, nachdem der Erlaubnisinhaber den Namen des der Behörde anzuzeigenden Bediensteten mitgeteilt hat. Da der WS nach § 35 Abs.1 Satz 3 längstens drei Jahre gilt, ist in diesem Fall von einer regelmäßigen Wiederholung der Zuverlässigkeitsprüfung auszugehen.

b) § 13 Abs.1 Satz 2 BewachVO

Dagegen schreibt § 13 Abs.1 Satz 2 BewachVO für diejenigen Wachpersonen, die die Schußwaffe nur innerhalb des befriedeten Besitztums unter den Voraussetzungen des § 35 Abs.4 Nr.2 b) tragen und daher keinen WS benötigen, lediglich die Prüfung der zum Erwerb der Waffe erforderlichen Zuverlässigkeit vor[738]. Eine Wiederholung der Zuver-

[738] Beinhofer, BayVBl.1997, 481 (486).

lässigkeitsprüfung ist hier nur für den Unternehmer, als Inhaber der WBK nach § 30 Abs.4 vorgesehen, während eine Nachprüfung für das bewaffnete Personal im Waffengesetz nicht vorgeschrieben ist[739].

c) Notwendigkeit, die Zuverlässigkeitsprüfung auch bei Bewachungspersonal zu wiederholen

Aus der Darlegung unter D.II. 2 b.) folgt, daß die Zuverlässigkeitsprüfung im Rahmen des § 35 Abs.4 Nr.2 b) nur bei demjenigen wiederholt wird, der in der Praxis die Wachtätigkeit gar nicht selbst ausübt (der Bewachungsunternehmer), während die Zuverlässigkeit des Wachpersonals, das im Notfall die Schußwaffen einsetzt, nur einmalig beim Erwerb überprüft wird. Dies ist umso problematischer, als daß ein Haupttätigkeitsfeld der privaten Sicherheitsdienste, nämlich der Objektschutz, von der Ausnahme des § 35 Abs.4 Nr.2 b) erfaßt wird und hier bei den Mitarbeitern nur die Prüfung der für den Erwerb der Schußwaffe erforderlichen Zuverlässigkeit vorgeschrieben ist. Vor dem Hintergrund, daß nicht die waffenrechtliche Zuverlässigkeit der Unternehmer, sondern die des Personals vorrangig Probleme aufwirft[740], ist eine Wiederholung der Zuverlässigkeitsprüfung bei letzteren dringend erforderlich[741].

Das Bayerische Staatsministerium des Inneren hat aus diesem Grund die bayerischen Waffenrechtsbehörden intern dazu angewiesen, bei bewaffneten Personen, die gewerbsmäßig gefährdete Objekte oder Personen bewachen, die Zuverlässigkeitsprüfung auch in diesem Fall spätestens nach drei Jahren zu wiederholen[742].

Einer solchen Verwaltungspraxis steht das geltende Recht auch nicht entgegen, da es sich um eine verwaltungsinterne Prüfung ohne weitere Mitwirkungspflichten der betroffenen Personen handelt[743]. Empfehlenswert

---

739 Beinhofer, BayVBl.1997, 481 (486).

740 Ähnlich Weichert, Datenschutz Nachrichten 1997, 16 (19), für die gewerberechtliche Zuverlässigkeit von Bewachungsunternehmern und deren Angestellte.

741 Ebenso Beinhofer, in: Protokoll Nr.56, S.61.

742 Bayerische Staatsregierung, LT-Drucks. 13/2571, S.4; Beinhofer, BayVBl.1997, 481 (486).

743 So Beinhofer, BayVBl.1997, 481 (486).

wäre es jedoch, die periodische Wiederholung der Zuverlässigkeitsprüfung für bewaffnetes Wachpersonal in den waffenrechtlichen Bestimmungen des Bundes für alle Waffenrechtsbehörden bindend vorzuschreiben[744].

In Anbetracht der von unzuverlässigen Schußwaffenbesitzern ausgehenden Gefahren, welche durch den berufsmäßigen Umgang mit Schußwaffen noch erhöht werden, wäre darüber hinaus in Erwägung zu ziehen, ob der Überprüfungszeitraum bei Bewachungspersonal im Vergleich zu normalen Waffenbesitzern nicht sogar verkürzt werden sollte[745].

III. Fehlende Sachkunde

Gemäß den §§ 30 Abs.1 Satz 1 Nr.2, 36 Abs.1 Satz 1 sind WBK und WS zu versagen, wenn der Antragsteller die erforderliche Sachkunde (§ 31) nicht besitzt. Welche Anforderungen das Waffengesetz im einzelnen an die Sachkunde von Mitarbeitern privater Sicherheitsdienste stellt, ob die diesbezügliche Gesetzeslage ausreichend ist (1.) bzw. ob ggf. Reformen erforderlich sind (2.), wird im folgenden erörtert.

1. Unzureichender Sachkundenachweis für private Sicherheitsdienste ?

Wie bei "normalen" Schußwaffenträgern beschränkt sich der nach § 31 Abs.1 gesetzlich vorgeschriebene Sachkundenachweis auch bei privaten Sicherheitsdiensten auf technische und rechtliche Kenntnisse[746]. Der praktische Teil der Prüfung bezieht sich im wesentlichen darauf, daß die Wachpersonen die Schußwaffe zusammen- und auseinandersetzen können und wissen müssen, wie die Waffe gesichert und entsichert wird[747]. Ein Nachweis von Schießfertigkeiten ist dagegen nicht vorgesehen[748]. Dieser

[744] So Beinhofer, BayVBl.1997, 481 (486). Siehe auch den Beschluß des Bayerischen Landtages, vom 16.Juli 1997, LT-Drucks.13/8866.

[745] Allgemein für die Wiederholung der Zuverlässigkeitsprüfung nach kürzerer Zeit BÜNDNIS 90/DIE GRÜNEN, BT-Drucks.12/5948, S.4f und Sächsische Staatsregierung, LT-Drucks.2/7192, S.1f.

[746] Vgl. dazu § 29 der 1. WaffV und die Ausführungen unter Teil 3, D.III.

[747] Beinhofer, in: Protokoll Nr.56, S.61f.

[748] Nur § 18 Abs.2 der Unfallverhütungsvorschrift "Wach- und Sicherungsdienste" (VGB 68) sieht vor, daß der Unternehmer sicherzustellen hat, daß die Träger von Schußwaffen

Umstand wird allgemein bemängelt[749]. Die Regelungen des Waffenrechts seien auf die Situation des Normalbürgers zugeschnitten. Sie berücksichtigten daher nicht ausreichend, daß an Personen, denen Schußwaffen zu beruflichen Zwecken überlassen werden, besondere Anforderungen gestellt werden müssen[750].

Diese Kritik ist berechtigt. Ein sicherer Umgang mit Schußwaffen setzt praktische Schießfertigkeiten voraus. Nur wer über eine ausreichende Schießleistung verfügt, kann eine Schußwaffe im Notfall auch zielgerichtet einsetzen und somit insbesondere die Gefährdung unbeteiligter Dritter ausschließen.
Bei der Frage, welche Anforderungen im einzelnen an die Schießfertigkeit eines Schußwaffenträgers gestellt werden müssen, ist zwischen privaten und beruflichen Waffenträgern zu unterscheiden. Bei ersteren können die Anforderungen geringer sein, jedoch sollte auch bei diesen ein gewisses Maß an Schießfertigkeit gefordert werden. Es ist nicht einzusehen, daß beispielsweise in der Jägerprüfung gewisse Minimalanforderungen im Schießen verlangt werden[751], während der "normale" Schußwaffenträger keinerlei praktische Schießfertigkeiten nachweisen muß. Bedenkt man, daß der Jäger seine Schußwaffe in der freien Landschaft, der WS-Inhaber dagegen meist in geschlossenen Ortschaften führt, sind sicherlich auch hierfür ausreichende Schießleistungen mehr als angebracht[752]. Dies muß umso mehr für Personen gelten, denen Schußwaffen zu beruflichen

---

regelmäßig an Schießübungen teilnehmen und ihre Schießfertigkeit nachweisen. Nach der diesbezüglichen Durchführungsanweisung ist eine regelmäßige Teilnahme an den Schießübungen dann gegeben, wenn die Teilnahme an den Übungen in der Regel mindestens viermal jährlich erfolgt und hierbei grundsätzlich ein Zeitabstand von drei Monaten eingehalten wird.

[749] Vgl. Bericht des BMI I, in: Innere Sicherheit Nr.64/1982, 28 (34); BT-Drucks. 10/1748, S.39f; BT-Drucks. 13/3432, S.7; Seidel, Sächsicher LT, Plenarprotokoll 2/76, S.5529 (5532); Knäpper, Bremische Bürgerschaft, Plenarprotokoll 14/40, S.2431 (2434); Marken, Bremische Bürgerschaft, Plenarprotokoll 14/40, S.2431 (2436); Bayerische Staatsregierung, LT-Drucks. 13/2571, S.4; Honigl, Tätigwerden von Privaten, S.60f; Beinhofer, BayVBl. 1997, 481 (485f); Steffenhagen, DSD 16/95, 18 (23); Stübiger, PROTECTOR 10/97, 34 (34); Weichert, Datenschutz Nachrichten 2/1997, 16 (19); Stellungnahme der Gewerkschaft der Polizei, in: Protokoll Nr.56, S.226.

[750] Bericht des BMI I, in: Innere Sicherheit Nr.64/1982, 28 (34).

[751] Vgl. Hennig, Waffensachkundeprüfung, S.15.

[752] Nach Hennig, Waffensachkundeprüfung, S.15, wäre eine entsprechende Forderung zumindest nicht "unbillig".

Zwecken überlassen werden und bei denen eine erhöhte Wahrscheinlichkeit besteht, daß sie die Waffen - zum Teil in stark frequentierten Bereichen wie Fußgängerzonen - auch einsetzen[753]. Eine Verteidigungswaffe kann aber nur dann etwas nützen, wenn ihr Träger den Umgang mit ihr in jeder Hinsicht vollkommen beherrscht[754]. Anderenfalls ist die Waffe kein Schutz, sondern geradezu eine Gefahr für ihren Träger und andere Personen[755]. Wer zum beruflichen Führen einer Schußwaffe berechtigt ist, muß auch dazu verpflichtet werden, sich mit der Waffe und ihrer gesamten Handhabung einschließlich des Schießens so vertraut zu machen, daß er einerseits sich selbst und andere nicht gefährdet und andererseits in der Lage ist, die Waffe sinnvoll einzusetzen. Dazu gehören ebenso die absolut sichere Bedienung der Waffe[756] wie ihr schnelles Ziehen und Schußfertigmachen sowie ein schnelles und ausreichend treffsicheres Schießen[757]. Es versteht sich von selbst, daß man sich das gebrauchsmäßige Verteidigungsschießen nicht von einem auf den anderen Tag aneignen kann. Dazu gehören Ausbildungszeit und Erfahrung[758], wobei die einmal erworbenen Fähigkeiten regelmäßig trainiert werden müssen.

Wichtige Voraussetzung, beispielsweise für eine Schießausbildung im Personenschutz, ist darüber hinaus, daß alle Maßstäbe traditionellen Umgangs mit Sport-, Jagd- und Kriegswaffen vollständig ignoriert werden. Sie sind nicht nur unbrauchbar, sondern hochgradig selbst- und gemeingefährdend[759]. Daher bieten auch Erfahrungen im Umgang mit Schußwaffen etwa als Jäger, Sportschütze, Soldat oder als Polizist, keine ausreichende Gewähr für eine effektive Verteidigung von Personen[760].

---

753 Vgl. Honigl, Tätigwerden von Privaten, S.61.

754 BT-Drucks.10/1748, S.40; Hübner, W&S 1980, 274 (276).

755 Hennig, Waffensachkundeprüfung, S.88; Hübner, W&S 1980, 274 (276).

756 Daß es hierbei noch erhebliche Defizite gibt, zeigt ein von Dobler, Schußwaffen und Schußwaffenkriminalität, S.73, dargelegter Fall. Danach war ein Mitarbeiter eines Bewachungsunternehmens, der beruflich einen Revolver führen wollte, in der Sachkundeprüfung nicht in der Lage, einen ihm mit gespannten Hahn überreichten Revolver zu entspannen. Dies, obwohl er bereits einige Zeit seinen Beruf ausübte, allerdings mit einer Selbstladepistole.

757 Zu den Anforderungen im einzelnen vgl. Stübiger, PROTECTOR 10/97, 34 (36). Allgemein hierzu Hennig, Waffensachkundeprüfung, S.88 und Hübner, W&S 1980, 274 (276). Zu den besonders hohen Anforderungen im Personenschutz, Stüllenberg/Fox, Personenschutz, S.103ff.

758 Dammert, WS 1979, 125 (127); Hennig, Waffensachkundeprüfung, S.88.

759 Vgl. Stammel, WS 1980, 272ff.

760 Vgl. Stammel, WS 1980, 272 (275).

Die dargelegten Gründe zeigen, daß die nach der geltenden Rechtslage im Rahmen des § 31 Abs.1 geforderten technischen und rechtlichen Kenntnisse für die Tätigkeit von privaten Sicherheitsdiensten nicht ausreichen und der diesbezügliche Nachweis dringend um praktische Schießfertigkeiten ergänzt werden müßte.

2. Reformvorschläge und Ergebnis

Bei privaten Sicherheitsdiensten ist es daher dringend erforderlich, auch die Schießfertigkeit in den Sachkundenachweis einzubeziehen. Hierzu müßte für diese Personengruppe im Waffenrecht eine Pflicht zur regelmäßigen Teilnahme an Ausbildungsschießen und ein Nachweis ausreichender Mindestschießleistungen eingeführt werden[761]. Eine diesbezügliche Ergänzung des Sachkundenachweises wäre auch mit Art.12 Abs.1 GG vereinbar[762]. Dies ergibt sich daraus, daß es sich bei der Frage, ob die Tätigkeit mit oder ohne Schußwaffen ausgeübt werden kann und welche Anforderungen dabei an die Sachkunde gestellt werden, um eine Berufsausübungsregel handelt. Die Freiheit der Berufsausübung kann jedoch bereits dann beschränkt werden, wenn vernünftige Ewägungen des Gemeinwohls es zweckmäßig erscheinen lassen. Der Grundrechtsschutz beschränkt sich hierbei auf die Abwehr übermäßig belastender und nicht zumutbarer Auflagen[763].
Es liegt im Interesse der Allgemeinheit, daß die mit jedem Schußwaffenumgang verbundenen Gefahren so gering wie möglich gehalten werden. Dabei stellt es eine vernünftige Erwägung dar, daß dort, wo durch den beruflichen Umgang mit Schußwaffen die Gefahr für die öffentliche

---

[761] Vgl. BT-Drucks.13/3432, S.7; Knäpper, Bremische Bürgerschaft, Plenarprotokoll 14/40, S.2431 (2434); Marken, Bremische Bürgerschaft, Plenarprotokoll 14/40, S.2431 (2436); Beinhofer, BayVBl. 1997, 481 (486). Siehe auch den Beschluß des Bayerischen Landtages vom 16.Juli 1997, LT-Drucks.13/8866. Bereits der Entwurf der Bundesregierung eines Dritten Gesetzes zur Änderung des Waffengesetzes (BT-Drucks.10/1748) sah in § 50 a Nr.8 d) der vorgeschlagenen Neufassung des Waffengesetzes eine Verordnungsermächtigung mit dem Inhalt vor, "den Nachweis ausreichender Schießleistungen bei Personen, die berufsmäßig Leben oder Eigentum fremder Personen mit Schußwaffen bewachen wollen, vorzuschreiben".

[762] Honigl, Tätigwerden von Privaten, S.61.

[763] Vgl. BVerfGE 7, 377 (378).

Sicherheit erhöht ist, auch gesteigerte Anforderungen an die Sachkunde des Schußwaffenträgers gestellt werden. Da praktische Schießfertigkeiten - wie dargelegt - entscheidend zum sicheren Einsatz von Schußwaffen beitragen, wäre die veranlaßte Schulung auch ein taugliches Mittel, um die Gefahren zu vermeiden oder zu verringern[764].

Schließlich ist in diesem Zusammenhang noch der Aspekt der sogenannten "Wechselwirkung" zwischen waffenrechtlicher Sachkunde und waffenrechtlichem Bedürfnis zu berücksichtigen. Die Sachkunde muß es dem Betreffenden ermöglichen, mit Schußwaffen und Munition so umzugehen, wie es das nachgewiesene Bedürfnis erfordert. Es besteht also eine gewisse Wechselwirkung zwischen Sachkunde und Bedürfnis, zumal Art und Umfang der waffenrechtlichen Sachkunde mit dem jeweiligen Grund für die Erlangung der waffenrechtlichen Berechtigung korrespondieren[765].

Es ist daher durchaus berechtigt, an die Sachkunde einer Wachperson, die ihre Berechtigung aus § 32 Abs.1 Nr.3 herleitet, andere Anforderungen zu stellen als an die Sachkunde eines Sportschützen, Jägers oder Waffensammlers. Denn die zu fordernde Sachkunde muß den Betreffenden in die Lage versetzen, mit den Waffen so umzugehen, wie es das dem Erwerb zugrundeliegende Bedürfnis erfordert. Begründet man das waffenrechtliche Bedürfnis von privaten Sicherheitsdiensten neben einer im Einzelfall erhöhten Überfallgefahr unter anderem damit, daß deren Mitarbeiter im Gegensatz zu "Normalbürgern" aufgrund ihrer Ausbildung auch unter schwierigen Bedingungen noch zu einer erfolgreichen Verteidigung mittels Schußwaffe fähig sind[766], dann muß auch sichergestellt sein, daß diese Personen tatsächlich über die entsprechenden Fähigkeiten verfügen. Andernfalls, etwa bei mangelnder Schießfertigkeit, müßte konsequenterweise auch die Eignung der Schußwaffe zur effektiven Verteidigung verneint und schon aus diesem Grund ein Bedürfnis im Sinne von § 32 Abs.1 Nr.3 abgelehnt werden.

Solange es im Waffenrecht an einem Nachweis der Schießfertigkeit fehlt, sollte Mitarbeitern von privaten Sicherheitsdiensten mittels Auflagenach den §§ 28 Abs.1 Satz 5, 35 Abs.2 Satz 3 vorgeschrieben werden, regelmäßig

---

[764] Honigl, Tätigwerden von Privaten, S.61.

[765] Allgemein hierzu Kurth/Lehle/Lehmann, Aktuelles WaffR, § 31 Rn.3 mit Verweis auf VG Neustadt/Weinstraße, GewArch 1998, 120 (121).

[766] Vgl. Teil 4, D.V.2.a)aa)(3)(b) und Teil 4, D.V.2.c)bb).

an Ausbildungsschießen teilzunehmen und ausreichende Schießleistungen nachzuweisen[767].

IV. Mangelnde körperliche Eignung

Nach §§ 30 Abs.1 Satz 1 Nr.2, 36 Abs.1 Satz 1 sind WBK und WS auch dann zu versagen, wenn der Antragsteller die erforderliche körperliche Eignung nicht besitzt. Dieses Erfordernis besagt, daß der Waffenträger schon rein körperlich in der Lage sein muß, die Schußwaffe sachgerecht zu bedienen[768]. Hierbei bestehen für private Sicherheitsdienste keine Besonderheiten. Von Bedeutung ist im wesentlichen, daß die Wachpersonen über eine ausreichende natürliche oder durch optische Hilfsmittel erreichte Sehfähigkeit verfügen[769].

V. Fehlendes Bedürfnis

WBK und WS sind nach §§ 30 Abs.1 Satz 1 Nr.3, 36 Abs.1 Satz 1 zu versagen, wenn ein Bedürfnis (§ 32) nicht nachgewiesen ist. Welche Besonderheiten für die Bedürfnisprüfung bei Mitarbeitern privater Sicherheitsdienste gelten, wird im folgenden untersucht. Dabei wird zwischen solchen Fragestellungen unterschieden, die die Bedürfnisprüfung bei privaten Sicherheitsdiensten allgemein betreffen (1.) (beispielsweise ob allein schon die Zugehörigkeit zu einem privaten Sicherheitsdienst ein waffenrechtliches Bedürfnis begründen kann) und solchen, die bei den einzelnen Tätigkeitsbereichen auftreten (2.) (wie z.B., ob für die Bewachung von Kernkraftwerken die Bewaffnung mit Schrotflinten erforderlich und geeignet ist). Bei den Tätigkeitsbereichen wird zwischen dem Transportschutz (2.a)), dem Objektschutz (2.b)) und dem Personenschutz (2.c)) differenziert.

---

[767] Zu dieser Möglichkeit siehe auch Stübiger, PROTECTOR 10/97, 34 (34).

[768] Steindorf, WaffR, § 30 Rn.5.

[769] Allgemein hierzu Steindorf, WaffR, § 30 Rn.5; Apel, WaffR, § 30 Erl.2.; Ehmke, Waffen und WaffR, § 30 Anm.4 zu Abs.1.

1. Grundsätze für die Bedürfnisprüfung im Sinne von § 32 Abs.1 Nr.3 bei privaten Sicherheitsdiensten

Für private Sicherheitsdienste kommt als einziger Bedarfsgrund der sogenannte Schutzbedarf nach § 32 Abs.1 Nr.3 in Betracht. Danach liegt ein Bedürfnis insbesondere vor, wenn der Antragsteller glaubhaft macht, wesentlich mehr als die Allgemeinheit durch Angriffe auf Leib oder Leben gefährdet zu sein und der Erwerb von Schußwaffen oder Munition geeignet ist, diese Gefährdung zu mindern.

a) Einzelfallprüfung trotz Aufzählung besonders gefährdeter Berufsgruppen

Eine erste allgemeine Orientierung zur Bestimmung welche Tätigkeiten vom sogenannten Schutzbedarf des § 32 Abs.1 Nr.3 erfaßt sind, ermöglicht Nr. 32.3.5 der WaffVwV. Dort werden Berufsgruppen beispielhaft aufgezählt, bei denen eine Gefährdung im Sinne von § 32 Abs.1 Nr.3 vorliegen kann. Es werden zwei Gruppen unterschieden.
Zum einen die unmittelbar persönlich gefährdete Personen[770], die auf Grund ihrer exponierten Stellung im öffentlichen Leben oder ihrer beruflichen Stellung mit Angriffen auf Leib oder Leben rechnen müssen[771]. Zum anderen die mittelbar gefährdeten Personen, für die im Zusammenhang mit ihrer Berufsausübung in erhöhtem Maße die Gefahr von Überfällen besteht[772]. Zu dieser Gruppe gehören beispielsweise Angestellte von Geldinstituten und Geldtransportinstituten, Lohngeldfahrer, Angestellte von Bewachungsunternehmen bei besonders gefährdeten Objekten, Personen, die besonders begehrenswerte Güter befördern, wie z.B. Schußwaffen, Munition und Rauschmittel, und die deshalb bevorzugtes Ziel geplanter verbrecherischer Überfälle sind[773].

---

[770] So die Bezeichnung bei Hinze, § 32 Anm. 5 C und Ehmke, Waffen und WaffR, § 32, Anm.3 zu Abs.1. Zu diesem Personenkreis dürften z.B. Personen aus dem politischen Geschehen, Parteiführer, politische Beamte, Richter und Staatsanwälte in Staatsschutzverfahren zählen. Vgl. dazu Hinze, a.a.O.

[771] Vgl. Nr.32.3.5.1 WaffVwV.

[772] Vgl. Nr.32.3.5.2 WaffVwV.

[773] Vgl. Nr.32.3.5.2 WaffVwV.

Bei den aufgeführten Tätigkeitsfeldern, in denen in erhöhten Maß die Gefahr von Überfällen besteht, "kann" demnach eine Gefährdung im Sinne von § 32 Abs.1 Nr.3 vorliegen. Aus der Formulierung "kann" folgt, daß allein die Zugehörigkeit zu einer der genannten Berufsgruppen für die Begründung einer besonderen Gefährdung nicht ausreicht[774]. Der beispielhaften Aufzählung in Nr.32.3.5.2 WaffVwV kommt daher keine konstitutive Bedeutung zu[775]. Es entspricht nicht dem Willen des Gesetzgebers, eine pauschale Bewaffnung ganzer Berufsgruppen herbeizuführen, indem bei der Bedürfnisprüfung statt auf die konkreten individuellen Verhältnisse auf die Zugehörigkeit eines Bewerbers zu einem bestimmten Personenkreis abgestellt wird[776].
Für die Angestellten von privaten Sicherheitsdiensten bedeutet dies, daß ihnen nicht schon deshalb ein waffenrechtliches Bedürfnis zuerkannt werden kann, weil sie der Berufsgruppe des Bewachungsgewerbes angehören und deshalb im Vergleich mit anderen Teilen der Bevölkerung potentiell stärker gefährdet sind. Vielmehr bedarf es in jedem Einzelfall eines Nachweises besonderer Umstände, die auf ein gegenüber der Allgemeinheit wesentlich erhöhtes individuelles Schutzbedürfnis hindeuten[777].

b) Vorlage konkreter Bewachungsaufträge

Der Bewachungsunternehmer sollte im Rahmen der Bedürfnisprüfung konkrete Bewachungsaufträge vorlegen[778], anhand derer die Behörde das

---

[774] Peilert, Das Recht der Auskunftei- und Detekteigewerbes, S.273. Dem Waffengesetz lassen sich insoweit keine "berufsspezifischen Gefährdungsmaßstäbe" entnehmen, BVerwG, Buchholz 402.5 WaffG, Nr.67; Meyer, GewArch 1998, 89 (95) Fußnote 101; Kurth/Lehle/Lehmann, Aktuelles WaffR, § 32 Rn.14.

[775] Kurth/Lehle/Lehmann, Aktuelles WaffR, § 32 Rn.14; Dobler, Schußwaffenkriminalität, S.77.

[776] BayVGH, BayVBl.1992, 662 (663); BayVGH, GewArch 1994, 245 (246) und Urteil vom 19.März 1980 -21.B-24/79, S.12 (unveröffentlicht); VGH Bad.-Württ., GewArch 1989, 245 (245). Ebenso: Gusy, Polizeirecht, § 3 Rn.162; Peilert, Das Recht der Auskunftei- und Detekteigewerbes, S.272; Haurand/Vahle, DVP 1994, 58 (62); Neumann, Die Zusammenarbeit der Kriminalpolizei mit Auskunfteien und Detekteien, S.134; Bueß, Private Sicherheitsdienste, S.168.

[777] Vgl. auch VGH Bad.-Württ., GewArch 1989, 245 (245); BayVGH, GewArch 1994, 245 (246).

[778] BayVGH, GewArch 1989, 37 (38) und GewArch 1988, 393 (395); OVG Nordrhein-Westfalen, Urteil vom 8.Oktober 1987 -20 A 1211/87, S.7 (unveröffentlicht); Neuhardt,

Bestehen einer besonderen Gefährdung überprüfen kann. Dies birgt zwar insoweit Probleme, daß die Forderung nach konkretem Bewachungsaufträgen zu der für Bewachungsunternehmen mißlichen Lage führen kann, daß sie einerseits keine waffenrechtliche Erlaubnis erhalten, ohne einen konkreten Auftrag nachzuweisen und andererseits keinen Auftrag erhalten können, solange sie nicht ihrer Fähigkeit zum Schutz - notfalls auch mit Schußwaffen - darlegen können[779]. Allerdings kann ein Bedürfnis nicht schon deshalb bejaht werden, weil die bloße Möglichkeit besteht, daß der Antragsteller eines Tages einen Auftrag bekommt, den er nur dann erfolgreich durchführen könnte, wenn er zum Führen einer Schußwaffe berechtigt wäre. Die Behörde kann ein Bedürfnis nur bejahen, wenn sie anhand konkreter Umstände[780] eine besondere Gefährdung von Personen oder Objekten festgestellt hat, zu deren Minderung eine Schußwaffe erforderlich und geeignet ist. Weder eine Wahrscheinlichkeit oder auch nur die bloße Möglichkeit reichen aus, um hierdurch ein Bedürfnis zu begründen[781].
Während bei größeren Bewachungsunternehmen der Nachweis entsprechender Aufträge unproblematisch sein wird, kann dies bei kleineren, noch nicht etablierten Firmen durchaus zu Schwierigkeiten führen. Bei diesen besteht die Möglichkeit, daß der Unternehmer - sofern er keine konkreten Aufträge vorlegen kann - glaubhaft macht, daß er solche Aufträge verbindlich für den Fall erwartet, daß er zum Tragen einer Schußwaffe berechtigt ist. Legt er beispielsweise die verbindliche Zusage eines Auftraggebers zur Bewachung eines bestimmten Objektes vor und stellt die Behörde anhand der konkreten Umstände eine besondere Gefährdung fest, dann kann vorläufig eine WBK für die Dauer eines Jahres erteilt werden. Kommt es zur Vorlage weiterer Aufträge und zur Konsolidierung des wirtschaftlichen Unternehmens, dann kann die waffenrechtliche Erlaubnis auf die übliche Dauer von 3 Jahren verlängert werden[782].

W+S 1985, 37 (38); VG Kassel, W+S 1981, 154 (156). Vgl. dazu auch § 15 des ersten vorläufigen Entwurfs zu einer strukturellen Neuordnung des Waffenrechts, der unter Teil 5, A. wiedergegeben ist.

[779] Vgl. VG Darmstadt, GewArch 1982, 37 (38).

[780] Vgl. BayVGH, GewArch 1989, 37 (38).

[781] VG Darmstadt, GewArch 1982, 37 (38f.).

[782] So Scholzen, DWJ 1994, 90 (91), der die diesbezügliche Verwaltungspraxis als "sehr unterschiedlich" bezeichnet.

c) Verzicht auf gefährliche Aufträge zur Minderung der Gefährdung ?

Da die Behörde bei der Bedürfnisprüfung nach § 32 Abs.1 Nr.3 zu prüfen hat, ob der Antragsteller bei einem zumutbaren Verhalten nicht mehr überdurchschnittlich gefährdet wäre[783], könnte privaten Sicherheitsdiensten entgegengehalten werden, daß sie zur Gefahrminderung auf besonders gefährliche Aufträge verzichten müßten[784]. Denn durch ein solches Verhalten könnte eine Gefährdung mit Sicherheit verhindert werden.
Da der Gesichtspunkt der "selbst provozierten Gefährdung"[785] aber praktisch jedem waffenrechtlichen Bedürfnis entgegengehalten werden kann, weil Mitursache einer besonderen Gefährdung immer auch ein Verhalten des Antragstellers ist, muß die Frage der Verhinderbarkeit durch das Kriterium der Zumutbarkeit begrenzt werden. Vom Antragsteller können daher nur solche Verhaltensweisen verlangt werden, die ihm zumutbar sind. Ob einem Antragsteller eine anderweitige Gefahrenminderung zumutbar ist, muß unter Abwägung des vom Waffengesetz verfolgten öffentlichen Interesses und den Rechten und Möglichkeiten technischer, wirtschaftlicher, organisatorischer und sonstiger Art des Antragstellers ermittelt werden[786]. Durch § 32 Abs.1 Nr.3 werden jedenfalls keine mutwilligen Gefahrenlagen geschützt, die einem Antragsteller sozusagen als "vermeidbare Unvorsichtigkeit" angelastet werden können[787]. Hierunter fallen beispielsweise solche Fälle, bei denen die Gefährdung durch einfache Organisationsmaßnahmen - etwa das nächtliche Abkassieren von Spielautomaten in die Tageszeit zu verlegen und dabei den Spielsalon kurzfristig zu schließen[788] - vermindert werden kann[789].

---

[783] Vgl. Nr.32.3.3 WaffVwV.

[784] So VG München, Urteil vom 26.Juni 1985, Das Recht 1986, 102 (104) bei der Bewachung eines Kernkraftwerkes durch einen privaten Sicherheitsdienst und BayVGH, Urteil vom 19. März 1980, 21.B-24/79, S.11 (unveröffentlicht) bei der Überwachung von Personen durch einen Detektiv.

[785] Allgemein zu diesem Begriff BayVG, NPA 893 Waffengesetz § 32, Bl.33 (34); Hinze, WaffR, § 32 Anm.5 C 2 i).

[786] Vgl. Scholzen, GewArch 1985, 397 (397f.) und BayVGH, Urteil vom 25.Oktober 1997 - 21 B 95.3728, S.15.

[787] OVG Lüneburg, GewArch 1983, 141 (142).

[788] BayVGH, GewArch 1988, 393 (395).

[789] Zur Umorganisation beim Waffentransport, BayVBl. 1992, 662 (663). Zur Änderung des Betriebsablaufes, um die Gefährdung eines Kassenboten zu mindern, vgl. OVG

In Hinblick auf die Pflicht zur Gefahrenminderung dürfen jedoch keine derart hohen Anforderungen gestellt werden, daß insbesondere Grundrechte des Antragstellers in unzulässiger Weise beschränkt werden[790]. Nicht verlangt werden kann beispielsweise eine prinzipielle Umstellung der Berufstätigkeit, etwa in der Weise, daß ein Juwelenhändler seine Kollektion nicht mehr auf Messen und Ausstellungen anbieten kann, sondern diese ausschließlich im Ladenlokal verkaufen darf[791]. Denn dies würde eine Einschränkung der grundrechtlich geschützten Ausübung des gewählten Berufs (Art.12 Abs.1 GG) bedeuten und wäre einem Antragsteller nicht zumutbar[792]. Gleiches muß auch für die von privaten Sicherheitsdiensten beruflich übernommenen Tätigkeiten gelten. Auch hier kann etwa beim Transportschutz gefordert werden, daß zur Minderung der Überfallgefahr die jeweiligen Fahrtstrecken nach Möglichkeit variiert werden oder daß nur besonders gesicherte Fahrzeuge[793] benutzt werden[794]. Müßten die Unternehmen jedoch auf die Durchführung besonders gefährlicher Aufträge verzichten, dann würde dies das Recht der freien Berufsausübung aus Art.12 GG in unzulässiger Weise beschränken[795]. Denn dies hätte zur Folge, daß Wachleute praktisch ihren Beruf - zumal bei den Firmen, die sich etwa aufgrund ihrer besonderen Ausstattung auf den Transport besonders gefahrträchitger Güter spezialisiert haben - nicht mehr ausüben könnten.

Die Forderung, auf bestimmte gefahrträchtige Aufträge zu verzichten, würde darüber hinaus zu der widersinnigen Situation führen, daß einerseits bei Privatleuten oder Gewerbetreibenden ein Bedürfnis zum Erwerb eigener

---

Münster, Urteil vom 06. April 1976, -XIV A 1839/75 (unveröffentlicht). Allgemein zu diesem Aspekt, BVerwG, GewArch 1980, 348 (350).

790 Vgl. BayVGH, Urteil vom 25.Oktober 1997 - 21 B 95.3728, S.15.

791 OVG Rheinland-Pfalz, GewArch 1978, 398 (400); VG Koblenz, GewArch 1989, 242 (243). Zustimmend Steindorf, WaffR, § 32 Rn.19.

792 OVG Rheinland-Pfalz, GewArch 1978, 398 (400). Allgemein zu diesem Aspekt Hinze, WaffR, § 32, Anm.5 C 2 i), wonach die Aufgabe des Berufes nicht gefordert werden kann.

793 Vgl. Teil 4, D.V.2.a)aa).

794 Zu dem Aspekt, daß auch gewisse finanzielle Investitionen bzw. Einbußen in Kauf genommen werden müssen, vgl. BVerwGE 49, 1 (15) und BayVGH, GewArch 1988, 393 (395).

795 Ähnlich auch der VGH Bad.-Württ., Urteil vom 17. Januar 1972 - I 274/71, S.9, wonach die Aufforderung an einen Detektiv, alle diejenigen Aufträge abzulehnen, bei denen eine gewisse Wahrscheinlichkeit dafür besteht, daß dieser angegriffen werde, nicht nur "lebensfremd" sei, sondern auch gegen Art.12 GG verstoße. Allgemein zu diesem Aspekt auch BayVG, NPA 893 Waffengesetz § 32, Bl.33 (34).

Schußwaffen mit Verweis auf den Schutz durch private Sicherheitsdienste verneint, andererseits aber den Unternehmen ein Bedürfnis zum Erwerb von Schußwaffen mit dem Argument abgesprochen werden könnte, daß sie auf entsprechende Tätigkeiten zu verzichten hätten. Dies würde letztendlich zu dem Ergebnis führen, daß bestimmte Tätigkeiten, bei denen unbestritten eine überdurchschnittliche Gefahr von Überfällen besteht und die dennoch nicht mehr von der Polizei geschützt werden, überhaupt nicht mehr oder nur noch unbewaffnet durchgeführt werden könnten. Dies wäre nicht nur volkswirtschaftlich und in Hinblick auf Art. 12 GG bedenklich, sondern verstieße auch gegen die in § 32 Abs.1 Nr.3 zum Ausdruck gekommene Wertung des Gesetzgebers, daß ein Bedürfnis zum Besitz einer Schußwaffe zur persönlichen Verteidigung gegen Angriffe bestehen kann, wenn mit erhöhter Wahrscheinlichkeit mit Angriffen auf Leib oder Leben gerechnet werden muß. Aus dieser Wertung folgt auch, daß sofern die Tätigkeit auf einem wirtschaftlichen oder sonstwie begründeteten Interesse beruht und nicht als "vermeidbare Unvorsichtigkeit" betrachtet werden kann, auf diese nicht verzichtet werden muß. In solchen Fällen entspricht es vielmehr dem Zweck des Waffengesetzes, die gefahrträchtige Tätigkeiten nicht selbst durchzuführen, sondern einem professionellen Unternehmen zu übertragen und dadurch zu verhindern, daß eine Vielzahl von Personen zu ihrem Schutz eine Schußwaffe erwirbt. Wenn nämlich nur von einer überschaubaren Zahl von Sicherheitsunternehmen solche Aufgaben übernommen werden, kann am ehesten das Ziel erreicht werden, Waffen nur in möglichst geringem Maße in private Hände gelangen zu lassen[796]. Diese Zielsetzung wird letztendlich auch durch den gerade für diese Unternehmen geschaffenen WS nach § 35 Abs.3 Satz 1 unterstützt, wonach die Schußwaffen nicht dem jeweiligen Mitarbeiter gehören, sondern im Eigentum des Unternehmers verbleiben. Auch hierdurch wird die Anzahl der sich in Privatbesitz befindlichen Schußwaffen reduziert[797].

d) Auswirkung des Fehlens oder Vorliegens einer gewerberechtliche Erlaubnis nach § 34a GewO auf die Bedürfnisprüfung

Problematisch ist, ob und ggf. wie sich das Fehlen oder Vorliegen einer gewerberechtlichen Erlaubnis nach § 34a GewO zum Betrieb eines Be-

[796] Vgl. VG Frankfurt a.M., Urteil vom 15. April 1997, in: DSD 3/97, 25 (26f.).
[797] Vgl. Teil 4, B.III.4.

wachungsgewerbes auf die Bedürfnisprüfung im Sinne von § 32 Abs.1 Nr.3 WaffG auswirkt.
Die Erteilung bzw. der Bestand waffenrechtlicher Erlaubnisse nach den §§ 28ff. für den Verantwortlichen eines Bewachungsunternehmens hängt insoweit von einer Erlaubnis nach § 34a Abs.1 GewO ab, als das erforderliche waffenrechtliche Bedürnis sich erst aus der - erlaubten -, gewerbsmäßigen Bewachung des Lebens oder Eigentums fremder Personen ergeben kann[798]. Solange die gewerberechtliche Erlaubnis nicht vorliegt, handelt es sich nämlich - trotz möglicherweise vorliegender besonderer Gefährdung - um eine nicht erlaubte und daher rechtswidrige Tätigkeit. Eine Gefährdung, die aus einem rechtswidrigen Tun herrührt, kann aber kein waffenrechtliches Bedürfnis begründen[799]. Soweit daher die gewerbsmäßige Bewachung von Leben oder Eigentum fremder Personen noch nicht bzw. nicht mehr durch eine Erlaubnis der zuständigen Behörde gedeckt ist, fehlt ein waffenrechtliches Bedürfnis[800].
Sofern dagegen eine Erlaubnis nach § 34 a GewO vorliegt, ist davon auszugehen, daß diese nicht den waffenrechtlichen Bedürfnisnachweis ersetzen kann. Der Umstand, daß jemand ein Bewachungsgewerbe i.S.v. § 34a GewO betreibt oder als Wachpersonal in einem solchen Unternehmen beschäftigt ist, setzt keinen "waffenrechtlichen Automatismus" in Gang[801]. Der Gesetzgeber des Waffengesetzes hat das Bewachungsgewerbe nicht in der Weise priviligiert, daß auf solche Unternehmen die allgemeinen Vorschriften über Erlaubnispflichten und die in diesem Zusammenhang bestehenden zwingenden Versagungsgründe nicht zur Anwendung kommen sollen[802]. Die bloße Zugehörigkeit zu einer Berufsgruppe, also auch zum Bewachungsgewerbe, kann daher im Interesse der öffentlichen Sicherheit und Ordnung keinen Verzicht auf den Bedürfnisnachweis rechtfertigen[803]. Andernfalls würde die Bedürfnisfrage zur "bloßen Formsache"[804] herabgemindert, was gerade dem Sinn der Bedürfnisprüfung - auf den konkreten

---

[798] OVG Hamburg, GewArch 1992, 453 (455).
[799] VG Darmstadt, GewArch 1982, 37 (39).
[800] OVG Hamburg, GewArch 1992, 453 (455).
[801] So Höfling, in: Friauf, GewO, § 34 a Rn.42 b.
[802] So ausdrücklich der BayVGH, GewArch 1988, 393 (395). Siehe ferner BayVGH, GewArch 1989, 37 (38); OVG Hamburg, Beschluß vom 27.1.1992 OVG Bs VII 137/91.
[803] BayVGH, GewArch 1988, 393 (395). Zustimmend Höfling, in: Friauf, GewO, § 34a Rn.42 b.
[804] Wilhelm, DÖV 1966, 329 (331).

Einzelfall abzustellen[805] und diesen in den Vordergrund zu rücken - widerspräche. Da eine generelle Gefahr für Angehörige von Sicherheitsunternehmen nicht nachweisbar ist, kann es nur auf eine besondere Gefährdung des Unternehmers bzw. des Angestellten ankommen[806]. Neben einer Erlaubnis nach § 34a Abs.1 GewO bedarf es daher in jedem Einzelfall[807] der Glaubhaftmachung, daß der Antragsteller bei Ausübung des Bewachungsgewerbes selbst oder die von ihm bewachten Personen oder Objekte überdurchschnittlich gefährdet sind[808].

2. Bedürfnisprüfung in den einzelnen Tätigkeitsbereichen

Da allein die Zugehörigkeit zu einem privaten Sicherheitsdienst - wie oben unter D.V.1.a) aufgezeigt - kein Bedürfnis im Sinne von § 32 Abs.1 Nr.3 begründen kann, gilt es, die zusätzlich hierfür erforderlichen Voraussetzungen darzustellen. Dabei ist zu beachten, daß auch diese - zumeist von der Rechtsprechung entwickelten Kriterien - nur als Anhaltspunkte zu betrachten sind und keinesfalls die erforderliche Einzelfallprüfung ersetzen können. Aufgnd der ausgesprochen unterschiedlichen Tätigkeiten privater Sicherheitsdienste kann die Frage nach dem Vorliegen eines waffenrechtlichen Bedürfnisses im Sinne von § 32 Abs.1 Nr.3 nicht pauschal beantwortet werden, sondern es muß dabei nach den jeweiligen Tätigkeitsfeldern differenziert werden. Zu den Aufgabengebieten, bei denen in der Praxis eine Ausrüstung mit Schußwaffen in Frage kommt, gehören allgemein der Transportschutz (a)), der Objektschutz (b)) und der Personenschutz (c))[809]. Die Darstellung unterscheidet beim Transportschutz zwischen Geldtransport (aa)), Schußwaffen- und Munitionstransport (bb)) und sonstigen Werttransporten (cc)) und beim Objektschutz zwischen der Bewachung von Wohnhäusern (aa)), sonstigen zivilen Objekten (bb)),

---

805 BVerwGE 49,1ff.; Apel, WaffR, § 32 5 c); Wilhelm, DÖV 1966, 329 (331).

806 Vgl. Gusy, Polizeirecht, § 3 Rn.162.

807 Auf die Notwendigkeit einer Einzelfallprüfung auch für Transporteure von Schußwaffen weist das VG Gelsenkirchen ausdrücklich hin, GewArch 1985, 243 (243).

808 BayVGH, GewArch 1988, 393 (395) und GewArch 1989, 37 (38).

809 Vgl. Siemens, in: Handbuch, S.709; Olschok-Tautenhahn, Protokoll Nr.56, S.25; Beinhofer, BayVBl. 1997, 481 (485); Glavic, Die Polizei Nr.2/1994, 36 (40); Landtag von Nordrhein-Westfalen, Drucks.9/2293, S.2; Bürgerschaft von Hamburg, Drucks.14/2922, S.2.

militärischen Anlagen und Rüstungsbetrieben (cc)) und Kernkraftwerken (dd)).

a) Transportschutz

aa) Geldtransport

Einer der wichtigsten Teilbereiche des Transportschutzes ist der Geldtransport[810]. Er nimmt im Wach- und Sicherheitsgewerbe insoweit eine Sonderstellung ein, als er in der Regel bewaffnet durchgeführt wird[811]. Angestellte von Geldtransportinstituten gehören gemäß Nr.32.3.5.2. WaffVwV zu jenen Personen, für die im Zusammenhang mit ihrer Berufsausübung in erhöhtem Maße die Gefahr von Überfällen besteht.

(1) Besondere Gefährdung

Die vorliegende Untersuchung beschränkt sich auf solche professionellen Bewachungsunternehmen, die sich auf den Geld- und Werttransport spezialisiert haben und die Transporte mit gesicherten Spezialfahrzeugen[812] durchführen[813]. Angesichts der Sicherheitsvorkehrungen, mit denen diese

---

[810] Nach groben Schätzungen werden tagtäglich etwa 6000 Millionen DM an Bargeld transportiert. Diese Transportvolumen wird zu ca. 80 % von privaten Sicherheitsdiensten bewältigt, vgl. Bachem, in: Handbuch, S.381 und S.393.

[811] Bericht des BMI I, in: Innere Sicherheit Nr.64/ 1982, 28 (29); Bachem, in: Handbuch, S.389; Stüllenberg, Criminal Digest 1993, 69 (69); Glavic, Die Polizei Nr.2/1994, 36 (40); Dammert, WS 1979, 125 (126); Neuhardt, W+S 1985, 37 (37); Stacharowsky, KrimJournal 1985, 228 (231); Bauer/Haase, Werkschutz, S.104. Die Sicherheitsvorschriften der Bundesvereinigung Deutscher Geld- und Werttransportunternehmen (BDGW) sehen zwingend vor, daß Geldtransporte bewaffnet durchgeführt werden, vgl. hierzu Neuhardt, in: Handbuch, S.751. Kritisch zur Bewaffnung von Geldtransporten, Stüllenberg, Criminal Digest 1993, 68 (72f).

[812] Vgl. zur Ausrüstung dieser Fahrzeuge, Bachem, in: Handbuch, S.387; Kusch, W+S 1982, 362 (364); Mrozek, W+S 1986, 516 (516); Schriml, WS 1979, 142 (142).

[813] Die Sicherheitsvorschriften des BDGW sehen vor, daß Geldtransporte mit gepanzerten Spezialfahrzeugen durchgeführt werden müssen, vgl. Neuhardt, in: Handbuch, S.751. Auch nach § 26 Abs.1 der Unfallverhütungsvorschrift "Wach- und Sicherungsdienste" (VGB 68) sind Geldtransporte grundsätzlich nur in besonders gesicherten Fahrzeugen durchzuführen. Zu den Ausnahmen vgl. § 26 Abs.2 der Vorschrift. Zu den nicht von

Fahrzeuge ausgerüstet sind, besteht eine erhöhte Überfallgefahr hauptsächlich beim Be- oder Entladen der Fahrzeuge, dem sogenannten "Bordsteinrisiko"[814]. Finden solche Geldtransporte mit großer Regelmäßigkeit zu ganz bestimmten Zeiten auf denselben Wegstrecken und zu gleichbleibenden Bestimmungsorten statt, dann besteht für potentielle Täter die Möglichkeit, dem Transport gezielt aufzulauern und sich gewaltsam in den Besitz des Geldes zu setzen[815]. In diesem Fall besteht eine überdurchschnittliche Überfallgefahr, so daß unter diesen Voraussetzungen eine besondere Gefährdung der Geldtransporte im Sinne von § 32 Abs.1 Nr.3 zu bejahen ist[816].

(2) Erforderlichkeit einer Schußwaffe

Was die Erforderlichkeit der Bewaffnung von Geldtransporten anbelangt, stellt sich die Frage, ob deren typische Gefährdung durch Überfälle auch auf zumutbare andere Weise verhindert bzw. ebenso gemildert werden kann, als durch den Besitz von Schußwaffen.

(a) Gefahrminderungsmöglichkeiten

Den Unternehmen, die mehrmals täglich Geldtransporte zu gleichbleibenden Bestimmungsorten durchführen, wird aus Sicherheitsgründen empfohlen, ihre Fahrtstrecken und Fahrtzeiten ständig zu verändern und zu variieren[817].

---

professionellen Geldtransporteuren durchgeführten Transporten, Bauer, W+S 1981, 180ff.

[814] Bachem, in: Handbuch, S.382; Bauer, W+S 1981, 180 (184); Bauer/Haase, Werkschutz, S.104; Kusch, W+S 1982, 362 (364); Analyse des LKA NW, in: W+S 1987, 68 (68); Mrozek, W+S 1986, 516 (521).

[815] Hess. VGH, GewArch 1985, 394 (394f.) und VG Frankfurt, Urteil vom 15. April 1997, abgedruckt in: DSD 3/1997, 25 (27), wonach ein besondere Gefährdung auch dann vorliegen soll, wenn die Bediensteten die Transporte ohne Uniform und besonders gekennzeichnete Fahrzeuge durchführen.

[816] Daß dies bei nicht von professionellen Geld- und Werttransportunternehmen durchgeführten Transporten anders beurteilt werden kann, zeigen die Urteile des Hess. VGH, GewArch 1985, 394 (394f.) und BayVGH, GewArch 1994, 245 (246).

[817] Bauer/Haase, Werkschutz, S.104; Kusch, W+S 1982, 362 (365); Schriml, WS 1979, 142 (143).

So nützlich diese Ratschläge im Einzelfall sind, für die Mehrzahl der Transporte sind sie kaum umsetzbar[818]. Denn zum einen hat der Wechsel der Fahrtrouten nur einen begrenzten Wert, da die Zahl derartiger Alternativen von vornherein beschränkt ist[819]. Zum anderen beginnen Geldtransporte zwangsläufig dort, wo das Geld eingenommen wird und enden dort, wo es aufbewahrt werden soll. Die Anfangs- und Endpunkte stehen in der Regel fest und lassen sich auch nicht ändern. Ändern lassen sich oftmals auch nicht die Transportzeiten. Die tägliche Versorgung von Banken, Kaufhäusern und Supermärkten mit Bargeld und das Abliefern der Geschäftseinnahmen bei den Banken ist weitgehend an bestimmte Geschäftszeiten gebunden und von ihnen abhängig[820]. Die Transportwege und -zeiten sind also weitgehend vorhersehbar, so daß sich die Überfallgefahr nicht nachhaltig reduzieren läßt.
Weiterhin werden von einigen Autoren intelligente technische Schutzvorrichtungen, sogenannte "tatanreizreduzierende" Transportsysteme vorgeschlagen[821], die einen Überfall für den Täter von vornherein als unsinnig erscheinen lassen, so daß die besondere Gefährdung zumindest gemildert, wenn nicht gar ganz verhindert wird und eine Bewaffnung daher überflüssig sei[822]. Beispielsweise soll in den Fällen des Entreißens oder gewaltsamen Öffnens des Transportbehältnisses das transportierte Geld eingefärbt werden, Qualm als optisches Signal nach draußen dringen und eine schrille Sirene Aufmerksamkeit erzeugen[823]. Dadurch werde die Fortsetzung des Angriffes für den Täter unsinnig. Würden ein oder zwei solcher erfolgloser Fälle medienwirksam nachbereitet, käme kein Täter mehr auf die Idee, einen so ausgerüsteten Geldboten - bewaffnet oder nicht - anzugreifen, denn er wüßte, der Lohn seiner Arbeit sei "eingefärbtes Geld"[824].

---

[818] Bauer, W+S 1981, 180 (180); Bauer/Haase, Werkschutz, S.104.
[819] So OVG Rhld.-Pf., GewArch 1978, 398 (400) bei einem Juwelenhändler, der seine Kollektion auf Messen anbietet.
[820] Bauer/Haase, Werkschutz, S.104.
[821] Stüllenberg, Criminal Digest 1993, 68 (73); Helmers/Murck, Die Polizei Nr.2/1994, 64 (68); Bachem, in: Handbuch, S.388. Hierzu vgl. auch die Durchführungsanweisung zu § 25 Abs.2 der Unfallverhütungsvorschrift "Wach- und Sicherungsdienste" (VGB 68).
[822] Stüllenberg, Criminal Digest 1993, 68 (73); Helmers/Murck, Die Poizei Nr.2/1994, 64 (68).
[823] Stüllenberg, a.a.O. S.73; Bachem, in: Handbuch, S.388.
[824] Stüllenberg, a.a.O.

So vielversprechend die diesbezüglichen technischen Hilfsmittel sind, die zum Teil auch schon in der Praxis eingesetzt werden[825], erscheint es zweifelhaft, ob sich dadurch der Gefährdungsgrad von Geldtransporten tatsächlich nachhaltig mindern läßt und diese auf eine Bewaffnung gänzlich verzichten können. Zum einen haben optische und akustische Überfallsignale nur dort Aussicht auf Erfolg, wo sie auch wahrgenommen werden können. Ihre abschreckende Wirkung fehlt z.B. dann, wenn der Überfall auf einer abgelegenen, wenig frequentierten Straße stattfindet[826]. Zum anderen bleibt - selbst wenn man davon ausgeht, daß das Transportgut aufgrund seiner plötzlichen Wertlosigkeit für den Täter optimal geschützt ist - das Problem der Eigensicherung bei den Transportbegleitern bestehen. Wer garantiert diesen, daß der Täter um die Existenz solcher "tatanreizreduzierender" Transportsysteme weiß und sie ernst nimmt, daß er sich von der Wertlosigkeit der Beute abhalten läßt und nicht dennoch einen Überfall versucht?
Stellt man also nicht nur auf die Gefahr für das Transportgut selbst ab, sondern auch auf die für die Transportpersonenen bestehende Gefährdung, dann besteht trotz der dargelegten technischen Schutzvorrichten eine im Vergleich zur Allgemeinheit erhöhte Überfallgefahr für Geldtransporte.

(b) Weniger gefährliche Waffen

Mangels Erforderlichkeit des Waffenbesitzes liegt ein Bedürfnis ferner nicht vor, wenn "nach dem Ausmaß der angenommenen Gefährdung eine weniger gefährliche Waffe als die beantragte, insbesondere eine von § 28 Abs.1 WaffG nicht erfaßte, ausreicht"[827]. Daher fehlt es an einem Bedürfnis, wenn angenommen werden kann, daß unter den gegebenen Umständen zugelassene Gaspistolen, Schreckschußwaffen oder Reizstoffsprühgeräte zur Verteidigung genügen oder jedenfalls nicht wesentlich weniger als Schußwaffen geeignet sind, die Gefährdung zu mindern[828].
Diesbezüglich wird die Ansicht vertreten, daß jemand, dem bei einem Überfall noch genügend Zeit zu einem Pistoleneinsatz verbleibe, sich ebenso wirksam mit einer waffenscheinfreien Schreckschußpistole verteidigen

[825] Bachem, in: Handbuch, S.388.
[826] VGH München, GewArch 1973, 307 (308).
[827] BVerwGE 49,1 (11).
[828] BVerwGE 49,1 (11).

könne[829]. Denn eine solche Waffe gleiche ihrem äußeren Erscheinungsbild nach vollständig einer echten Pistole und gebe beim Abschuß auch einen entsprechenden Knall von sich. In der kurzfristigen Situation eines Überfalles habe sie daher genügend Wirksamkeit, um einen nicht sowieso zu allem entschlossenen Täter erfolgreich abzuwehren. Im Interesse einer wirksamen Einschränkung des Mißbrauchs von Schußwaffen sei es zumutbar, etwaige Angriffe mit einer weit weniger gefährlichen, aber trotzdem wirksamen Schreckschußpistole abzuwehren[830].
Dieser Ansicht ist allerdings entgegenzuhalten, daß eine Schreckschußpistole nur gegenüber solchen Angreifern ausreichenden Schutz gewährleisten kann, die -wie beispielsweise bei Sittlichkeitsdelikten - unbewaffnet sind oder wenn sie von Nötigungswerkzeugen Gebrauch machen, keine Schußwaffen einsetzen[831]. Bei Überfällen auf Geldtransporte ist dagegen das Mitführen von Schußwaffen verbreitet[832]. Bei einem bewaffneten Angriff ermöglicht eine Schreckschußpistole keine ebenso wirksame Gegenwehr wie eine "scharfe" Schußwaffe. Denn ihre Verteidigungswirkung versagt, wenn sich herausstellt, daß der Abschreckungseffekt nicht ausreicht, um den Angreifer von seinem Vorhaben abzubringen[833]. Wird der Betroffene beispielsweise von mehreren gleichzeitig überfallen, dann wird die Waffe spätestens nach dem ersten Schuß als Schreckschußwaffe erkannt und bietet dann keine ausreichende Verteidigunsmöglichkeit mehr[834]. Die Verwendung einer Schreckschußwaffe kann die Gefährdung des Angegriffenen sogar noch erhöhen[835], wenn der mit einer scharfen Schußwaffe ausgerüstete Angreifer davon ausgeht, daß der Angegriffene selbst eine scharfe Schußwaffe trägt und er daher versucht, sein Opfer möglichst schnell kampfunfähig zu machen. In dieser Situation als bewaffnet zu

---

[829] So der BayVGH, GewArch 1988, 393 (395), zu der Gefährdung eines Spielautomatenaufstellers beim Abkassieren seiner Automaten.
[830] BayVGH a.a.O.
[831] VGH Bad.-Württ., GewArch 1989, 245 (248).
[832] Nach einer Untersuchung von Bauer, W+S 1981, 180 (188) für den Zeitraum 1971-1979 wurden bei Überfällen auf Geldtransporte in 26% bis 59% Fällen Schußwaffen mitgeführt. Vgl. dazu auch die Analyse des LKA NW, W+S 1987, 68 (68) und Kaiser, in: DSD 3/97, 21 (22).
[833] VGH Baden-Württemberg, GewArch 1989, 245 (248); VG Koblenz, GewArch 1989, 242 (245); OVG Hamburg GewArch 1973, 194 (195). Dieser Ansicht offensichtlich zustimmend, Hinze, DWJ 8/1989, 1032 (1034); BM 1989, 281 (284).
[834] OVG Hamburg, GewArch 1973, 194 (195) zur Wirksamkeit einer Gaswaffe.
[835] Scholzen, DWJ 1/1995, 90 (91).

gelten, es aber tatsächlich nicht zu sein, steigert das Risiko des Angegriffenen, getötet oder schwer verletzt zu werden[836].
Ebensowenig kommt eine Gaspistole oder ein Reizstoffsprühgerät als Waffe in Betracht, die eine Schußwaffe entbehrlich macht. Ob sich mit einem solchen Gerät eine dem Schußwaffengebrauch vergleichbare Schutzwirkung erzielen läßt, hängt nämlich von verschiedenen Faktoren ab. Zum einen sind die Geräte nur in Nahdistanz zu einer effektiven Verteidigung geeignet[837], wohingegen ihre Wirkung mit zunehmender Entfernung zum Angreifer abnimmt. Ihr Abschreckungseffekt ist also weitaus geringer einzuschätzen, insbesondere dann, wenn der Angreifer selbst mit einer Schußwaffe ausgerüstet ist. Zum anderen ist ihre Wirksamkeit von den jeweiligen Temperatur -, Witterungs- und Windverhältnissen abhängig[838] und unter Umständen, etwa bei Gegenwind oder in geschlossenen Räumen, können sie den Verteidiger mehr beeinträchtigen als den Angreifer. Bedarf es zur vollen Entfaltung der Wirksamkeit bestimmter äußerer Umstände, die nicht zu beeinflussen sind, so scheidet eine Gaspistole oder ein Reizstoffsprühgerät als gleichwertige Alternative aus[839].
Da die Verteidigungsfähigkeit mittels Gas-, Schreckschußpistolen und Reizstoffsprühgeräten im Vergleich zu der mit "scharfen" Schußwaffen erheblich eingeschränkt ist und unter Umständen zu zusätzlichen Gefahren führen kann, ist es erforderlich, die Begleiter von Geldtransporten mit Schußwaffen auszurüsten[840]. In der Regel werden dabei Pistolen oder Revolver benutzt[841].

---

[836] Kaiser, in: DSD 3/97, 21 (21), der vor der teilweise wohl gängigen Praxis, Mitarbeiter bis zur Erteilung eines WS mit nicht waffenscheinpflichtigen Schußwaffen auszurüsten, dringend warnt. Ähnlich Dobler, Schußwaffenkriminalität, S.154. Aus versicherungsrechtlicher Sicht ebenso Schäfer, in: DSD 3/97, 23 (24).
[837] VG Koblenz, GewArch 1989, 242 (245); OVG Hamburg, GewArch 1973, 194 (195); Hennig, Sachkundeprüfung, S.84; Hinze, DWJ 8/1989, 1032 (1034), BM 1989, 281 (284).
[838] VGH Baden-Württemberg, GewArch 1989, 245 (248) und Urteil vom 17. Januar 1972 -I 274/71, S.10 (unveröffentlicht); Ebenso, Hinze BM 1989, 281 (282).
[839] Vgl. insoweit die überzeugende Argumentation des VGH Baden-Württemberg, GewArch 1989, 245 (248).
[840] Nach § 19 Abs.4 der Unfallverhütungsvorschrift "Wach- und Sicherungsdienste" (VGB 68) ist das Bereithalten und Führen von Schreck- oder Gas-Schußwaffen bei der Durchführung von Wach- und Sicherungsaufgaben unzulässig.
[841] Dammert, WS 1979, 125 (125); Stübiger, PROTECTOR 10/97, 34 (35); Hennig, Waffensachkundeprüfung, S.85. Dazu auch VG Frankfurt am Main, Urteil vom 15.April 1997, abgedruckt in: DSD 1997/3, S.25ff.

(3) Geeignetheit einer Schußwaffe

Nach § 32 Abs.1 Nr.3 muß die Schußwaffe geeignet sein, die Gefährdung zu mindern.

(a) Typische Verteidigungssituationen

Nach der Rechtsprechung des Bundesverwaltungsgerichts ist bei der Geeignetheit der Schußwaffe zur Abwehr von Angriffen auf eine für den Antragsteller typischen Verteidigungssituation abzustellen[842]. Sofern es sich dabei um Überfallsituationen handelt, in denen der Täter einen Überraschungseffekt[843] ausnutzt und auch ein bewaffnetes Opfer sich nicht erfolgreich zur Wehr setzen kann, liegt ein Bedürfnis mangels Geeignetheit der Schußwaffe zur Verteidigung nicht vor.
Bei der Frage nach typischen Verteidigungssituationen ist davon auszugehen, daß die dem Fachverband Geld- und Werttransportunternehmen angehörenden Unternehmen, ihre Transporte ausnahmslos mit gepanzerte Spezialfahrzeugen durchführen[844], die mit einer Vielzahl von Sicherheitsvorkehrungen ausgerüstet sind[845]. Ebenfalls ist festgelegt, daß diese Transporte von mindestens zwei Personen begleitet werden müssen, von denen einer in jedem Fall im Fahrzeug verbleiben muß[846]. Abgesehen von den Fällen, in denen Geldtransporte mit Maschinenenwaffen, Raketen und ferngesteuerten Minen überfallen werden[847], bleibt den Tätern nur übrig, die Fahrzeuge beim Be- oder Entladen zu überfallen [848] und dadurch das sogenannte "Bordsteinrisiko"[849] auszunutzen oder durch Ablenkungs- und

[842] BVerwGE 49,1 (12); Nr.32.3.4 WaffVwV.
[843] BVerwGE 49,1 (12).
[844] Dazu Bachem, in: Handbuch, S.387; Kusch, W+S 1982, 362 (364); Schriml, WS 1979, 142 (142).
[845] Bachem, in: Handbuch, S.387; Schriml, WS 1979, 142 (142); Kusch, W+S 1982, 362 (364).
[846] Schriml, a.a.O (142f.) und § 26 Abs.5 der Unfallverhütungsvorschrift "Wach- und Sicherungsdienste" ().
[847] So in Frankreich vorgekommen, dazu Jany, DSD 1/97, 17 (18).
[848] Bauer/Haase, Werkschutz, S.104; Analyse des LKA NW, W+S 1987, 68 (68).
[849] Bauer, W+S 1981, 180 (184); Kusch, W+S 1982, 362 (364); Analyse des LKA NW, in: W+S 1987, 68 (68); Mrozek, W+S 1986, 516 (521).

Täuschungsmanöver die Geldtransporteure zu veranlassen, ihr Fahrzeug zu verlassen[850].
Die zuletzt genannte Tatvariante ist selten, da vorgeschrieben ist, daß zumindest eine Person immer im Fahrzeug verbleibt und aufgrund der Panzerung des Wagens zumindest so lange Widerstand leisten kann, bis Hilfe kommt[851]. Es kommt jedoch immer wieder vor, daß die Begleitpersonen durch Geiselnahme[852] oder duch Gase - etwa Nebelwurfkörper[853] - zum Verlassen des Fahrzeuges und damit zur Herausgabe der Geldkoffer gezwungen werden. In dieser Situation wird sich auch ein bewaffnetes Opfer kaum gegen den Angriff zur Wehr setzen können.
In den weitaus häufigsten Fällen werden die Geldtransporteure jedoch beim Be- oder Entladen des Fahrzeuges abgefangen und beraubt[854]. Beim Ausnutzen des sogenannten "Bordsteinrisikos"[855] sind Angriffe möglich, bei denen die Angreifer den Begleitpersonen bewaffnet auflauern und ihnen völlig unerwartet gegenübertreten, so daß diese - auch bewaffnet - kaum eine Chance zur Gegenwehr haben. Zu denken ist an Fälle, in denen die Beladung der Fahrzeuge auf offener Straße[856], beispielsweise in einer unübersichtlichen Nebenstraße stattfindet, wo sich die Täter vorher versteckt haben. Aber auch in extra dafür vorgesehenen Gebäude- und Hofräumen ist ein Überraschungsangriff nicht ausgeschlossen [857].
Diesbezüglich führt der Bayerische Verwaltungsgerichtshof aus, daß es jeder Lebenserfahrung widerspreche, daß Täter, die einen bewaffneten Raubüberfall auf eine Person planen, ihrem Opfer durch vorher erkennbare Umstände oder ungeschicktes Verhalten noch genügend Zeit lassen, seiner-

---

[850] Bauer, W+S 1981, 180 (184).
[851] Kusch, W+S 1982, 362 (364); Bauer, W+S 1981, 180 (184); Mrozek, W+S 1986, 516 (521).
[852] Insbesondere der Person, die das Spezialfahrzeug zur Geldübernahme verläßt, Jany, DSD 3/97, 17 (18).
[853] Bauer, W+S 1981, 180 (184).
[854] Darauf verweist Bauer, W+S 1981, 180 (184) und (189); Analyse des LKA NW, in: W+S 1987, 68 (68).
[855] Bauer, W+S 1981, 180 (184); Kusch, W+S 1982, 362 (364); Analyse des LKA NW, in: W+S 1987, 68 (68); Mrozek, W+S 1986, 516 (521).
[856] Mrozek, W+S 1986, 516 (518).
[857] Diese Möglichkeit besteht allein schon deshalb, weil es immer wieder zu Insidertips kommt oder ehemalige Geldtransporteure selbst an Überfällen beteiligt sind, und die örtlichen Begebenheiten genau kennen. Vgl dazu Mrozek, W+S 1986, 516 (516).

seits eine Schußwaffe zu ziehen und damit den Überfall abzuwenden[858]. Der Täter sei grundsätzlich schon dann schußbereit, wenn der drohende Überfall dem Opfer noch gar nicht bewußt sei. In einer solchen Situation könne sich der Angegriffene auch mit einer Schußwaffe nicht erfolgreich zur Wehr setzen[859]. Tritt der Täter dem Opfer bei einem Überraschungsangriff mit offener Waffe und auf nahe Entfernung entgegen und macht dieses sofort kampfunfähig[860], so gibt es keine realistische Chance zur Gegenwehr.
Ebenfalls sind Angriffe denkbar, bei denen die be- oder entladende Person außerhalb des Fahrzeuges so lange bedroht wird, bis die im Wagen verbliebene Begleitperson das Spzialfahrzeug öffnet. Auch hier ist trotz Schußwaffe, wenn die unmittelbar bedrohte Person nicht gefährdet werden soll, keine erfolgreiche Abwehr zu erwarten. Diese Erkenntnis rechtfertigt indes nicht die Schlußfolgerung, daß eine Schußwaffe generell zur Verteidigung eines Geldtransportes ungeeignet sei. Denn eine Waffe muß nicht in jedem denkbaren Fall einen Schaden verhüten können. Vielmehr stellt § 32 Abs.1 Nr.3 darauf ab, ob sich die Gefährdung bei einer typischen Überfallsituationen durch den Besitz einer Waffe "vermindern" läßt[861] und nicht, daß die Gefährdung völlig beseitigt wird[862]. Allein der Nachweis, daß sich unter bestimmten Voraussetzungen ein Schaden auch dann nicht abwenden läßt, wenn das Opfer bewaffnet ist, reicht daher zur Ablehnung eines Bedürfnisses nicht aus[863]. Denn auch bewaffnete und hochqualifizierte behördliche Leibwächter sind nicht gegen jede Art von Angriff gewappnet[864]. Würde man derart hohe Anforderungen an das Vorliegen eines Bedürfnisses stellen, dann liefen die Bestimmungen der §§ 28 und 35 faktisch "ins Leere"[865], da kaum noch ein Fall denkbar wäre, in dem eine WBK oder ein Waffenschein erteilt werden könnte. Dies würde jedoch der Wertung des Gesetzgebers, der mit der Schaffung der §§ 28 und 35 die Eignung von

[858] GewArch 1988, 393 (395).
[859] Vgl. VGH Baden-Württemberg, GewArch 1989, 245 (246).
[860] Vgl. VGH Baden-Württemberg, GewArch 1989, 245, (246).
[861] VG Koblenz, GewArch 1989, 242 (245); OVG Hamburg, GewArch 1973, 194 (195); dem offensichtlich zustimmend, Hinze, DWJ 8/1989, 1032 (1034), BM 1989, 281 (284).
[862] OVG Hamburg, GewArch 1973, 194 (195).
[863] VGH Bad.-Württ., GewArch 1989, 245 (247).
[864] VGH Bad.-Württ., GewArch 1989, 245 (247); Stüllenberg, Criminal Digest, 4/93, 68 (72).
[865] Vgl. VG Koblenz, GewArch 1989, 242 (245).

Schußwaffen zur Abwehr eines Angriffs grundsätzlich anerkannt hat, widersprechen[866].

Kommen verschiedene Angriffsvarianten und damit auch unterschiedliche Verteidigungssituationen in Betracht, so muß geprüft werden, ob darunter eine typische Verteidigungssituation besteht, in der sich ein bewaffnetes Opfer erfolgreich zur Wehr setzen kann[867]. Hierfür reicht freilich die bloß hypothetische Möglichkeit nicht aus, daß sich eine Waffe in solchen Fällen als wirksames Verteidigungsmittel erweisen könnte. Erforderlich ist vielmehr eine gewisse Wahrscheinlichkeit dafür, daß der Angegriffene bei typisierender Betrachtungsweise in der Lage ist, durch das Führen einer Schußwaffe die Gefährdung zu verringern, der er bei einem Überfall ausgesetzt ist[868].

Die Begleitpersonen von Geld- und Werttransporten sollten so ausgebildet sein, daß sie während des Geldtransportes jederzeit auf einen Überfall gefaßt sind[869]. Sie sollten weiterhin wissen, daß die Gefahr eines Überfalles beim Be- und Entladen am größten ist, so daß sie in dieser Situation verstärkt mit einem Überfall rechnen und daher über das übliche Maß hinaus besonders wachsam sein müssen[870]. Auch wenn professionellen Geldtransporteuren, die tagtäglich mit großen Geldsummen umgehen, ein gewisser Gewöhnungseffekt zugestanden werden muß, wird ihnen bewußt sein, daß es sich beim Be- und Entladen um eine zugespitzte Gefährdungslage handelt, in der sie im Vergleich zu sonstigen Situationen besonders vorsichtig und aufmerksam sein müssen. In dieser besonderen Gefährdungssituation kann daher ein potentieller Überfalltäter den Überraschungseffekt nicht in der gleichen Weise ausnutzen, wie dies in anderen Situationen bzw. bei anderen Opfern möglich ist. Die Möglichkeit eines völlig unerwarteten Angriffes kann zwar nicht ausgeschlossen werden, sie ist jedoch deutlich reduziert. Es kann daher nicht davon ausgegangen werden, daß die Begleiter von Geldtransporten grundsätzlich durch Überfälle überrascht werden und zu einer wirksamen Verteidigung außerstande sind.

---

[866] Vgl. VG Koblenz, GewArch 1989, 242 (245).

[867] BVerwG, GewArch 1980, 348 (349f.).

[868] VGH Baden-Württemberg, GewArch 1989, 245 (247).

[869] Vgl. dazu Kusch, W+S 1982, 362 (364f.). Allgemein zu dem Aspekt, daß Mitarbeiter von professionellen Sicherheitsdiensten Angriffen nicht unvorbereitet gegenüberstehen, vgl. Gusy, Staatswissenschaften und Staatspraxis 5 (1994), 187 (202).

[870] Vgl. dazu Kusch, W+S 1982, 362 (364f.).

Bei differenzierter Betrachtungsweise liegt somit die typische Verteidigunssituation nicht ausschließlich in der eines Überraschungsangriffes. Realistisch sind auch solche Fälle, in denen das Begleitpersonal die Überfallabsicht des Täters rechtzeitig erkennt. Es bleibt also Zeit, um in dieser Situation einem Angriff durch Drohung mit der Schußwaffe oder durch Abgabe eines (Warn-) Schusses entgegenzutreten[871]. Selbst wenn auch der Angreifer eine Schußwaffe einsetzt, hat dies weder mit erheblicher Wahrscheinlichkeit noch gar zwangsläufig zur Folge, daß für eine Gegenwehr, die Aussicht auf Erfolg verspricht, kein Raum mehr bleibt. Denn der perfekt geplante und ausgeführte Überfall des mit einer Schußwaffe ausgerüsteten skrupellosen und zu allem entschlossenen Verbrechers, der den Überfallenen mit dem ersten Schuß verteidigungsunfähig macht, kann nicht als alleiniger Maßstab dafür herangezogen werden, ob eine Schußwaffe im Sinne des § 32 Abs.1 Nr.3 WaffG zur Minderung der Gefährdung geeignet ist[872]. In die Betrachtung sind vielmehr auch solche Überfallsituationen einzubeziehen, die dadurch gekennzeichnet sind, daß der Täter weniger wirksame Waffen einsetzt oder die Tat aus Gründen, die in seiner Person liegen oder auf äußere Ursachen zurückzuführen sind (Dunkelheit, unübersichtliches Gelände, ungünstige Entfernung u.ä.) nicht unter optimalen Bedingungen planen und begehen kann[873].

Ebenso sind solche Angriffe zu berücksichtigen, in denen der Angreifer zwar als erster schießt, er jedoch sein Ziel verfehlt[874], das Opfer also die Chance hat, den Überfall mit der Waffe abzuwehren, indem es seinerseits trifft oder der eingene Waffeneinsatz bewirkt, daß der Täter von seinem Vorhaben abläßt. Sogar dann, wenn der Überfallene getroffen wird, braucht eine Schußwaffe nicht ihre Eignung als Verteidigungsmittel zu verlieren. Wird das Opfer nur angschossen, seiner Kampffähigkeit aber nicht gänzlich beraubt, so bleibt es je nach den Umständen und der Art der Verletzung imstande, mit der Waffe noch wirksam zu reagieren[875].

---

[871] Vgl. das VG Koblenz zur Erteilung eines Waffenscheines für einen Edelsteinhändler, GewArch 1989, 242 (244).

[872] Vgl. dazu die Ausführungen des VG Koblenz zu den verschiedenen Gefährdungslagen eines Edelsteinhändlers, GewArch 1989, 242 (244).

[873] Vgl. VGH Bad.-Württ., GewArch 1989, 245 (247).

[874] Daß dies durchaus realistisch ist, zeigen Erfahrungen aus stattgefunden Überfällen, die darauf hindeuten, daß Straftäter in der Regel wegen mangelnder Schießpraxis keine guten Schützen sind. Vgl. dazu Stammel, WS 1980, 272 (274); Hinze, DWJ 8/1989, 1032 (1033).

[875] Vgl. VGH Bad.-Württ., GewArch 1989, 245 (247).

Im Ergebnis ist damit festzustellen, daß Geldtransporte nicht typischerweise nur solchen Angriffssituationen ausgesetzt sind, in denen eine erfolgreiche Abwehr mit der Waffe nicht erwartet werden kann. Zwar kommt es immer wieder zu Überfällen, bei denen die Bewacher überrascht werden[876] und sie aus diesem Grund zu einer wirksamen Verteidigung nicht in der Lage sind. In anderen typischen Gefahrensituationen besteht dagegen die Möglichkeit einer wirkungsvollen Verteidigung. Nach der oben dargestellten Rechtsprechung[877] muß für die Bejahung der Geeignetheit eine erfolgreiche Abwehr nicht in jeder Situation möglich sein. Es reicht vielmehr aus, daß die Schußwaffe in einer typischen Verteidigungssituationen für eine erfolgreiche Verteidigung geeignet ist.

(b) Individuelle Verteidigungsfähigkeit

Ob im Einzelfall eine erfolgreiche Verteidigung mittels einer Schußwaffe erwartet werden kann, hängt auch von der individuellen Verteidigungsfähigkeit des Schußwaffenträgers ab. Voraussetzung für eine wirksame Verteidigung ist, daß der Transportbegleiter im Verteidigungsschießen geübt ist. Denn nur dann kann er die Gewandtheit in der Benutzung einer Waffe, insbesondere im schnellen "Ziehen"[878], erreichen, die zu einer erheblichen Verteidigungsfähigkeit, auch in unerwarteten Situationen, führt[879]. Je geübter und gewandter das Begleitpersonal also im Umgang mit Waffen ist, desto größer ist die Aussicht, daß sich die in derartigen Fällen objektiv vorhandene Möglichkeit der Gegenwehr in eine wirksame Verteidigung ummünzen läßt[880].

Der in § 31 geforderte Nachweis der Sachkunde, der keinerlei praktische Fertigkeiten im Umgang mit Schußwaffen verlangt, ermöglicht sicherlich keine effektive Verteidigung im dargestellten Sinne. Eine realistische

[876] Vgl. Bauer, W+S, 1981, 180 (190).
[877] Vgl. Teil 3, D.V.4.e)bb)(2).
[878] Darauf, daß diese besonderen Fähigkeiten berücksichtigt werden müssen, weist das BVerwG hin, GewArch 1980, 348 (350). Zu diesem Gesichtspunkt siehe auch VG Gelsenkirchen, GewArch 1985, 243 (244).
[879] Hinze, DWJ 8/1989, 1032 (1033); generell zur Verteidigungsfähigkeit im Personenschutz, Stammel, WS 149/1980, 272ff.
[880] Vgl. VGH Bad.-Württ., GewArch 1989, 245 (247), der auf die Entscheidung des BVerwG, GewArch 1980, 348 (350) verweist, wonach bei der Prüfung der Geeignetheit, "die Sicherheit und Schnelligkeit des Klägers im Umgang mit der Waffe beruchsichtigt werden müssen".

Chance zur Gegenwehr besteht nur dann, wenn die Begleitpersonen regelmäßig an Ausbildungsschießen teilnehmen und entsprechende Leistungsnachweise[881] eingeführt werden.

(c) Abschreckungseffekt

Bei der Frage, ob der Besitz einer Schußwaffe zur Gefährdungsminderung geeignet ist, darf schließlich auch die abschreckende Wirkung nicht unterschätzt werden, die bei potentiellen Tätern erzielt werden dürfte, wenn diese damit rechnen müssen, daß Geldtransporte von bewaffnetem Personal durchgeführt werden[882]. Die Ausrüstung mit Schußwaffen dient nämlich auch dazu, das Risiko eines möglichen Täters zu erhöhen und dadurch Täter mit kleiner oder mittlerer krimineller Energie von einem Überfall abzuhalten[883]. Auch wenn Schußwaffen bei bestimmten Überfallarten möglicherweise keine effektive Verteidigung gewährleisten können, muß beachtet werden, daß durch die Bewaffnung der Geldtransporteure eine Vielzahl von Tätern abgeschreckt wird und es dadurch erst gar nicht zu den Gefährdungen kommt, bei denen die Schußwaffe durchaus zur Verteidigung geeignet wäre. Mithin wird die allgemeine Überfallgefahr durch die Bewaffnung deutlich reduziert.

Aber auch wenn sich der Angreifer nicht durch die Bewaffnung abschrecken läßt, bedeutet dies nicht zwingend, daß es dann zu einem gezielten Schuß des Verteidigers kommen muß. Oft wird allein die Drohwirkung einer gezogenen Waffe ausreichen, den Täter auf Distanz zu halten

[881] Es muß also sichergestellt sein, daß die Mitarbeiter entsprechend geschult sind und diese Fähigkeiten regelmäßig trainiert werden. Solange dies vom Gesetzgeber nicht vorgeschrieben ist, sollte dies durch Erteilung entsprechender Auflagen gewährleistet werden, vgl. Teil 4, D.III.2.

[882] VGH München, GewArch 1973, 307 (308); VG Frankfurt, Urteil vom 15. April 1997, abgedruckt in: DSD 1997/3, S.25 (27). Allgemein zu diesem Aspekt: VGH Bad.-Württ., Urteil vom 17. Januar 1972 -I 274/71, S.10 (unveröffentlicht); BayVGH, Urteil vom 25.Oktober 1997 -21 B 95.3728, S.20; Bachem, in: Handbuch, S.389; Ehmke, Waffen und WaffR, § 32, Anm.3 zu Abs.1; Scholzen, DWJ 1995, 90 (91); Hinze, DWJ 1989, 1032 (1034). Anderer Ansicht Stüllenberg, Criminal Digest 1993, 68 (72f.).

[883] Bachem, in: Handbuch, S.389. Vgl. auch Stüllenberg, Criminal Digest 1993, 68 (72f.), der die Bewaffnung von Geldtransporten allerdings schon für nicht erforderlich hält, weil die tatanreizreduzierenden Transportsyteme einen Überfall unsinnig machten.

oder ihn in die Flucht zu schlagen[884]. Schließlich muß auch die Abgabe eines Warnschusses[885] in Erwägung gezogen werden, der die gleiche Wirkung haben kann.

(4) Interessenabwägung zugunsten der Geldtransportbegleiter

Stellt der Besitz einer Schußwaffe demgemäß für Begleiter von Geldtransporten ein erforderliches und geeignetes Mittel zur Minderung der für sie bestehenden Überfallgefahr dar, dann fällt die erforderliche Abwägung unter den dargelegten Umständen regelmäßig zugunsten des privaten Interesses am Erwerb einer Schußwaffe aus.

bb) Schußwaffen- und Munitionstransport

(1) Besondere Gefährdung

Sofern Schußwaffentransporte durch private Sicherheitsdienste durchgeführt werden, fallen die Begleiter unter die in Nr. 32.3.5.2. WaffVwV aufgezählte Personengruppe, für die im Zusammenhang mit ihrer Berufsausübung in erhötem Maße die Gefahr von Überfällen besteht. Allgemein gelten Schußwaffen in einschlägigen kriminellen Kreisen als besonders begehrenswerte Güter[886], da sie als effektive Droh- und Angriffsmittel bei der Begehung von Straftaten verwendbar und auf legalem Wege kaum erhältich sind[887]. Hieraus folgt jedoch nicht, daß jedweder beruflich bedingte Umgang mit bzw. Transport von Schußwaffen ohne weiteres eine wesentliche Mehrgefährdung im Sinne des § 32 Abs.1 Nr.3 begründet[888]. Maßgeblich sind vielmehr stets die besonderen Umstände des Einzelfalles. Dabei fallen folgende gefahrerhöhende Umstände ins Gewicht.

---

884 Scholzen, DWJ 1995, 90 (91).
885 Hinze, DWJ 1989, 1032 (1034).
886 VGH Baden-Württemberg, GewArch 1971, 263 (263); Scholzen, DWJ 1/1995, 90 (91); VG Minden, NVwZ-RR 1991, 636 (636).
887 VG Gelsenkirchen, GewArch 1985, 243 (243).
888 VG Gelsenkirchen, GewArch 1985, 243 (243).

(a) Regelmäßigkeit und Häufigkeit des Transportes

Wie bei Geldtransporten besteht auch bei Schußwaffentransporten nur dann eine erhöhte Gefahr von Überfällen, wenn die Transporte mit einer gewissen Regelmäßigkeit und Häufigkeit stattfinden[889], die Transportzeiten und Bestimmungsorte im wesentlichen nicht variiert werden können und daher ausspähbar sind[890].

(b) Art der transportierten Schußwaffen

Dem grundsätzlichen Erfordernis der Regelmäßigkeit und Häufigkeit des Transportes steht auch nicht eine Entscheidung des Verwaltungsgerichts Gelsenkirchen[891] entgegen, wonach eine wesentliche Mehrgefährdung auch ohne gleichbleibende Regelmäßigkeit des Transportes vorliegen kann. In diesem Fall bestand nämlich die Besonderheit, daß nicht einfache Schußwaffen transportiert wurden, sondern sogenannte Serienfeuerwaffen, deren besondere Gefährlichkeit einer besonderen Attraktivität für potentielle Schwerverbrecher und terroristischen Gewalttätern entspricht[892]. Die besondere Gefährlichkeit vollautomatischer Selbstladewaffen kommt im Waffengesetz dadurch zum Ausdruck, daß diese Waffen einem repressiven Verbot mit Befreiungsvorbehalt (§ 37 Abs.1 Satz 1 Nr.1 d WaffG) unterliegen[893]. Weitere Verkehrsbeschränkungen ergeben sich im Hinblick auf die Bestimmung solcher Waffen zur Kriegsführung aus dem Kriegswaffenkontrollgesetz. Die verschiedenen gesetzlichen Regelungen haben insgesamt zur Folge, daß der Kreis derer, die befugtermaßen mit Serienfeuerwaffen umgehen, sehr gering ist. Dieser Personenkreis ist infolgedessen dem gezielten kriminellen Zugriff einschlägig interessierter Straftäter in besonderen Maße ausgesetzt[894]. Die sich aus dem berufsbedingten

---

[889] Vgl. Beschluß des BayVGH vom 13.04.1992, NPA 893 Waffengesetz § 32 Bl.30 (31); VGH Baden-Württemberg, GewArch 1971, 263 (263); BayVGH, GewArch 1994, 245 (246) wonach nur gelegentliche Transporte (durchschnittlich einmal im Monat) zu wechselnden Zeiten, und mit wechselnden Bestimmungsorten, keine überdurchschnittliche Gefährdung begründen.

[890] VGH Baden-Württemberg, GewArch 1971, 263 (263).

[891] GewArch 1985, 243 (243).

[892] VG Gelsenkirchen, GewArch 1985, 243 (243).

[893] Vgl. Teil 3, E.II.2.a).

[894] VG Gelsenkirchen, GewArch 1985, 243 (243).

Transport von Serienfeuerwaffen ergebende Mehrgefährdung wird auch nicht dadurch wesentlich gemindert, daß die Transporte nicht mit einer stets gleichbleibenden Regelmäßigkeit stattfinden. Denn die durch ihre Singularität bedingte besondere Attraktivität von Serienfeuerwaffen ist geeignet, die Risikoschwelle bei entsprechend interessierten Straftätern tendenziell zu senken[895]. Aus der Sicht potentieller Straftäter reicht daher schon die konkrete Möglichkeit, Serienfeuerwaffen zu erbeuten, für einen Überfall aus[896].

(2) Erforderlichkeit einer Schußwaffe

Was die Erforderlichkeit des Schußwaffenbesitzes bei Schußwaffentransporten anbelangt, besteht kein grundsätzlicher Unterschied zu der Situation bei Geldtransporten. Andere zumutbare Möglichkeiten der Gefahrenminderung kommen in der Regel nicht in Betracht. Ebenso wie bei Geldtransporten stößt die Möglichkeit, die Fahrtstrecken zu variieren, auf die rein praktische Schwierigkeit, daß die Auswahl an Routen von vornherein beschränkt ist. Auch stehen die Anfangs- und Endpunkte meist fest, so daß den Transporten aufgelauert werden kann[897]. Soweit es sich um die Belieferung von Waffen- und Munitionshändlern handelt, sind die Transportzeiten ebenfalls an deren Geschäftszeiten gebunden. Allerdings wird der Waffen- und Munitionshandel in bezug auf die Regelmäßigkeit und Häufigkeit der Transporte flexibler sein als zum Beispiel Geldinstitute, die tagtäglich auf große Mengen Bargeld angewiesen sind. Diese Gefahrminderungsmöglichkeiten müssen dann im Einzelfall genutzt werden.
Auch scheidet die denkbare Möglichkeit aus, die Schußwaffen durch die Post transportieren zu lassen[898]. Denn damit wären wiederum andere spezifische Transportrisiken (Verlustgefahr, erhöhte Publizität) verbunden, die nicht im öffentlichen Interesse liegen[899]. Ebensowenig sind die sogenannten "tatanreizreduzierenden Transportsysteme" beim Waffen- und Munitionstransport als sinnvoll zu erachten. Abgesehen davon, daß - wie

---

[895] VG Gelsenkirchen, GewArch 1985, 243 (243).
[896] VG Gelsenkirchen, GewArch 1985, 243 (243).
[897] Allgemein zu diesem Aspekt bei Waffentransporten, VGH Bad.-Württ., GewArch 1971, 263 (263).
[898] VG Gelsenkirchen, GewArch 1985, 243 (244).
[899] VG Gelsenkirchen, GewArch 1985, 243 (244).

beim Geldtransport - die Gefahren für die Transportpersonen weiterbestehen, sind "eingefärbte" oder sonst markierte Waffen für den Täter nicht wertlos und können weiterhin für kriminelle Zwecke verwendet werden. Der diesbezügliche Tatanreiz kann dadurch nicht nachhaltig reduziert werden.
Vor dem Hintergrund, daß Schußwaffenräuber bei Waffentransporten mit bewaffneten Widerstand rechnen müssen und daher in der Regel selbst mit Schußwaffen bewaffnet sind[900], ist es den Transportbewachern auch nicht zuzumuten, sich auf weniger gefährliche Waffen zu verlassen.

(3) Geeignetheit einer Schußwaffe

Hinsichtlich der Geeignetheit von Schußwaffen unterscheiden sich die typischen Verteidigungssituationen bei Schußwaffentransporten ebenfalls nicht von denen bei Geldtransporten. Auch hier liegt die Hauptüberfallgefahr beim Be- bzw. Entladen des Fahrzeuges, dem sogenannten "Bordsteinrisiko", wobei eine Schußwaffe zur erfolgreichen Verteidigung geeignet ist[901].

(4) Spezifische Interessenabwägung

Bei der vorzunehmenden Interessenabwägung zwischen dem privaten Interesse an der Verbesserung der persönlichen Sicherheit und dem öffentlichen Interesse, daß möglichst wenige Waffen "ins Volk" gelangen, besteht bei Schußwaffentransporten eine Besonderheit. Bei diesen Transporten überlagern sich nämlich die privaten und öffentlichen Interessen insoweit, als ein erfolgreicher Überfall zur Folge hätte, daß eine Vielzahl sehr gefährlicher Waffen "ins Volk", und zwar in kriminelle Hände, gelangte[902]. Das private Interesse, sich gegen widerrechtliche Angriffe zu verteidigen, dient damit zugleich auch dem Schutz der öffentlichen Sicherheit[903], so daß der

---

900 VGH Bad.-Württ., GewArch 1971, 263 (263).
901 Vgl. Teil 4, D.V.2.a)aa)(3)(a).
902 So VG Gelsenkirchen, GewArch 1985, 243 (243). Vgl. auch BVerwG, Buchholz 402.5 WaffG, Nr.73; VGH Baden-Württemberg, GewArch 1971, 263 (263); Scholzen, DWJ 1/1995, 90 (91), für die von Waffenhändlern selbst durchgeführten Transporte.
903 VGH Baden-Württemberg, GewArch 1971, 263 (263).

normalerweise gegebene Interessensgegensatz[904] nicht vorliegt. Die Interessenabwägung fällt unter den dargelegten Voraussetzungen zugunsten des privaten Sicherheitsdienstes aus, der zum Schutz eines Schußwaffentransportes eine waffenrechtliche Erlaubnis beantragt.

cc) Sonstige Werttransporte

Bei der Vielzahl der von privaten Sicherheitsdiensten transportierten Gütern[905] können vergleichbar hohe Überfallgefahren im Einzelfall etwa noch beim Transport von Edelmetallen, Schmuck[906], Rausch-[907] und Betäubungsmitteln[908] bestehen. Kommt den Gütern ein wirtschaftlich meßbarer Wert zu, dann ist auch dieser Aspekt bei der Frage nach einer überdurchschnittlichen Gefährdung zu berücksichtigen[909]. Auch bei diesen Transporten gelten die für den Geld- und Schußwaffentransport aufgestellten Grundsätze, so daß beim Vorliegen einer wesentlich erhöhten Überfallgefahr, insbesondere auch von der Geeignetheit und Erforderlichkeit von Schußwaffen, ausgegangen werden kann. Kein waffenrechtliches Bedürfnis im Sinne von § 32 Abs.1 Nr.3 wird dagegen bei den sogenannten Kurierdiensten[910] vorliegen. Hierbei handelt es sich um den Transport von weniger sicherheitsrelevanten Gegenständen, z.B. Akten, Plänen oder Prüfungsfragebögen, deren Wert im wesentlichen nur für den Absender oder Empfänger dieser Güter besteht. Da kriminelle Täter mit diesen Gegenständen wenig anfangen können, ist auch die Überfallgefahr entsprechend gering, so daß eine überdurchschnittliche Gefährdung nicht gegeben ist.

---

904 VG Gelsenkirchen, GewArch 1985, 243 (243).
905 Vgl. hierzu die Ausführungen von Bachem, in: Handbuch, S.393f.
906 Vgl. dazu BVerwG, GewArch 1980, 348 (349); OVG Rheinland-Pfalz, GewArch 1978, 398 (398f.); OVG Lüneburg, GewArch 1983, 141 (142).
907 Nr. 32.3.5.2 WaffVwV.
908 Vgl. BVerwG, DVBl. 1975, 890 (893), wobei es für eine besondere Gefährdung auf die Menge der Betäubungsmittel ankommt. Während in Apotheken zumeist größere Mengen vorrätig gehalten werden und deshalb eine erhöhte Überfallgefahr besteht, kann eine besondere Gefährdung bei relativ geringe Mengen zu verneinen sein, vgl. VG Neustadt a.d. Weinstr., GewArch 1989, 241 (242).
909 Das Bundesverwaltungsgericht nahm eine überdurchschnittliche Gefährdung bei einem Goldschmiedemeister und Juwelier an, der Waren im Werte zwischen 100.000 DM und 300.000 DM transportierte, GewArch 1980, 348 (349).
910 Allgemein zu Kurierdiensten Bachem, in: Handbuch, S.401f.

dd) Ergebnis

Unter den dargestellten Voraussetzungen ist bei von privaten Sicherheitsdiensten durchgeführten Geld-, Schußwaffen- bzw. Munitionstransporten und dem Transport von anderen besonders begehrten Gütern, - vorbehaltlich einer Einzelfallprüfung - ein waffenrechtliches Bedürfnis im Sinne von §§ 30 Abs.1 Satz 1 Nr.3, 32 Abs.1 Nr.3 zu bejahen. Grundsätzlich beinhaltet ein nachgewiesenes Bedürfnis zum Erwerb von Schußwaffen allerdings nicht zugleich auch einen Bedürfnisnachweis für die Erteilung eines WS[911]. Da die Fahrzeuge oftmals nur im öffentlichen Straßenland be- bzw. entladen werden können, sind die Einsatzorte der Wachpersonen allerdings nicht auf Geschäftsräume und befriedetes Besitztum beschränkt, so daß deren Tätigkeit nicht von der Ausnahmevorschrift des § 35 Abs.4 Nr. 2 b) gedeckt ist. Erfoderlich wird daher in der Regel ein WS gemäß § 35 Abs.1 Satz 1[912] sein, dessen Geltungsbereich sich im Sinne von § 35 Abs.3 Satz 1 auf die entsprechenden Begleitpersonen erstreckt. Der WS ist inhaltlich insoweit nach § 35 Abs.2 Satz 2 zu beschränken oder mit der Auflage zu versehen, daß die Schußwaffen nur beim Transport von Geld, Schußwaffen bzw. Munition oder anderer, besonders gefährdeter Güter geführt werden dürfen[913]. In diesem Zusammenhang ist ebenfalls zu berücksichtigen, daß aus logistischen und wirtschaftlichen Gründen von einzelnen Unternehmen in der Praxis zuweilen sogenannte "Satellitentouren"[914] gefahren werden. Darunter sind solche Touren zu verstehen, die am Wohnort des jeweils Beschäftigten beginnen und nach Zwischenstops bei den einzelnen Kunden dort auch wieder enden. Das Fahrzeug wird dann an die nachfolgende Schicht übergeben, so daß die Schußwaffe in der privaten Verwahrung des Mitarbeiters verbleibt. Um entsprechende Sicherheitsrisiken von vornherein zu vermeiden, sollte der WS mit der Auflage erteilt werden, daß Schußwaffen und Munition nur am Firmenstandort vom Unternehmer ausgegeben werden dürfen und daß sie nach der Bewachungsschicht auch dort wieder zur Verwahrung zurückgegeben werden müssen[915]. Bei Berücksichtigung

---

911 Kurth/Lehle/Lehmann, Aktuelles WaffR, § 32 Rn. 13.

912 Ebenso Scholzen, DWJ 1995, 90 (91) und Hinze, WaffR, § 32, Anm.5 C 2 g) für den Geldtransport. Vgl. auch der Senat der freien Hansestadt Hamburg, Drucks.15/676, S.8.

913 Landtag Nordrhein-Westfalen, Drucks.9/2293, S.2f.

914 Kaiser, DSD 3/97, 21 (21).

915 Vgl. auch § 13 Abs.1 Satz 3 BewachVO.

dieser Sicherheitsvorkehrungen ist trotz des strengen Maßstabes, der beim Führen von Schußwaffen anzulegen ist[916], die Erteilung eines WS für den Transportschutz gerechtfertigt.
Da die Prüfung des waffenrechtlichen Bedürfnisses nicht nur die Frage nach der generellen Notwendigkeit einer Waffe zur Gefahrminderung erfaßt, sondern auch nach der Zahl und Art der erforderlichen Waffen[917], ist insbesondere auch auf die für den Transportschutz geeignete Schußwaffenart einzugehen. Beim Transportschutz werden regelmäßig nur Kurzwaffen in Betracht kommen, also entweder Revolver oder Selbstladepistolen. Wegen der unkomplizierten Handhabung, insbesondere in Streßsituationen, sollte generell der Revolver einer Pistole vorgezogen werden[918]. Der Revolver hat keine Sicherung und seine Funktion ist von der Munition unabhängig. Das Fehlen einer extra zu bedienenden Sicherung mag sich vielleicht auf den ersten Blick negativ anhören. Allerdings sind viele mit komplizierten Sicherungen versehene Schußwaffen in der Bedienung sehr fehleranfällig. Dies ist darauf zurückzuführen, daß in Streßsituationen die notwendigen Entsicherungsgriffe verwechselt werden und oftmals viel Zeit vergeht, bis der weniger geübte Schütze schußbereit ist. Zudem besteht im Falle eines Zündversagers der Vorteil des Revolvers, daß zur Erlangung der Schußbereitschaft nur der Abzug ein zweites Mal betätigt werden muß[919].
Darüber hinaus sprechen auch die besseren Eigenschaften beim Kombat-Schießen, das heißt, daß auch ein weniger geübter Schütze in der Regel mit dem Revolver besser trifft[920], für die Anschaffung eines Revolvers. Weiterhin sollte darauf geachtet werden, daß aus der Waffe wegen der mangelnden Abprallneigung und der größeren Stoppwirkung auf den Angreifer Bleimantelmunition verschossen werden kann[921].
Schließlich ist bei der Wahl der Waffe zu berücksichtigen, daß beim Transportschutz das Droh- und Abschreckungspotential der Schußwaffen

---

[916] BVerwGE 49, 1 (8).
[917] Allgemein hierzu BVerwG, NVwZ-RR 1993, 619 (621); BayVGH, Urteil vom 25.Oktober 1997 - 21 B 95.3728, S.21 (unveröffentlicht).
[918] Vgl. Kropac-Krymlau, PROTECTOR 3/97, 36 (36); Hübner, W+S 1980, 274 (274). Ebenso Ehses, in: Handbuch, S.480, für die Bewaffnung des Werkschutzes. Zu den Vorteilen einer Selbstladepistole gegenüber einem Revolver, insbesondere der höheren Magazinkapazität, vgl. Stübiger, PROTECTOR 10/97, 34 (35).
[919] Kropac-Krymlau, PROTECTOR 3/97, 36 (36).
[920] Kropac-Krymlau, PROTECTOR 3/97, 36 (36).
[921] Hierzu Hennig, Die Waffensachkundeprüfung, S.118.

betont werden soll. Deshalb wird man in der Regel großkalibrige Revolver mit nicht zu kurzen Läufen wählen und sie in Gürtelholstern offen tragen[922].

b) Objektschutz

Nach Nr. 32.3.5.2. WaffVwV kann eine Gefährdung im Sinne von § 32 Abs.1 Nr.3 bei Personen vorliegen, für die im Zusammenhang mit ihrer Berufsausübung in erhöhtem Maße die Gefahr von Überfällen besteht, wie etwa bei Angestellten von Bewachungsunternehmen, die besonders gefährdete Objekte bewachen. Welche Objekte im einzelnen als besonders gefährdet anzusehen sind, ist in der Verwaltungsvorschrift allerdings nicht festgelegt. Es ist daher jeweils anhand der gesamten Umstände des Einzelfalles zu klären, ob eine besondere Gefährdung des bewachten Objektes gegeben ist.

aa) Wohnhäuser

Auch einzelne Häuser oder ganze Wohnviertel werden zunehmend von privaten Sicherheitsdiensten bewacht[923]. Fraglich ist, ob hierfür ein Bedürfnis im Sinne von § 32 Abs.1 Nr.3 geltend gemacht werden kann.

(1) Besondere Gefährdung

Eine einsame Wohnlage allein, etwa auf dem Land oder im Wald, begründet keine überdurchschnittliche Gefährdung[924]. Einbrüchen bzw. Überfällen ausgesetzt zu sein, stellt eine allgemeine Gefährdung dar, der jedermann unterliegt, und die auch in bewohnten Gebieten nicht wesentlich geringer ist. Auch hier ist es - insbesondere in anonymen Wohnanlagen oder großzügigen Villenvierteln - in der Regel nicht ohne weiteres möglich, Einbrüche oder Angriffe durch Herbeiholen rechtzeitiger Hilfe zu verhindern oder abzuwehren[925]. Eine überdurchschnittliche Gefährdung ist auch dann

---

[922] Stübiger, PROTECTOR 10/97, 34 (35).
[923] Dazu Röder, in: Handbuch, S.368ff.
[924] VG Münster, NWVBl 1991, 71 (71); Hess. VGH, GewArch 1987, 176 (176).
[925] VG Münster, NWVBl 1991, 71 (71).

nicht anzunehmen, wenn sich im Haus beispielsweise wertvolle Kunstgegenstände befinden[926]. Denn auch dies ist keine Tatsache, die im Vergleich zur Allgemeinheit zu einer deutlich höheren Überfallgefahr führt. Zum einen sind Kunstgegenstände für Kriminelle weitaus weniger "attraktiv" als beispielsweise Schußwaffen oder Bargeld, da sie nicht unmittelbar verwertet werden können, sondern erst durch Verkauf sozusagen "zu Geld" gemacht werden müssen. Zum anderen werden - von dem Problem abgesehen, wann ein Gegenstand als besonders wertvoll anzusehen ist und wann nicht - in vielen Privathäusern mehr oder weniger wertvolle Gegenstände aufbewahrt. Im Vergleich zur Allgemeinheit kann aus diesem Grund daher keine erhöhte Gefährdung angenommen werden[927].

(2) Gefahrminderungsmöglichkeiten

Sofern man entgegen der oben dargelegten Ansicht bestimmte Häuser dennoch wegen ihrer besonderen Wohnlage und der darin aufbewahrten Werte als besonders gefährdet betrachtet[928], rechtfertigt dies jedenfalls nicht eine Bewachung durch ein mit Schußwaffen bewaffnetes Sicherheitsunternehmen. Ein waffenrechtliches Bedürfnis entfällt nämlich dann, wenn ein Antragsteller bei einem zumutbaren Verhalten oder nach Durchführung zumutbarer Sicherheitsvorkehrungen nicht (mehr) überdurchschnittlich gefährdet ist[929].

(a) Alarmanlage und andere Schutzvorrichtungen

Bei Wohnhäusern kommt die Anschaffung einer Alarmanlage in Betracht, die durch ihre sichtbare Installation abschreckend auf potentielle Einbrecher wirkt oder aber den Täter im Falle ihrer Auslösung jedenfalls in die Flucht schlagen würde[930]. Auch könnte an eine Kombination einer solchen Anlage

[926] A.A. wohl VG Kassel, Urteil vom 03. Januar 1981, in: W+S 1981, 154ff.
[927] Anders Hinze, § 32 Anm.5, C 2i.) der Privatleute, die im Besitz von transportablen Waren im Wert von 50.000.- DM sind, zu den gefährdeten Personen zählt.
[928] So VG Kassel vom 03.01.1981, W+S 1981, 154 (155).
[929] Vgl. Nr.32.3.3 WaffVwV.
[930] Hess. VGH, GewArch 1987, 176 (176). Ebenso der BayVGH, NPA 1989, Nr.893, § 32 Bl. 27 (28), zur Sicherung einer Tankstelle gegen Einbrüche.

mit anderen zumutbaren baulichen Maßnahmen[931], etwa Zäune und vergitterte Fenster gedacht werden.

(b) Wachhunde, unbewaffneter Objektschutz

Ebenfalls müßte die Anschaffung eines Wachhundes in Erwägung gezogen werden[932]. Ein Wachhund ist in besonderem Maße geeignet, in einsamen Wohnlagen potentielle Rechtsbrecher abzuschrecken und dort die unter Umständen gegebene gesteigerte Gefahrensituationen auf ein Normalmaß zu reduzieren[933]. Schließlich besteht die Möglichkeit, das Haus durch einen unbewaffneten Wachschutz bewachen zu lassen, was in der Regel eine ausreichende Präventivwirkung darstellt.

(3) Ergebnis

Bei Wohnhäusern bestehen die dargelegten zumutbaren Möglichkeiten, die Gefährdung auf ein Normalmaß zu reduzieren, so daß eine Schußwaffe nicht erforderlich ist. Unter diesen Umständen besteht für einen Wohnhausbesitzer weder ein Bedürfnis für eine Waffenbesitzkarte noch für einen Waffenschein. Folglich scheidet auch eine Bewachung durch einen mit Schußwaffen ausgerüsteten privaten Sicherheitsdienst aus.

bb) Sonstige zivile Objekte

Als sonstige Objekte, bei denen eine besondere Gefährdung diskutiert wird, kommen beispielsweise Tankstellen[934], allgemeine wirtschaftliche Produktionsstätten und Industrieanlagen[935] in Betracht. Für die Bewachung dieser Objekte durch bewaffnete private Sicherheitsdienste ist im Rahmen

---

[931] Vgl. BVerwG, in: Natur und Recht 1988, 384 (385); VGH Mannheim, NJW 1992, 2308 (2309).
[932] Dazu BVerwG, Natur und Recht 1988, 384 (384).
[933] VG Münster, NWVBl 1991, 71 (71).
[934] BayVGH, NPA Nr.893, § 32 WaffG, Blatt 27ff.
[935] Bericht des BMI I, in: Innere Sicherheit Nr.64/1982, 28 (29f.) und VG Kassel vom 03.Januar 1981, W+S 1981, 154 ff.

des § 32 Abs.1 Nr.3 zunächst zu prüfen, ob die mit der Bewachung solcher Objekte betrauten Personen wesentlich mehr als die Allgemeinheit durch Angriffe auf Leib oder Leben gefährdet sind.

(1) Überdurchschnittliche Gefährdung der Objektschützer

Ob eine überdurchschnittliche Gefährdung der Objektschützer besteht oder nicht, hängt wesentlich von der konkreten Ausgestaltung der jeweiligen Bewachungstätigkeit ab. Auch hierbei sind letztendlich die Umstände des Einzelfalles entscheidend.

(a) Beobachtungs- und Eingriffsfunktion

Besteht die Tätigkeit von vornherein ausschließlich in der Beobachtung der zu bewachenden Objekte und zielt nicht auf eine Konfrontation mit eventuellen Straftätern ab, sondern sieht für diesen Fall die Benachrichtigung und Hilfe der Polizei vor, dann liegt eine erhöhte Gefahr, von Rechtsbrechern bedroht und angegriffen zu werden, nicht vor. Demnach ist auch eine Ausrüstung mit Schußwaffen nicht erforderlich, so daß ein Bedürfnis im Sinne von § 32 Abs.1 Nr.3 zu verneinen ist.
Allerdings sind die Wachtätigkeiten oftmals nicht von rein beobachtender Natur, die Wächter müssen bei den sogenannten Revierdiensten vielmehr in die Gebäude hineingehen, dort Kontrollgänge durchführen und Wächterkontrollsysteme betätigen[936]. Ziel ihrer Tätigkeit ist es, andere Personen von der Begehung strafbarer Handlungen im Hinblick auf die zu bewachenden Objekte abzuhalten. Dem Wächter kommt somit auch eine gewisse Abschreckungs- und Warnfunktion zu. Aufgrund dieser dem Wachpersonal zukommenden Funtkionen wird die Ansicht vertreten, daß die Tätigkeit der Objektschützer zwangsläufig zu Konfrontationen mit Einbrechern führe. Werde der Rechtsbrecher entdeckt und wolle den Objektschützer überwinden, so müsse er häufig notwendigerweise mit Gewalt vorgehen, so daß meist keine oder nur eine geringe Möglichkeit bestünde, sich körperlicher Angriffe zu entziehen[937]. Selbst wenn der Wächter sich vorsichtig verhalte und nicht etwa versuche, den gestellten Straftäter fest-

---

[936] Dazu Kötter, in: Handbuch, S.326f. und Dammert, WS 1979, 125 (128f).
[937] VG Kassel vom 03.01.1981, W+S 1981, 154 (155).

zunehmen, sei die Möglichkeit einer Konfrontation nicht auszuschließen. Zum Schutze gegen diese Gewalt sei daher eine Schußwaffe erforderlich[938].

(b) Stellungnahme

Auch wenn das Bewachungspersonal bei seinen Kontrollgängen in die Objekte hineingeht, ist die Wahrscheinlichkeit, daß es tatsächlich mit Einbrechern zusammenstößt und dabei in gewalttätige Auseinandersetzungen verwickelt wird, denen es nur mit Schußwaffengewalt Herr wird, gering. Dies liegt zum einen daran, daß sich das Bewachungspersonal beim Revierdienst nicht die ganze Zeit im Objekt aufhält, sondern lediglich Kontrollgänge durchführt. Im Vergleich zum Transportschutz ist hier die Wahrscheinlichkeit eines Aufeinandertreffens von vornherein geringer. Es kommt hinzu, daß der Revierdienst regelmäßig eine größere Anzahl von Objekten zu überwachen hat[939], wodurch die Häufigkeit der Kontrollgänge zwangsläufig abnimmt ist. Bedenkt man, daß die Kontrollzeiten ausgekundschaftet werden können und daß das Bewachungspersonal von den potentiellen Tätern als solches erkannt und bemerkt wird, besteht für diese eine relativ große Chance, nicht entdeckt zu werden oder ggf. zu entkommen. Jedenfalls kommt es nicht zwangsläufig zu einem unmittelbaren Aufeinandertreffen von Bewachungspersonal und Rechtsbrechern. Stoßen sie dennoch zusammen, bestehen durchaus Möglichkeiten, gewalttätige Konfrontationen zu vermeiden. Handelt es sich beispielsweise um unbewaffnete oder nicht mit Schußwaffen bewaffnete Einzeltäter, dann kann die Wahrscheinlichkeit körperlicher Angriffe schon dadurch verringert werden, daß die Kontrollgänge jeweils von mindestens zwei Personen durchgeführt werden[940]. Auch geht von einem mitgeführten Wachhund eine gewisse Abschreckung aus, die unbewaffnete Täter davon abhalten wird, das Bewachungspersonal anzugreifen. Unter Berücksichtigung der dargestellten Sicherheitsvorkehrungen sind die Objektschützer daher nicht wesentlich mehr als die Allgemeinheit durch Angriffe auf Leib oder Leben gefährdet.
Darüber hinaus muß berücksichtigt werden, daß Mitarbeiter von Sicherheitsdiensten kraft ihrer Ausbildung und Erfahrung dafür geschult sein

[938] VG Kassel vom 03.01.1981, W+S 1981, 154 (155).
[939] Dammert, WS 1979, 125 (128).
[940] Allgemein zur Minderung der Gefährdung durch die Begleitung einer weiteren Person, vgl. BayVGH, GewArch 1988, 393 (395).

sollten, gefährliche Orte, Situationen und Personen frühzeitig zu erkennen und darauf professionell zu reagieren[941]. Sie können daher gefährlichen Situationen entweder ganz aus dem Wege gehen oder rechtzeitig Vorkehrungen zur Verteidigung treffen. Körperlichen Angriffen stehen sie somit nicht unvorbereitet gegenüber, sondern sind für diese Einsätze geschult und verfügen über Selbstverteidigungstechniken. Die daraus resultierende Fähigkeit, Angriffe auch ohne Schußwaffen abwehren zu können, bewirkt, daß an das Bedürfnis zur Ausrüstung mit Schußwaffen entsprechend höhere Anforderungen zu stellen sind[942]. Sollte das Bewachungspersonal ausnahmsweise einem mit Schußwaffen bewaffneten Täter auf frischer Tat ertappen, so ist es ihm zur Vermeidung einer Situation, derer es dann nur noch mit Waffengewalt Herr werden könnte, zuzumuten, von eigenen Maßnahmen zum Schutze der Objekte und zur Verfolgung der Einbrecher Abstand zu nehmen und dafür die Hilfe der Polizei in Anspruch zu nehmen. Zur Eigensicherung der Objektschützer ist daher eine Ausrüstung mit Schußwaffen nicht erforderlich. In diesen Fällen steht vielmehr der wirtschaftliche Verlust der sich im Objekt befindlichen Werte im Vordergrund. Ob für diese Sicherung allerdings ein Bedürfnis im Sinne von § 32 Abs.1 Nr.3 besteht, ist fraglich.

(2) Überdurchschnittliche Gefährdung der sich im Objekt befindlichen Güter

Für die Bedürfnisprüfung nach § 32 Abs.1 Nr.3 können auch andere (insbesondere die persönliche Freiheit, das Eigentum und der Besitz) als die dort ausdrücklich genannten Rechtsgüter bedeutsam sein. Hat das im Einzelfall gefährdete Rechtsgut jedoch geringeren Rang als der Schutz von Leib oder Leben, muß dies bei der Abwägung der miteinander kollidierenden Interessen berücksichtigt werden[943]. In Betracht kommt hier das Eigentum an den im Objekt befindlichen Gütern, beispielsweise größere Mengen von Bargeld, Industrieprodukten oder anderer begehrenswerter Güter. Auch bei Tankstellen, Produktionsstätten und Industrieanlagen wird es wie bei Wohnhäusern regelmäßig möglich sein, die Gefährdung durch

941 Vgl. VG München, Das Recht 1986, 102 (104).
942 Siehe allgemein zur Auswirkung der Verteidigungsfähigkeit auf die Bedürfnisprüfung, Wilhelm, DÖV 1966, 329 (332) und Steindorf, WaffR, § 32 Rn.19.
943 BVerwGE 49, 1 (3) und BVerwG, DVBl. 1975, 890 (890).

bauliche Maßnahmen, etwa die Installation einer Alarmanlage, die Anschaffung eines Wachhundes oder durch den Einsatz eines unbewaffneten Objektschutzes, zu mindern.
Sollte die Gefährdung dennoch im Einzelfall nicht gemindert werden können[944], ist zu berücksichtigen, daß das Eigentum einen geringeren Rang als die Rechtsgüter Leib und Leben aufweist. In diesem Fall wird bei der vorzunehmenden Abwägung das Interesse am Besitz einer Schußwaffe gegenüber dem öffentliche Interesse daran, daß möglichst wenig Schußwaffen unter die Bevölkerung gelangen, nur dann überwiegen, wenn ausnahmsweise zusätzliche Aspekte für eine Bewaffnung sprechen. Dies kann beispielsweise bei einem Apotheker der Fall sein, der ständig größere Mengen von Betäubungsmitteln aufbewahren muß. Denn hier dient die Bewaffnung nicht nur dem Eigentumsschutz, sondern auch der im öffentlichen Interesse liegenden Bekämpfung der Rauschgiftkriminalität[945].

(3) Ergebnis

Für die Bedürfnisprüfung bei der Bewachung von zivilen Objekten kommt es letztendlich darauf an, was sich in den Objekten befindet und wie hoch der Anreiz zu Einbrüchen ggf. zu Überfällen auf das Wachpersonal ist. Im Rahmen dieser Arbeit können allerdings nicht alle denkbaren Güter berücksichtigt werden. Dies muß einer Einzelfallprüfung vorbehalten bleiben. Bei den oben aufgezählten Objekten wird eine Ausrüstung der Objektschützer mit Schußwaffen jedenfalls regelmäßig nicht erforderlich sein, so daß ein Schutzbedarf nach § 32 Abs.1 Nr.3 zu verneinen ist. Sollte dennoch im Einzelfall ein waffenrechtliches Bedürfnis zu bejahen sein, dann ist zu berücksichtigen, daß für die Tätigkeit der Wachpersonen innerhalb der Objekte und auf dem Firmengelände kein WS erforderlich ist[946]. Denn nach § 35 Abs.4 Nr.2 b) können an diesen Örtlichkeiten Schußwaffen mit Zustimmung des Betriebsinhabers ohne WS geführt werden. Notwendig ist lediglich, daß der Bewachungsunternehmer über eine WBK verfügt und die

---

[944] Beispielsweise weil es trotz aller Sicherheitsmaßnahmen ständig zu Einbrüchen kommt oder tatsächlich auch kein wirksamer Polizeischutz zur Verfügung steht, vgl. dazu BVerwG, DVBl. 1975, 890 (893f.).
[945] BVerwG, DVBl. 1975, 890 (893f.).
[946] Vgl. BayVGH, GewArch 1989, 37 (38); OVG Nordrhein-Westfalen, Urteil vom 08. Oktober 1987 -20 A 1211/87, S.7f (unveröffentlicht).

Schußwaffen im Rahmen des § 28 Abs.4 Nr.5 an seine Mitarbeiter überläßt[947]. Die WBK sollte unter Rückgriff auf § 28 Abs.1 Satz 5 mit der Auflage versehen werden, daß die Schußwaffen nur zur Bewachung ganz bestimmter Objekte überlassen werden dürfen[948].
Ebenso ist zum Transport der Schußwaffen zwischen dem Bewachungsunternehmen und den einzelnen Objekten bzw. zwischen mehreren Objekten ein WS nach § 35 Abs.4 Nr.2 c) unnötig[949]. Einzige Voraussetzung ist hierbei, daß die Schußwaffen weder schußbereit noch zugriffsbereit transportiert werden.

cc) Militärische Anlagen, Rüstungsbetriebe

Auch militärische Anlagen, insbesondere Waffen- und Sprengstoffdepots und Rüstungsbetriebe werden größtenteils von privaten Sicherheitsdiensten bewacht[950]. Im Vergleich zu den zivilen Objekten besteht bei diesen Anlagen die Besonderheit, daß darin regelmäßig eine Vielzahl von Schußwaffen, zum Teil vollautomatische Selbstladewaffen wie Maschinenpistolen und Maschinengewehre[951] und Waffen, die dem Gesetz zur Kontrolle von Kriegswaffen (KWKG) unterfallen, etwa Handgranaten und Minen[952], gelagert werden. Der besonderen Gefährlichkeit dieser Waffen entspricht ihre besondere Attraktivität für potentielle Schwerverbrecher und terroristische Gewalttäter[953]. Objekte, in denen solche Waffen gelagert werden, bieten daher im besonderen Maß Anreiz zu Einbrüchen. Darüber hinaus sind

---

[947] Dabei muß er allerdings § 13 Abs.1 Satz 2 BewachVO beachten.

[948] Landtag Nordrhein-Westfalen, Drucks.9/2293, S.2.

[949] BayVGH, GewArch 1989, 37 (38); OVG Nordrhein-Westfalen, Urteil vom 08. Oktober 1987 -20 A 1211/87, S.7 (unveröffentlicht).

[950] BT-Drucks.13/3432, S.3; Olschok-Tautenhahn, DSD 2/97, 6 (7); Bericht des BMI I, in: Innere Sicherheit Nr.62/1982, 28 (29); Hennig, Waffensachkundeprüfung, S.79; Neuhardt, W+S 1985, 37 (37). Mahlberg, Gefahrenabwehr durch gewerbliche Sicherheitsunternehmen, S.188, geht davon aus, daß die Bewachung von Kasernen und sonstigen militärischen Anlagen durch zivile Wachdienste der heute üblichen, selbstverständlichen Praxis entspricht.

[951] Maschinenpistolen und Maschinengewehre sind gleichzeitig Kriegswaffen im Sinne des KWKG, vgl. Steindorf, WaffR, § 1 Rn.31.

[952] Vgl. Kriegswaffenliste Nr.46 und 43.

[953] So für Serienfeuerwaffen VG Gelsenkirchen, GewArch 1985, 243 (243). Allgemein für Schußwaffen, Scholzen, DWJ 1995, 90 (91).

beispielsweise Selbstladewaffen "wegen ihrer schnellen Schußfolge in der Hand von Gewalttätigen oder Leichtsinnigen eine besondere Gefahr für die öffentliche Sicherheit"[954]. Neben dem wirtschaftlichen Verlust steht hier also die durch die Waffenkriminalität hervorgerufene schwerwiegende Gefahr für die öffentliche Sicherheit[955] im Vordergrund. Es liegt daher auch im öffentlichen Interesse, daß derartige Überfälle nach Möglichkeit verhindert werden.

Weiterhin sind die Wachschützer hier im Gegensatz zu zivilen Objekten wesentlich mehr als die Allgemeinheit durch Angriffe auf Leib oder Leben gefährdet. Dies ergibt sich zum einen daraus, daß diese Anlagen - anders als bei den Revierdiensten - in der Regel rund um die Uhr bewacht werden. Aus diesem Grund ist es wahrscheinlicher, daß das Wachpersonal bei einem Einbruch mit den Einbrechern zusammenstößt. Zum anderen ist bei diesen Objekten aufgrund der potentiellen Gefährlichkeit und Entschlossenheit der Täter auch mit Angriffen auf Leib oder Leben der Objektschützer zu rechnen. Mit Personen, die Schußwaffen, insbesondere Kriegswaffen bewachen, wird ein möglicher Angreifer stets die Vorstellung verbinden, daß diese mit Schußwaffen ausgerüstet sind. Für den Täter besteht also nur dann eine Aussicht, in den Besitz der Schußwaffen zu gelangen, wenn er selbst über eine Schußwaffe verfügt. Wer aber damit rechnet, bei einem Einbruch auf bewaffneten Widerstand zu stoßen, der wird im Ernstfall auch bereit sein, Schußwaffen gegen das Bewachungspersonal einzusetzen. Vor diesem Hintergrund scheidet auch eine Abschreckung durch Hunde und die Gefahrminderung durch eine erhöhte körperliche Verteidigungsfähigkeit des Wachpersonals aus. Ein Wachhund bietet gegen einen bewaffneten Angriff keinen ausreichenden Schutz, da er mit einer Schußwaffe leicht kampfunfähig gemacht werden kann[956]. Die erhöhte körperliche Verteidigungsfähigkeit findet letztendlich dort ihre Grenze, wo ein Täter das Opfer mittels Schußwaffe auf Distanz hält und jeden Verteidigungsversuch mit Schußwaffengewalt unterbinden kann. Schließlich können die Objektschützer auch nicht darauf verwiesen werden, von eigenen Maßnahmen zum Schutz des Objektes Abstand zu nehmen und auf das Eintreffen der Polizei zu warten. Schon aus Gründen der Eigensicherung, aber auch um zu ver-

---

[954] BT-Drucks. VI/2678, S.25.

[955] Ähnliche Erwägungen stellt das Bundesverwaltungsgericht bei Betäubungsmitteldiebstählen an, vgl. BVerwG, DVBl. 1975, 890 (893f.).

[956] Vgl. VG Kassel vom 03.01.1981, W+S 1981, 154 (155); Hinze, WaffR, § 32 Anm.5 E; VG Frankfurt, Urteil vom 15. April 1997, abgedruckt in: DSD 1997/3, S.25 (27).

hindern, daß Waffen in die Hände von Kriminellen gelangen, muß das Wachpersonal in der Lage sein, notfalls die Schußwaffe auch einzusetzen. In diesen Fällen ist auch eine Benachrichtigung der Polizei nur dann sinnvoll, wenn zumindest bis zum Eintreffen der Polizei die Entwendung der Waffen unterbunden wird.
Bei der Bewachung von militärischen Anlagen und Rüstungsbetrieben besteht daher ein Bedürfnis im Sinne von § 32 Abs.1 Nr.3. Soweit sich die Tätigkeit auf das befriedete Besitztum, etwa auf den Kasernenbereich oder auf das Firmengelände, beschränkt, ist hierfür nach § 35 Abs.4 Nr.2 b) kein WS erforderlich. Ebenso bedarf es unter den Voraussetzungen des § 35 Abs.4 Nr.2 c) zum Transport der Schußwaffen zu den Anlagen keines WS.
Für die Art der Bewaffnung kommen bei der Bewachung ortsfester Anlagen unterschiedliche Waffen in Betracht, deren konkrete Auswahl sich vor allem nach dem jeweiligen Einsatzzweck und den Einsatzbedingungen zu richten hat. Für Torwachen und für die Aufsicht von Hallen und Gebäuden werden - wie beim Transportschutz - Revolver oder Pistolen ausreichend sein. Für die Bewachung weitläufiger Außenanlagen können dagegen auch Gewehre zweckmäßig sein[957]. Muß mit großen Schußentfernungen gerechnet werden, kommen insbesondere Selbstlade- oder Repetierbüchsen mit Zielfernrohr in Betracht[958].

dd) Kernkraftwerke

Dem Betreiber einer Kernkraftanlage steht es grundsätzlich offen, ob er für die Bewachung der Anlage einen firmeneigenen Werkschutz errichtet oder einen privaten Sicherheitsdienst beauftragt[959]. Der Großteil der Betreiber hat sich jedoch für die zuletzt genannte Art der Bewachung entschieden[960],

---

[957] Vgl. Hennig, Waffensachkundeprüfung, S.86.
[958] Vgl. Hennig, Waffensachkundeprüfung, S.86.
[959] Czepluch, in: Handbuch, S.217; Roßnagel, ZRP 1983, 59 (61). Ziffer 6 der Anforderungen an den Objektsicherungsdienst und an Objektsicherungsbeauftragte in kerntechnischen Anlagen der Sicherheitskategorie I, Gemeinsames Ministerialblatt 1986, S.242ff, läßt die Übertragung der Aufgaben des Objektsicherungsdienstes auf ein gewerbliches Sicherheitsunternehmena ausdrücklich zu.
[960] Ehlers, in: Festschrift für Lukes, 337 (354).

wobei die hierfür eingesetzten privaten Wachleute durchweg mit Schußwaffen bewaffnet sind[961].

(1) Überdurchschnittliche Gefährdung

Kernkraftwerke gehören ohne weiteres zu den besonders gefährdeten Objekten im Sinne von Nr.32.3.5.2 WaffVwV. Bei dem sich in diesen Anlagen befindlichen Nuklearinventar handelt es sich um hoch giftige Stoffe, die unter keinen Umständen freigesetzt werden dürfen. Da die Nutzung der Kernenergie nach wie vor umstritten ist, muß einerseits jederzeit mit "Störmaßnahmen" aus dem Kreis der potentiellen Gegner gerechnet werden. Andererseits eignet sich die Freisetzung des Nuklearinventars besonders gut als Mittel zur politischen Erpressung für Terroristen aller Art[962]. Denkbare und mögliche Szenarien reichen vom Diebstahl nuklearen Materials zum Bombenbau bis zur Herbeiführung von Reaktorunfällen[963]. Entsprechend hoch ist die Gefahr einzuschätzen, daß das Bewachungspersonal Opfer von Überfällen wird und dabei Angriffe auf Leib oder Leben abzuwehren hat.
Weitgehend unbestritten ist ebenfalls, daß ein entsprechender Schutz der Anlagen nicht allein durch bauliche Maßnahmen gewährleistet werden kann, sondern daß ergänzend sogenannte organisatorisch-administrative Maßnahmen, wie die Einrichtung eines Sicherheitsdienstes, erforderlich sind[964]. Auch kann bei der Bewachung von Kernkraftwerken der Einsatz von Reizstoffsprühgeräten, Schlagstöcken und Wachhunden keinen adäquaten Schutz bieten, sondern lediglich als zusätzliches Verteidigungsmittel herangezogen werden[965]. Ebenso ist von der Eignung einer Kurzwaffe in einer für die Verteidigung derartiger Anlagen typischen Situation auszugehen. Zwar wird ein mit "normalen" Schußwaffen, etwa Revolvern

---

[961] Bericht des BMI I, in: Innere Sicherheit Nr.64/1982, 28 (29); Ehses, in: Handbuch, S.479; Neuhardt, W+S 1985, 37 (37).
[962] Roßnagel, ZRP 1983, 59 (60).
[963] Vgl. VGH Bad.-Württ., Urteil vom 04. Dezember 1986, -10 S 1840/82, in: WS 166/1987, 34 (39).
[964] Bericht des BMI I, in: Innere Sicherheit Nr.64/1982, 28 (36); BVerwG, DVBl. 1989, 517 (519).
[965] Vgl. dazu Ziffer 5.3 der Anforderungen an den Objektsicherungsdienst und an Objektsicherungsbeauftragte in kerntechnischen Anlagen der Sicherheitskategorie I, Gemeinsames Ministerialblatt 1986, S.242ff.

oder Pistolen[966], ausgestatteter Sicherheitsdienst letztendlich nicht in der Lage sein, eine paramilitärisch vorgehende, mit modernsten Waffen ausgerüstete Gruppe von einem Eindringen in die Anlage abzuhalten[967]. Es sind allerdings auch Geschehensabläufe realistisch, in denen das Bewachungspersonal auf unbewaffnete Störer stößt (beispielsweise auf Demonstranten) oder Täter abwehren muß, die nicht primär unter Ausnutzung von überlegender Waffengewalt vorgehen, sondern versuchen, durch Zusammenwirken mit einem Angehörigen des Betriebspersonals in die Anlage zu gelangen[968]. Schließlich besteht die Möglichkeit, auch schwer bewaffnete Angreifer durch Ausnutzen der baulichen Sicherheitsvorkehrungen und dem Einsatz von Faustfeuerwaffen zumindest so lange aufzuhalten, bis externe Hilfe - beispielsweise der Polizei - zur Verfügung steht. Jedenfalls ist das Bewachungspersonal nicht typischerweise nur solchen Angriffen ausgeliefert, bei denen eine Verteidigung mit Faustfeuerwaffen von vornherein aussichtslos ist.

Bei der Bewachung von Kernkraftwerken besteht für die Wachschützer mithin ein Schutzbedarf im Sinne von § 32 Abs.1 Nr.3. Soweit sich die Tätigkeit auf das befriedete Besitztum, etwa auf das Werksgelände, beschränkt, ist hierfür nach § 35 Abs.4 Nr.2 b) kein WS erforderlich. Ebensowenig bedarf das Wachpersonal unter den Voraussetzungen des § 35 Abs.4 Nr.2 c) zum Transport der Schußwaffen zu den Anlagen einen WS. Ein WS nach den §§ 35 Abs.1 Satz, 35 Abs.3 Satz 1 wäre jedoch für den Fall erforderlich, daß Nukleartransporte von privaten Sicherheitsdiensten begleitet werden.

Als Schußwaffenart kommen für die Bewachung von Kernkraftwerken Revolver und Pistolen in Betracht[969]. Da Maschinengewehre und Maschinen-

---

966 Ziffer 5.2 der Anforderungen an den Objektsicherungsdienst und an Objektsicherungsbeauftragte in kerntechnischen Anlagen der Sicherheitskategorie I, Gemeinsames Ministerialblatt 1986, S.242ff, sieht eine Bewaffnung mit Pistole oder Revolver vor.

967 Roßnagel, ZRP 1983, 59 (60).

968 Vgl. BVerwG, DVBl. 1989, 517 (519).

969 Vgl. Ziffer 5.2 der Anforderungen an den Objektsicherungsdienst und an Objektsicherungsbeauftragte in kerntechnischen Anlagen der Sicherheitskategorie I, Gemeinsames Ministerialblatt 1986, S.242ff. und Bericht des BMI I, in: Innere Sicherheit Nr.64/1982, 28 (37f). Nach Auskunft der Bundesregierung sind die privaten Wachmannschaften dagegen nicht mit Distanzwaffen ausgerüstet, vgl. die Antwort des Parlamentarischen Staatssekretärs Grüner auf die Fragen der Abgeordneten Frau Terborg, BT-Plenarprotokoll 11/67, S.4623 A-B.

pistolen als vollautomatische Selbstladewaffen dem Verbot des § 37 Abs.1 Nr.1 d) unterfallen, scheiden diese Waffen für private Sicherheitsdienste aus[970]. Umstritten ist dagegen, ob das Wachpersonal bei der Bewachung von Kernkraftwerken mit sogenannten Vorderschaft-Repetierflinten ausgerüstet werden darf.

(2) Ausrüstung mit Schrotflinten ?

Schrotflinten sind für die Wahrnehmung von Bewachungs- und Schutzaufgaben durch gewerbliche Bewachungsunternehmen grundsätzlich nicht geeignet[971]. In Bayern gilt dies allerdings nicht für Vorderschaft-Repetierflinten, die zum Schutz von Kernkraftwerken, Einrichtungen der Daseinsvorsorge und sonstigen durch politisch motivierte Gewaltkriminalität gefährdeten Betriebseinrichtungen verwendet werden, wenn diese Objekte durch eine Umzäunung nach außen abgegrenzt sind und die genannten Waffen zur Sicherheit der Objekte gegen Angriffe von Personengruppen notwendig sind. Die Objekte sind von der zuständigen Behörde namentlich festzulegen und in die WBK einzutragen. Im übrigen können im Einzelfall mit Zustimmung des Bayerischen Staatsministeriums des Inneren weitere Ausnahmen zugelassen werden[972]. Diese Ausnahmeregelung führt in Bayern zu der bedenklichen Rechtslage, daß beim Einsatz dieser Schußwaffen im Einzelfall nicht nur auf eine Umzäunung verzichtet werden kann, sondern daß es sich bei den bewachten Anlagen auch nicht um Einrichtungen der Daseinsfürsorge bzw. Betriebseinrichtungen handeln muß[973].
Die in Bayern erlaubte Ausrüstung privater Sicherheitsdienste mit Vorderschaft-Repetierflinten stößt aber auch auf grundsätzliche Bedenken. Die

---

970 Roßnagel, In: ZRP 1983, 59 (60) und Radioaktiver Zerfall der Grundrechte?, S.135; Stacharowsky, Kriminologisches Journal, 1985, 228 (232). Für den Werkschutz, Lehne, in: Werkschutzhandbuch, S.349; für den Personenschutz Stüllenberg/Fox, Personenschutz, S.122.

971 Vgl. Nr.12.4 der Bekanntmachung des Bayr. Staatsministerium des Inneren vom 28.August 1980, MABl. S.526, zuletzt geändert durch Bekanntmachung vom 14.April 1987, MABl.S.264 - Vollzug des Waffenrechts -; Kurth/Lehle/Lehmann, Aktuelles WaffR, § 32 Rn.17.

972 Nr.12.4 der Bekanntmachung des Bayer. Staatsministerium des Inneren vom 28.August 1980, MABl. S.526, zuletzt geändert durch Bekanntmachung vom 14.April 1987, MABl.S.264 - Vollzug des Waffenrechts -.

973 Vgl. Gantzer, Bayerischer Landtag, Plenarprotokoll 11/34, S.2288.

sogenannten "Pumpguns" werden auch als "riot guns" oder "killer guns" bezeichnet, weil sie in bestimmten Ländern, z.B. in Südafrika, überwiegend zum Niederschlagen von Aufständen benutzt werden und es sich hierbei um eine der tödlichsten Nahkampfwaffen handelt[974]. Dies ist darauf zurückzuführen, daß Schüsse aus diesen Waffen im Nahbereich bis etwa 8 m fast ausnahmslos tödlich sind[975]. Der Zweck der Verwendung von Schrotmunition liegt anders als bei der Verwendung von Kugelmunition darin, das gewählte Ziel nicht punktgenau, sondern "flächendeckend" zu treffen, um das Risiko eines Fehlschusses zu mindern. Der Schütze nimmt dabei bewußt in Kauf, daß sein Ziel an beliebigen Stellen getroffen wird. Zwar trifft es zu, daß die Vorderschaft-Repetierflinten über einen relativ geringen Durchschlag und eine relativ geringe Maximalreichweite verfügen, so daß unter diesem Aspekt die Gefährdung unbeteiligter Personen kleiner ist als bei der Verwendung von Einzelgeschossen[976].

Entscheidend gegen den Einsatz solcher Waffen spricht jedoch, daß diese eine Differenzierung zwischen tödlichen und nur kampfunfähigmachenden Schüssen nicht erlauben[977]. Auch die Bedrohung von besonders sicherheitsrelevanten Anlagen kann nicht dazu führen, daß den Risiken im Objektschutz mit der Verwendung von Waffen begegnet wird, deren bestimmungsgemäßer Einsatz die Inkaufnahme der Tötung des Angreifers oder gar die Tötung Unbeteiligter impliziert[978]. Zwar kann je nach den Umständen des Einzelfalles auch die Tötung eines Angreifers etwa im Rahmen der sog. Trutzwehr gerechtfertigt sein. Jedoch sind hierbei - was den Einsatz der Mittel anbelangt - strenge Anforderungen zu treffen. Die Notwehr dient vornehmlich der Bewährung der Rechtsordnung und verbietet einen Einsatz von Mitteln, der den Notwehrexzess - nämlich die unnötige Tötung eines Angreifers - unvermeidbar mit einschließt. Es widerspricht deshalb dem Gebot der Beschränkung auf die erforderliche Verteidigung, zu diesem

---

974 Gantzer, Bayerischer Landtag, Plenarprotokoll 11/34, S.2283.

975 VG München, Das Recht 1986, 102 (103).

976 Vgl. Hennig, Waffensachkundeprüfung, S.87.

977 So das VG München, Das Recht 1986, 102ff, das die Auflage, beim Objekt- und Personenschutz keine Schrotflinten einzusetzen, für rechtmäßig erachtet hat. Auch Gantzer, Bayerischer Landtag, Plenarprotokoll 11/34, S.2283, geht davon aus, daß sogenannte "Pumpguns" auf eine Entfernung bis 20 m absolut und sicher tödlich wirken.

978 Vgl. VG München, Das Recht 1986, 102 (104) für die Bewachung von Kernkraftanlagen. Zwar kann als ultima ratio auch ein gezielter Todesschuß erforderlich sein. Zuerst muß allerdings versucht werden, einen Angreifer nur kampfunfähig zu schießen. Vgl. dazu Roßnagel, Radioaktiver Zerfall der Grundrechte?, S.134.

Zweck Waffen vorzuhalten, deren Einsatz eine Differenzierung zwischen tödlichen Schüssen und solchen zur Herbeiführung der Kampfunfähigkeit des Gegners nicht mehr erlaubt[979]. Auch bei der Bewachung von Kernkraftwerken durch private Sicherheitsdienste dürfen demnach nur solche Schußwaffen verwendet werden, die ein gestuftes Vorgehen im dargelegten Sinne ermöglichen.
Angesichts der aufgezeigten Sicherheitsbedenken beim Einsatz von Vorderschaft-Repetierflinten ist es privaten Sicherheitsdiensten zumutbar, andere geeignete Verteidigungsmaßnahmen zu ergreifen, so daß die Ausrüstung mit Schrotwaffen nicht erforderlich ist. Auch "nur" mit Faustfeuerwaffen ausgerüstetes Wachpersonal wird aufgrund seiner besonderen Ausbildung und durch Ausnutzen der baulichen Sicherheitsvorkehrungen in der Lage sein, zumindest so lange Widerstand zu leisten, bis beispielsweise die Polizei zur Hilfe kommt. Der in Bayern erlaubte Einsatz von Vorderschaft-Repetierflinten ist aus den dargelegten Gründen abzulehnen. Dieses Ergebnis wird schließlich auch durch die vom Bundesministerium des Innern erstellten "Anforderungen an den Objektsicherungsdienst und an Objektsicherungsbeauftragte in kerntechnischen Anlagen der Sicherungskategorie I"[980] bestätigt. Dort ist unter Ziffer 5.2 festgelegt, daß Angehörige des Objektsicherungsdienstes lediglich Faustfeuerwaffen (Revolver oder Pistolen) mitführen dürfen. Eine Ausrüstung mit Vorderschaft-Repetierflinten ist dagegen nicht vorgesehen.

(3) Auswirkung staatlicher Sicherheitsanordnungen auf die Bedürfnisprüfung

In Bezug auf die Ausrüstung privater Sicherheitsdienste mit Schußwaffen zur Bewachung von Kernkraftwerken besteht die Besonderheit, daß der Staat zum Schutz von Kernkraftanlagen bisweilen selbst Sicherheitsmaßnahmen anordnet. Beispielsweise kann die atomrechtliche Genehmigung zum Betrieb eines Kernkraftwerkes aufgrund § 7 Abs.2 Nr.5 AtG mit der Auflage versehen werden, einen "mit Faustfeuerwaffen ausreichend bewaffneten Werkschutz aufzustellen oder ein zuverlässiges und geeignetes Unternehmen mit der Wahrnehmung dieser Aufgaben zu beauftragen"[981]. Pro-

---

979 VG München, Das Recht 1986, 102 (104).
980 Gemeinsames Ministerialblatt 1986, S.242ff.
981 Siehe dazu BVerwG, DVBl. 1989, 517ff.

blematisch ist, ob sich eine entsprechende Auflage auf die Bedürfnisprüfung im Rahmen des § 32 Abs.1 Nr.3 in der Form auswirkt, daß durch sie die waffenrechtliche Prüfung ersetzt wird. Für eine Ersetzungswirkung im dargestellten Sinne spricht, daß die atomrechtliche Auflage - anders als etwa das Vorliegen einer Erlaubnis nach § 34a GewO, die mangels waffenrechtlichem Bezug auch den Bedürfnisnachweis im Sinne des Waffengesetzes nicht ersetzen kann[982] - unmittelbar an den Inhalt der Bedürfnisprüfung nach § 32 Abs.1 Nr.3 anknüpft und diese sozusagen vorwegnimmt. Dies ist darauf zurückzuführen, daß die nach dem Atomgesetz zuständige Behörde die Genehmigung nur dann erteilen darf, wenn der erforderliche Schutz gegen Störmaßnahmen oder sonstige Einwirkungen Dritter gewährleistet ist. Indem der Gesetzgeber die Erlaubnis von entsprechenden Sicherheitsvorkehrungen abhängig macht, geht er selbst davon aus, daß es sich hierbei um besonders gefährdete Objekte handelt und das Wachpersonal einer erhöhten Überfallgefahr ausgesetzt ist. Diese Einschätzung umfaßt die Kriterien, die im Rahmen des § 32 Abs.1 Nr.3 für das Vorliegen einer im Vergleich zur Allgemeinheit besonderen Gefährdung herangezogen werden müssen. Weiterhin muß die atomrechtliche Genehmigungsbehörde bei der Konkretisierung des nach § 7 Abs.2 Nr.5 erforderlichen Schutzes, nämlich der Frage, ob Sicherungskräfte notwendig sind und ob diese bewaffnet werden müssen, Wertungen vonehmen, die auch durch die waffenrechtliche Genehmigungsbehörde bei der Bedürfnisprüfung angestellt werden müßten. Sie muß zum einen prüfen, ob Schußwaffen erforderlich sind oder ob ein ausreichender Schutz durch baulich-technische Maßnahmen zu gewährleisten ist. Zum anderen muß sie anhand typischer Angriffsszenarien feststellen, ob ein bewaffneter Sicherheitsdienst wesentlich zur Sicherheit eines Kernkraftwerkes beitragen kann[983]. Da die atomrechtliche Genehmigungsbehörde also im wesentlichen die nach dem Waffenrecht notwendigen Voraussetzungen überprüft, erscheint eine inhaltsgleiche Prüfung seitens der Waffenbehörde als entbehrlich. Schließlich wäre es aus der Sicht des Betreibers auch nicht nachvollziehbar, wenn er einerseits von der atomrechtlichen Genehmigungsbehörde dazu verpflichtet würde, einen bewaffneten Sicherheitsdienst mit der Bewachung zu beauftragen, andererseits aber dieser Verpflichtung mangels Anerkennung eines waffenrechtlichen Bedürfnis nicht nachkommen könnte.

---

[982] Vgl. Teil 4, D.V.1.d).

[983] Siehe dazu BVerwG, DVBl. 1989, 517 (519).

Kommt dementsprechend die atomrechtliche Genehmigungsbehörde zu dem Ergebnis, daß die Ausrüstung mit Schußwaffen sowohl erforderlich als auch geeignet ist und fügt der Genehmigung eine entsprechende Auflage bei, dann liegt auch ein waffenrechtliches Bedürfnis nach § 32 Abs.1 Nr.3 vor. Selbstverständlich muß die Waffenbehörde dann weiterhin prüfen, ob andere Versagungsgründe vorliegen. Die atomrechtliche Auflage ersetzt insoweit nicht das weitere waffenrechtliche Erlaubnisverfahren.

c) Personenschutz

Im Bereich des Personenschutzes sind neben staatlichen auch private Leibwächter tätig[984], die in der Regel mit Schußwaffen bewaffnet sind[985]. Auch hier stellt sich die Frage, ob und unter welchen Voraussetzungen ein Bedürfnis zum Tragen von Schußwaffen anerkannt werden kann.

aa) Konkret oder abstrakt gefährdete Personen

Eine Gefährdung im Sinne von § 32 Abs.1 Nr.3 kann bei Wachpersonen vorliegen, deren Aufgabe es ist, besonders gefährdte Personen zu schützen[986]. Abgesehen von Führungskräften des Staates und der Politik, für deren Schutz ohnehin die Polizei zuständig ist, läßt sich der Tätigkeitsbereich zwischen staatlichen und privaten Personenschützern anhand des jeweiligen Gefährdungsgrades abgrenzen. Die Polizei ist für konkret gefährdete Personen zuständig, bei denen auf der Grundlage zuverlässiger Erkenntnisse ein Anschlag zeitlich und/oder räumlich eingrenzbar wahrscheinlich ist[987]. Für private Sicherheitsdienste sind daher nur die Fälle der abstrakten Gefahr (sog. Positionsgefährdung) relevant, bei denen Personen

---

[984] Bericht des BMI I, in: Innere Sicherheit Nr.64/1982, 28 (29); Salewski, in: Handbuch, S.653; Seysen, KrimJournal 1992, 179 (187); Stüllenberg, Criminal Digest 4/1993, 68 (70). Der Personenschutz hat im Vergleich zu den anderen Tätigkeitsfeldern jedoch eine relativ geringe Bedeutung, vgl. Mauersberger, in: Handbuch, S.771f.

[985] Stüllenberg, Criminal Digest 4/1993, 68 (72); Stüllenberg/Fox, Personenschutz, S.121ff.; Ehses, in: Handbuch, S.479; Senat der Hansestadt Hamburg, Drucks.15/676, S.8.

[986] Nr.32.3.5.2 WaffVwV.

[987] Stüllenberg, Criminal Digest 4/1993, 68 (70); Bauer/Haase, Werkschutz, S.173. Vgl. auch BayVGH, Urteil vom 25.10.1997 -21 B 95.3728-, S.13 (unveröffentlicht).

aufgrund allgemeiner Erfahrungen möglicherweise irgendwann Ziel eines Anschlages werden könnten[988]. Der Kreis dieser potentiell gefährdeten Personen kann nur ganz allgemein mit dem Begriff "Führungskräfte der Wirtschaft und anderer Tätigkeitsfelder und ihre Familienangehörigen" umrissen werden[989]. Um eine entsprechende Gefährdung festzustellen, ist es notwendig, daß sich die zuständige Behörden in jedem Einzelfall anzeigen lassen, welche Personen geschützt werden sollen und dann selbst eine Prüfung durchführen[990]. Für die Frage, ob im Einzelfall eine überdurchschnittliche Gefährdung des Personenschützers vorliegt, ist auf die zu schützende Person abzustellen. Denn eine besondere Gefährdung des Personenschützers ist nur dann zu bejahen, wenn die Person, um deren Schutz es geht, ihrerseits derart gefährdet ist, daß sie zum Tragen einer Schußwaffe berechtigt wäre[991]. Hierbei ist auf die von der Rechtsprechung aufgestellten Grundsätze abzustellen. Nich zu verlangen ist, daß die zu schützende Person bereits einmal angegriffen worden ist, ebenfalls nicht, daß die Gefährdung im Sinne des allgemeinen Polizeirechts wahrscheinlich ist[992]. Ob Erfahrungen für eine besondere Gefährdung sprechen, kann mit Hilfe von Auskünften des Bundeskriminalamtes und der Landeskriminalämter festgestellt werden[993].

bb) Erforderlichkeit und Geeignetheit einer Schußwaffe

Im Personenschutz ist man mehr und mehr vom Prinzip der "Manndeckung", also des Begleitschutzes, abgekommen und legt mittlerweile das

---

988 Stüllenberg, Criminal Digest 4/1993, 68 (70).
989 Bauer/Haase, Werkschutz, S.172.
990 Nach dem Bericht des BMI I, in: Innere Sicherheit Nr.64/1982, 28 (33), überläßt es die Mehrheit der Länder allerdings dem Unternehmer, die Gefährdung der jeweiligen Person zu überprüfen. Lediglich in Hamburg werde die Prüfung der Gefährdung der konkret zu nennenden Personen von der Behörde selbst durchgeführt. Vgl. dazu auch Honigl, Tätigwerden von Privaten, S.59f. Kritisch zur diesbezüglichen Prüfung der Behörden, Stüllenberg, Criminal Digest 4/1993, 68 (72), wonach die Waffenerlaubnisbehörden sich mit wohlklingenden Namen von Positionsgefährdeten blenden und mit dem Hinweis auf die Verantwortung in Falle der Versagung der Erlaubnis beeinflussen lassen.
991 Allgemein hierzu Gusy, Polizeirecht, § 3 Rn.162 und Hornmann, HSOG, § 81 Rn.15.
992 BVerwGE 49, 1 (9f).
993 Vgl. Meyer, GewArch 1998, 89 (95).

Schwergewicht auf die sogenannte "Raumdeckung"[994]. Darunter sind vorbeugende Maßnahmen zu verstehen, die im organisatorischen, baulich/mechanischen und technischen Bereich durchzuführen sind[995]. Sie führen in nahezu allen Fällen zu einer Verringerung der Gefahr oder können sie - so bei Eintführungen und Geiselnahmen - ganz erheblich erschweren mitunter sogar verhindern. Soweit die betreffende Person also bereits nach Durchführung zumutbarer Sicherheitsvorkehrungen nicht mehr überdurchschnittlich gefährdet ist, kommt ein Bedürfnis zum Tragen von Schußwaffen seitens der Personenschützer nicht in Betracht. Allerdings wird mit vorbeugenden Maßnahmen regelmäßig keine 100% Sicherheit zu erreichen sein, es sei denn, man igele sich in einem bewachten Haus ein und verlasse dies nicht[996]. Da der Einsatz von Personenschützern es aber gerade gefährdeten Personen ermöglichen soll, sich in der Öffentlichkeit zu bewegen, erscheint allein die Durchführung von vorbeugenden Sicherheitsmaßnahmen im dargestellten Sinne nicht ausreichend, um eine Gefährung nachhaltig zu mindern. Läßt sich die Gefährdung demnach mit Sicherheitsvorkehrungen nicht auf ein Normalmaß reduzieren, dann ist eine Schußwaffe für den Begleitschutz erforderlich.

Was die Geeignetheit einer Schußwaffen für den Begleitschutz anbetrifft, ist auf die Ausführungen zum Transportschutz zu verweisen[997]. Wie bereits dargelegt hängt die Eignung einer Schußwaffe zu einer effektiven Verteidigung wesentlich von der Sicherheit und Schnelligkeit der jeweiligen Person im Umgang mit der Waffe ab[998]. Unter der Voraussetzung, daß der Personenschützer regelmäßig an Schießübungen teilnimmt[999] und dadurch im Kombat-Schießen einen Ausbildungsstand erreicht, der etwa dem eines Polizeibeamten gleichkommt, wird er regelmäßig auch bei überraschenden Angriffen zu einer erfolgreichen Abwehr in der Lage sein[1000]. Aufgrund

---

994 Salewski, in: Handbuch, S.653. Vgl. auch Stüllenberg, Criminal Digest 4/1993, 68 (72).

995 Bauer/Haase, Werkschutz, S.174. Siehe dazu auch das Merkblatt des BKA zum Personenschutz, veröffentlicht in: Bauer/Haase, Werkschutz, S.177ff.

996 Bauer/Haase, Werkschutz, S.172.

997 Vgl. Teil 4, D.V.2.a)aa)(3).

998 BVerwG, GewArch 1980, 348 (350); VGH Bad. Württ., GewArch 1989, 245 (247f.).

999 Vgl. dazu die Ausführungen zur Ergänzung des Sachkundenachweises unter Teil 4, D.III.2.

1000 Vgl. dazu VGH Bad. Württ., GewArch 1989, 245 (247f.); Scholzen, DWJ 1995, 90 (91); Stüllenberg/Fox, Personenschutz, S.101ff.; A.A.: Stüllenberg, Criminal Digest 4/1993, 68 (72).

seiner Ausbildung und Erfahrung vermag er auch einzuschätzen, wann er von der Schußwaffe Gebrauch machen kann, ohne unbeteiligte Dritte zu gefährden und in welchen Situationen dies nicht möglich ist[1001].

cc) Ergebnis

Kommt die Behörde nach einer Prüfung des Einzelfalles zu dem Ergebnis, daß die zu bewachende Person überdurchschnittlich gefährdet ist und stellt das Tragen einer Schußwaffe unter den dargestellten Voraussetzungen ein geeignetes und erforderliches Mittel zur Minderung dieser Gefährdung dar, dann fällt die erforderliche Interessenabwägung zugunsten des Personenschützers aus. Als geeignete Schußwaffen kommen für den Begleitschutz entweder Double-Action Revolver oder Selbstladepistolen in Betracht[1002]. Sollen Personenschützer unauffällig bleiben, bieten Selbstladepistolen wegen ihrer schlanken Konstruktion (ohne die dickbauchige Trommel) gewisse Vorteile[1003]. Allerdings ist zu beachten, daß diese Kurzwaffenart ein höheres Ausbildungsniveau verlangt. Gegenüber der einfacheren, weniger störanfälligen Revolverkonstruktion verlangt die Selbstladepistole mehr Bedienaufwand, größeres waffentechnisches Können und eine größere Schießfertigkeit[1004].
Als Munition für Verteidigungszwecke sind solche Patronen bzw. Geschosse sinnvoll, die über eine hohe Aufhaltekraft und einen geringen Durchschlag verfügen[1005]. Da die zu schützenden Personen regelmäßig auch außerhalb des befriedeten Besitztums begleitet werden müssen, ist hierfür ein WS erforderlich[1006]. Dieser ist mit einer Auflage im Sinne von § 35 Abs.2 Satz 3 zu erteilen, daß die Schußwaffe nur zum Schutz der gefährdeten Personen geführt werden darf[1007].
Wird beim Personenschutz eine Schutzperson zu einer öffentlichen Veranstaltung begleitet, dann berechtigt der WS die privaten Sicherheitskräfte nicht zur Ausübung der tatsächlichen Gewalt über die Schußwaffen

---

[1001] Vgl. VG Frankfurt a.M., Urteil vom 15.April 1997, in: DSD 3/97, 25 (27).
[1002] Stüllenberg/Fox, Personenschutz, S.121; Hennig, Waffensachkundeprüfung, S.85.
[1003] Stübiger, PROTECTOR 10/97, 34 (35).
[1004] Stübiger, PROTECTOR 10/97, 34 (35).
[1005] Hennig, Waffensachkundeprüfung, S.85 und S.118; Stüllenberg/Fox, Personenschutz, S.123;
[1006] Scholzen, DWJ 1995, 90 (90); Senat der Hansestadt Hamburg, Drucks.15/676, S.8.
[1007] Vgl. Bericht des BMI I, in: Innere Sicherheit Nr.64/1982, 28 (33).

während der öffentlichen Veranstaltung[1008]. Die Sicherheitskräfte bedürfen hierzu einer Sondererlaubnis zum Führen von Schußwaffen gemäß § 39 Abs.2[1009].

VI. Zusammenfassung von Abschnitt D.

Für die Tätigkeit privater Sicherheitsdienste stehen die Erlaubnisversagungsgründe der fehlenden waffenrechtlichen Zuverlässigkeit und des fehlenden waffenrechtlichen Bedürfnisses deutlich im Vordergrund. Im Rahmen der Zuverlässigkeitsprüfung kann Mitarbeitern von privaten Sicherheitsdiensten grundsätzlich auch noch heute ihre frühere Mitarbeit beim Ministerium für Staatssicherheit oder bei der Volkspolizei der ehemaligen DDR entgegengehalten werden. Eine waffenrechtliche Unzuverlässigkeit erwächst daraus aber erst, wenn im Einzelfall nachgewiesen werden kann, daß die Tätigkeit mit einem Verhalten verbunden gewesen ist, welches auch heute noch eine Annahme im Sinne von § 5 Abs.1 Nr.1-3 rechtfertigt. Eine allgemeine Vermutung, wonach frühere Führungskräfte im Staatsapparat der ehemaligen DDR, insbesondere im MfS, als unzuverlässig anzusehen seien, enthält das Waffengesetz dagegen nicht.
Bei ehemaligen Polizeibeamten als Wachpersonen können insbesondere strafrechtliche Verurteilungen, die zur Beendigung des Beamtenverhältnisses geführt haben, die Regelvermutung des § 5 Abs.2 Nr.1 auslösen. Voraussetzung ist allerdings, daß die zugrundeliegenden Verurteilungen vom Katalog des § 5 Abs.2 Nr.1 erfaßt sind. Andernfalls muß im Einzelfall geprüft werden, ob die Gründe, die zur Beendigung des Beamtenverhältnisses geführt haben, eine Annahme im Sinne von § 5 Abs.1 Nr.1-3 rechtfertigen.
Allgemein greift bei Mitarbeitern von privaten Sicherheitsdiensten die Regelvermutung des § 5 Abs.2 Nr.1 b) ein, wenn diese wegen einer dort aufgeführten Straftat rechtskräftig verurteilt worden sind und seit dem Eintritt der letzten Verurteilung fünf Jahre noch nicht verstrichen sind. Hervorzuheben ist, daß zu den gemeingefährlichen Straftaten im Sinne von § 5 Abs.2 Nr.1 b) Trunkenheit im Straßenverkehr (§ 316 StGB), Straßengefährdung im Zustand der Trunkenheit (§ 315c StGB) und Vollrausch (§ 323a StGB) und zu den Straftaten gegen das Vermögen im Sinne von § 5 Abs.2 Nr.1b) Un-

---

1008 Bueß, Private Sicherheitsdienste, S.171.

1009 Zu den Voraussetzungen einer Ausnahme im Sinne von § 39 Abs.2, vgl. VGH Bad.-Württ., GewArch 1981, 389f.

treue (§ 266 StGB), Bankrott (§ 283 Abs.1 Nr.1 StGB) und Steuerhinterziehung (§ 370 AO) gezählt werden. Dagegen führen Steuerschulden, Nichtabführung von Sozialversicherungsbeiträgen oder mangelnde wirtschaftliche Leistungsfähigkeit regelmäßig nicht zur waffenrechtlichen Unzuverlässigkeit des Bewachungsunternehmers. Allerdings kann diesen Tatsachen bei der Bedürfnisprüfung eine Bedeutung zukommen. Sofern es nämlich aufgrunddessen zum Widerruf der Gewerbeerlaubnis kommt, muß berücksichtigt werden, daß es - soweit die Ausübung des Bewachungsgewerbes nicht mehr durch eine entsprechende Erlaubnis nach § 34a GewO gedeckt ist - an einem waffenrechtlichen Bedürfnis fehlt. Dies ist darauf zurückzuführen, daß eine Gefährdung im Sinne von § 32 Abs.1 Nr.3, die aus einem rechtswidrigen Tun herrührt, kein waffenrechtliches Bedürfnis begründen kann.

Auch die Nichterfüllung von waffenrechtlichen Auflagen, der aus § 46 Abs.1 Satz 1 resultierenden Auskunfspflicht und der Verstoß gegem inhaltliche Beschränkungen können die Unzuverlässigkeit begründen. Als Auflagen an private Sicherheitsdienste kommen beispielsweise die Anordnung in Betracht, die Schußwaffen nach Beendigung der Bewachungsschicht wieder im Büro zu sachgemäßer Verwahrung abzugeben oder die Waffen nur gesichert bzw. entspannt mitzuführen. Da die vorsätzliche oder fahrlässige Nichterfüllung einer vollziehbaren Auflage nach §§ 28 Abs.1 Satz 5, 35 Abs.2 Satz 3 gemäß § 55 Abs.1 Nr.1 eine Ordnungswidrigkeit darstellt, greift bei wiederholten oder gröblichen Verstößen die Unzuverlässigkeitsvermutung des § 5 Abs.2 Nr.2 ein. Zur Unzuverlässigkeitsvermutung im Sinne von § 5 Abs.2 Nr.2 führt auch ein wiederholter oder gröblicher Verstoß gegen die dem Bewachungsunternehmer als Erlaubnisinhaber obliegende Auskunftspflicht nach § 46 Abs.1 Satz 1, der nach § 55 Abs.1 Nr.26 eine Ordnungswidrigkeit darstellt. Auf eine Wiederholung oder Gröblichkeit kommt es dagegen bei Verstößen gegen inhaltliche Beschränkungen nicht an. Ist beispielsweise der Geltungsbereich des WS gemäß § 35 Abs.2 Satz 2 auf bestimmte Wachtätigkeiten beschränkt und führt eine Wachperson Schußwaffen auch zu anderen, nicht vom WS erfaßten Anlässen, dann macht sie sich nach § 53 Abs.1 Nr.3a b) strafbar. In diesem Fall greift bereits bei einer einmaligen Verurteilung die Regelvermutung des § 5 Abs.2 Nr.1 e) ein.

In Ausnahmefällen kann auch die mangelnde Sachkunde einer Wachperson zur waffenrechtlichen Unzuverlässigkeit führen. Liegt der Sachkundenachweis der betreffenden Person bereits längere Zeit zurück und ist sie nicht mehr in der Lage ist, mit der Schußwaffe sachgemäß umzugehen, dann kann eine Annahme im Sinne von § 5 Abs.1 Nr.2 gerechtfertigt sein. Hinsichtlich einer Wiederholung der Zuverlässigkeitsprüfung sieht das Waffengesetz in § 30 Abs.4 lediglich vor, daß die zuständige Behörde den Inhaber einer WBK (zumeist nur der Bewachungsunternehmer) in regelmäßigen Abständen, mindestens jedoch nach Ablauf von 5 Jahren, erneut auf seine Zuverlässigkeit zu überprüfen hat. In bezug auf die Bediensteten, die im Auftrag des Unternehmens Schußwaffen führen sollen und hierfür nach § 28 Abs.4 Nr.5 keine WBK bedürfen, ist in Nr. 35.3.3 WaffVwV festgelegt, daß die Behörde im Zusammenhang mit einem erteilten WS für Unternehmen - also bei Wachpersonen, die die Schußwaffen außerhalb eines befriedeten Besitztums führen sollen - die Zuverlässigkeit des einzelnen Bediensteten zu prüfen hat, nachdem der Erlaubnisinhaber den Namen des der Behörde anzuzeigenden Bediensteten mitgeteilt hat. Da der WS nach § 35 Abs.1 Satz 3 längstens drei Jahre gilt, ist hier von einer regelmäßigen Wiederholung der Zuverlässigkeitsprüfung auszugehen. Hingegen fordert § 13 Abs.1 Satz 2 BewachVO für Wachpersonen, denen vom Gewerbetreibenden unter den Voraussetzungen des § 35 Abs.4 Nr.2b) Schußwaffen für den Gebrauch in einem befriedeten Bestitztum überlassen werden, nur die einmalige Prüfung der zum Erwerb der Waffen erforderlichen Zuverlässigkeit. Auch in diesem Fall wäre es allerdings dringend geboten, die regelmäßige Wiederholung der Zuverlässigkeitsprüfung für bewaffnetes Wachpersonal verbindlich festzuschreiben. Dies könnte im Rahmen der Verwaltungsvorschriften zum Waffengesetz geregelt werden. Solange es jedoch an einer entsprechenden Vorschrift fehlt, sollten die Waffenrechtsbehörden angewiesen werden, auch die Zuverlässigkeitsüberprüfung von Wachpersonen, die unter den Voraussetzungen des § 35 Abs.4 Nr.2 b) im befriedeten Besitztum tätig werden, spätestens nach 3 Jahren zu wiederholen.

Für private Sicherheitsdienste ist neben der mangelnden Zuverlässigkeit ihrer Mitarbeiter das fehlende waffenrechtliche Bedürfnis der wichtigste Versagungsgrund für waffenrechtliche Erlaubnisse. In der bislang zur Bewaffnung von privaten Sicherheitsdiensten ergangenen Rechtsprechung wird häufig über das Vorliegen eines waffenrechtlichen Bedürfnisses im Sinne von § 32 Abs.1 Nr.3 gestritten. Eine Gefährdung im Sinne des § 32 Abs.1 Nr.3 kann nach Nr.32.3.5 WaffVwV insbesondere bei Personen vorliegen, für die im Zusammenhang mit ihrer Berufsausübung in erhöhtem Maße die Gefahr von Überfällen besteht. Aus der Formulierung "kann"

folgt, daß allein die Zugehörigkeit zu einer bestimmten Berufsgruppe für die Begründung eines Bedürfnisses nicht ausreicht. Demnach läßt sich auch allein aus der Zugehörigkeit zu einem privaten Sicherheitsdienst kein waffenrechtliches Bedürfnis im Sinne von § 32 Abs.1 Nr.3 herleiten. Vielmehr bedarf es in jedem Einzelfall eines Nachweises besonderer Umstände, die auf eine gegenüber der Allgemeinheit wesentlich erhöhte individuelle Gefährdung hindeuten. Ebensowenig kann das Vorliegen einer Erlaubnis nach § 34 a GewO zur Ausübung des Bewachungsgewerbes ein waffenrechtliches Bedürfnis begründen. Der Gesetzgeber des Waffengesetzes hat das Bewachungsgewerbe nicht in der Weise priviligiert, daß auf solche Unternehmen die allgemeinen Vorschriften über Erlaubnispflichten und die in diesem Zusammenhang bestehenden zwingenden Versagungsgründe nicht zur Anwendung kommen sollen. Der Umstand, daß jemand ein Bewachungsgewerbe i.S.v. § 34a GewO betreibt oder als Wachperson in einem solchen Unternehmen angestellt ist, setzt demnach keinen "waffenrechtlichen Automatismus" in Gang.
Im Rahmen der Bedürfnisprüfung muß der Bewachungsunternehmer konkrete Bewachungsaufträge vorlegen, anhand derer die Behörde das Bestehen einer besonderen Gefährdung überprüfen kann. Können entsprechende Aufträge nicht nachgewiesen werden, besteht die Möglichkeit, daß der Unternehmer glaubhaft macht, daß er solche Aufträge verbindlich für den Fall erwartet, daß er zum Tragen von Schußwaffen berechtigt ist. Unter diesen Umständen sollte die WBK nur für die Dauer eines Jahres erteilt werden.
Privaten Sicherheitsdiensten kann im Rahmen der Bedürfnisprüfung nicht generell entgegengehalten werden, daß sie zur Gefahrenminderung auf bestimmte gefahrträchtige Aufträge verzichten könnten. Dies verstieße nicht nur gegen das in Art.12 Abs.1 GG gewährte Grundrecht der freien Berufsausübung, sondern würde darüber hinaus dazu führen, daß bestimmte Tätigkeiten, etwa der Geldtransport, die nicht (mehr) durch die Polizei geschützt werden, nicht mehr oder nur noch unbewaffnet durchgeführt werden könnten. Dies wäre nicht nur volkswirtschaftlich nicht vertretbar, sondern widerspräche auch der in § 32 Abs.1 Nr.3 zum Ausdruck gekommenen Wertung, daß ein Bedürfnis zum Besitz einer Schußwaffe zur persönlichen Verteidigung gegen Angriffe auf Leib oder Leben bestehen kann, wenn mit erhöhter Wahrscheinlichkeit mit solchen Angriffen gerechnet werden muß. Es entspricht vielmehr der Zielsetzung des Waffengesetzes, bestimmte gefahrträchtige Tätigkeiten nicht durch Privatpersonen durchführen zu lassen - welche wiederum eigene waffenrechtliche Berechtigungnen benötigten -

sondern professionellen Unternehmen zu übertragen. Werden diese Aufgaben von einer überschaubaren Anzahl von Sicherheitsunternehmen wahrgenommen, die nur für diese Tätigkeiten bewaffnet werden, dann reduziert sich auch die Anzahl der im Privatbesitz befindlichen Schußwaffen.
Für welche von privaten Sicherheitsdiensten durchgeführten Tätigkeiten ein waffenrechtliches Bedürfnis im Sinne von § 32 Abs.1 Nr.3 anzuerkennen ist, kann nicht pauschal beantwortet werden, sondern erfordert eine Einzelfallwürdigung. In der Praxis gehören der Transport-, Objekt- und Personenschutz zu den Bereichen, in denen ein Bedürfnis zum Tragen von Schußwaffen bestehen kann. Zu den wichtigen Teilbereichen des Transportschutzes zählen der Geld-, Schußwaffen- und Munitionstransport und der Transport anderer besonders begehrter Güter. Hierbei wird unter bestimmten Umständen, insbesondere wenn die Fahrtzeiten und -wege mangels Flexibilität ausspähbar sind und aufgrunddessen eine erhöhte Überfallgefahr besteht und wenn Schußwaffen zur Minderung dieser Gefährdung erforderlich und geeignet sind, ein Bedürfnis im Sinne von § 32 Abs.1 Nr.3 zu bejahen sein. Da die verwendeten Fahrzeuge oftmals nur im öffentlichen Straßenland be- und entladen werden können, ist hierfür die Erteilung eines WS erforderlich. Zweckmäßig ist eine Ausrüstung der Begleitpersonen mit Revolvern oder Selbstladepistolen, wobei dem Revolver aufgrund seiner unkomplizierten Handhabung und der besseren Eigenschaft im Kombat-Schießen grundsätzlich der Vorzug gegeben werden sollte.
In Hinblick auf den Bereich des Objektschutzes ist zwischen der Bewachung von Wohnhäusern, anderen zivilen Objekten, militärischen Anlagen und Kernkraftwerken zu unterscheiden. Bei Wohnhäusern scheidet ein Bedürfnis im Sinne von § 32 Abs.1 Nr.3 aus, weil diese entweder keine überdurchschnittliche Gefährdung aufweisen oder die Gefährdung mit anderen Mitteln, beispielsweise einer Alarmanlage oder/und eines Wachhundes oder baulichen Maßnahmen, nachhaltig reduziert werden kann.
Für die Bewachung anderer ziviler Objekte, beispielsweise Tankstellen, allgemeine Produktionsstätten und Industrieanlagen, ist zumindest beim Revierdienst, die Wahrscheinlichkeit gering, daß Wachpersonen unter den dargestellten Umständen mit Einbrechern zusammenstoßen und überfallen werden. Sollte der Revierdienst dennoch einmal mit einem bewaffneten Täter aufeinandertreffen, dann ist es ihm zuzumuten, von der Verfolgung des Täters abzusehen und die Polizei zu alarmieren. Ein waffenrechtliches

Bedürfnis zum Besitz von Schußwaffen besteht demnach grundsätzlich nicht.
Bei militärischen Anlagen, insbesondere Waffen- und Sprengstoffdepots, und Rüstungsbetrieben besteht im Vergleich zu zivilen Objekten die Besonderheit, daß hier eine Vielzahl von Schußwaffen, zum Teil vollautomatische Selbstladewaffen wie Maschinpistolen und Maschinengewehre und Waffen, die dem Gesetz zur Kontrolle von Kriegswaffen (KWKG) unterfallen, etwa Handgranaten und Minen, gelagert werden. Der besonderen Gefährlichkeit dieser Waffen entspricht ihre besondere Attraktivität für potentielle Schwerverbrecher und terroristische Gewalttäter. Objekte, in denen solche Waffen gelagert werden, bieten daher im besonderen Maß Anreiz zu Einbrüchen. Daneben besteht ein öffentliches Interesse daran, daß derartige Waffen nicht in die Hände von Verbrechern gelangen.
Wachpersonen, die diese Objekte rund um die Uhr bewachen, müssen damit rechnen, von bewaffneten Tätern überfallen zu werden.
Mildere Mittel als scharfe Schußwaffen, etwa die Ausrüstung mit erlaubnisfreien Waffen oder der Einsatz eines Wachhundes, kommen bei der Bewachung dieser Objekte zur nachhaltigen Gefahrenminderung nicht in Betracht. Dies ist damit zu erklären, daß Personen, die durch Überfälle in den Besitz von Schußwaffen gelangen wollen, damit rechnen, auf bewaffneten Widerstand zu treffen und dementsprechend die Bereitschaft haben, selbst Schußwaffen gegen Wachpersonen einzusetzen.
Unter den dargelegten Umständen besteht mithin ein Bedürfnis im Sinne von § 32 Abs.1 Nr.3.
Soweit sich die Tätigkeit auf das befriedete Besitztum, etwa auf den umzäunten Depotbereich oder das umzäunte Firmengelände beschränkt, benötigen private Sicherheitsdienste unter den Voraussetzungen des § 35 Abs.4 Nr.2 b) keinen WS. Ebenso bedarf es unter den Voraussetzungen des § 35 Abs.4 Nr.2 c) zum Transport der Schußwaffen zu den Anlagen keines WS. Für die Art der Bewaffnung sind der Einsatzzweck und die Einsatzbedingungen maßgebend. Während für Torwachen und die Überwachung von Hallen und Gebäuden Revolver und Pistolen geeignet sind, können für die Bewachung weitläufiger Außenanlage Gewehre angebrachter sein.

Auch bei der Bewachung von Kernkraftanlagen muß jederzeit mit Störmaßnahmen oder mit bewaffneten Überfällen gerechnet werden. Die Freisetzung des Nuklearinventars eignet sich darüber hinaus besonders gut als Mittel zur politischen Erpressung und ist daher insbesondere bei Terroristen besonders

begehrt. Da der Schutz der Anlagen nicht allein durch bauliche Maßnahmen gewährleistet werden kann, besteht für Personen, die Kernkraftwerke bewachen, ein Bedürfnis zum Besitz von Schußwaffen im Sinne von § 32 Abs.1 Nr.3. Zur Bewaffnung kommen Revolver und Pistolen in Betracht. Da Maschinengewehre und Maschinenpistolen als vollautomatische Selbstladewaffen dem Verbot des § 37 Abs.1 Nr.1 d) unterfallen, können diese Waffen bei der Bewachung von Kernkraftwerken nicht verwendet werden. Nach Ansicht des Verfassers scheidet der in Bayern zulässige Einsatz von Schrotflinten nach Art der sogenannten Vorderschaft-Repetierflinten wegen ihrer mangelnden Zielgenauigkeit und der damit verbundenen Unmöglichkeit, zwischen tödlichen und kampfunfähigmachenden Schüssen zu differenzieren, für die Bewaffnung privater Sicherheitsdienste ebenfalls aus. Diese Einschätzung wird durch die vom Bundesministerium des Innern erstellten "Anforderungen an den Objektsicherungsdienst und an Objektsicherungsbeauftragte in kerntechnischen Anlagen der Sicherungskategorie I" bestätigt, wonach für die Bewaffnung des Objektsicherungsdienstes lediglich Revolver oder Pistolen vorgesehen sind.
Im Zusammenhang mit der Bewachung von Kernkraftwerken besteht die Besonderheit, daß oftmals bereits die Betriebsgenehmigung mit einer Auflage nach § 7 Abs.2 Nr.5 AtG versehen wird, wonach die Anlage von einem bewaffneten Werkschutz oder privaten Sicherheitsdienst bewacht werden muß. Da im Rahmen einer solchen Anordnung die Prüfung der auch für das Vorliegen eines waffenrechtlichen Bedürfnisses maßgeblichen Kriterien vorweggenommen wird, ersetzt eine entsprechende Auflage die ansonsten erforderliche Bedürfnisprüfung. Die Prüfung der weiteren waffenrechtlichen Versagungsgründe bleibt davon allerdings unberührt.
In bezug auf den Personenschutz ist das Tätigkeitsfeld der privaten Leibwächter von vornherein auf die Fälle der abstrakten Gefahr (sog. Positionsgefährdung), das heißt auf Personen, die nach allgemeiner Erfahrung möglicherweise Ziel eines Anschlages werden könnten, beschränkt. Dagegen ist für die Fälle einer konkreten Gefahr, sofern also ein Anschlag zeitlich und/oder räumlich eingrenzbar wahrscheinlich ist, die Polizei zuständig. Der Kreis der für den privaten Personenschutz in Frage kommenden Personen kann nur ganz allgemein mit dem Begriff "exponierte Führungskräfte der Wirtschaft, Politik, Justiz und anderer Tätigkeitsfelder und ihre Familienangehörigen" umrissen werden. Um eine entsprechende Gefährdung festzustellen, ist es notwendig, daß sich die zuständige Behörde in jedem Einzelfall anzeigen läßt, welche Person geschützt werden soll und

dann selbst eine Prüfung der Gefährdung durchführt. Da allein organisatorische und technische Vorbeugemaßnahmen im Personenschutz keinen ausreichenden Schutz vor Anschlägen gewährleisten können und der Einsatz von Personenschützern es gerade der betreffenden Person ermöglichen soll, sich auch in der Öffentlichkeit zu bewegen, ist - sofern eine besondere Gefährdung im Einzelfall vorliegt - ein Bedürfnis im Sinne von § 32 Abs.1 Nr.3 zu bejahen. Da die zu schützenden Personen regelmäßig auch außerhalb des befriedeten Besitztums begleitet werden müssen, ist hierfür ein WS erforderlich. Dieser ist unter Rückgriff auf § 35 Abs.2 Satz 3 mit der Auflage zu erteilen, daß die Schußwaffen nur zum Schutz der gefährdeten Personen geführt werden dürfen. Soll die Schutzperson zu einer öffentlichen Veranstaltung begleitet werden, ist zusätzlich eine Sondererlaubnis nach § 39 Abs.2 notwendig. Für die Art der Bewaffnung kommen Double-Action Revolver oder Selbstladepistolen in Betracht, wobei Pistolen beim Personenschutz wegen ihrer geringeren Auffälligkeit gewisse Vorteile bieten.

Neben den Versagungsgründen der fehlenden Zuverlässigkeit und des fehlenden Bedürfnisses stellt sich bei privaten Sicherheitsdiensten der Nachweis der erforderlichen Sachkunde als besonders problematisch dar. Allerdings nicht in dem Sinne, daß waffenrechtliche Berechtigungen häufig wegen mangelnder Sachkunde der Wachpersonen versagt werden würden, sondern deshalb, weil die diesbezüglichen Anforderungen des Waffengesetzes auf den Normalbürger zugeschnitten sind und für die Tätigkeit privater Sicherheitsdienste nicht ausreichen. Der nach den §§ 30 Abs.1 Nr.2, 31 vorgeschriebende Sachkundenachweis verlangt auch von privaten Sicherheitsdiensten lediglich technische und rechtliche Kenntnisse. Der Nachweis von ausreichenden Schießfertigkeiten ist dagegen nicht vorgesehen. Solche Fähigkeiten sind für private Sicherheitsdienste allerdings unabdingbar, da eine effektive Verteidigung und damit ein wirksamer Schutz anderer Personen oder Werte vor Überfällen nur möglich ist, wenn neben der sicheren Bedienung der Waffe auch ein schnelles und ausreichend treffsicheres Schießen gewährleistet ist. Es ist daher in Hinblick auf den sicheren Einsatz von Schußwaffen durch Bewachungspersonal dringend erforderlich, in den Sachkundenachweis ausreichende Schießfertigkeiten einzubeziehen. Hierzu müßte für diese Personengruppe im Waffenrecht eine Pflicht zur regelmäßigen Teilnahme an Ausbildungsschießen und ein Nachweis ausreichender Mindestschießleistungen eingeführt werden. Eine

diesbezügliche Ergänzung des Sachkundenachweises würde auch nicht gegen die in Art.12 Abs.1 GG gewährleistete Berufsausübungsfreiheit verstoßen, da eine entsprechende Einschränkung von Art.12 Abs.1 GG aus vernünftigen Erwägungen des Gemeinwohls als zweckmäßig erscheint.
Darüber hinaus ist darauf hinzuweisen, daß aufgrund der sogenannten "Wechselwirkung" zwischen Sachkunde und Bedürfnis bei mangelnder Schießfertigkeit des Wachpersonals konsequenterweise auch die Eignung der Schußwaffe zur effektiven Verteidigung verneint werden müßte. In diesem Fall würde es bereits an dem erforderlichen Bedürfnis im Sinne von § 32 Abs.1 Nr.3 fehlen.
Solange das Waffengesetz keinen Nachweis entsprechender Schießfertigkeiten vorsieht, sollte Mitarbeitern von privaten Sicherheitsdiensten mittels Auflage nach den §§ 28 Abs.1 Satz, 35 Abs.2 Satz 3 vorgeschrieben werden, regelmäßig an Ausbildungsschießen teilzunehmen und ausreichende Schießleistungen nachzuweisen.

Teil 5. Reform des Waffengesetzes in Hinblick auf die Tätigkeit privater Sicherheitsdienste ?

Das Waffengesetz gilt schon seit Jahren als reformbedürftig. Die Bundesregierung hatte daher bereits 1984 in der 10. Legislaturperiode und 1987 in der 11. Legislaturperiode Gesetzentwürfe zur Änderung des Waffengesetzes eingebracht[1010]. Mit diesen Gesetzentwürfen hat sich der Deutsche Bundestag seinerzeit jedoch nicht näher befaßt bzw. keine abschließenden Beschlüsse gefaßt, so daß sie jeweils der Diskontinuität unterfielen. In der 12. Legislaturperiode hat die Bundesregierung begonnen, eine grundlegende Reform des Waffenrechts vorzubereiten. Eine vom Bundesministerium des Innern eingesetzte Bund/Länder-Arbeitsgruppe konzentrierte sich darauf, in Abkehr von den komplizierten, überreglementierten und selbst für Fachleute und die Vollzugsbehörden häufig kaum verständlichen Regelungen des Waffenrechts ein möglichst klares, übersichtliches und auch umfangmäßig deutlich reduziertes Waffengesetz zu schaffen[1011]. Aber auch die hierfür erarbeiteten Entwürfe[1012] haben zu keiner Beschlußfassung der Bundesregierung geführt[1013], so daß die Novellierung des Waffengesetzes auch in der 13. Legislaturperiode gescheitert ist. Wenngleich die Reform nich verabschiedet wurde und damit eine Reform des Waffengesetzes in weite Ferne gerückt ist, sind die in den Entwürfen gemachten Vorschläge im Rahmen der vorliegenden Arbeit insoweit von großem Interesse, als sie erstmals eine spezielle Regelung zum Erwerb, Besitz und zum Führen von Schußwaffen durch Bewachungsunternehmer enthalten. Auch wenn es sich hierbei lediglich um einen rechtlich unverbindlichen Entwurf handelt, verdeutlicht die diesbezügliche Regelung (§ 15) den derzeitigen Diskussionsstand um die Bewaffnung privater Sicherheitsdienste und zeigt mögliche Reformziele auf.

Im folgenden wird der Wortlaut von § 15 des Entwurfes unter (A.) dargestellt und eine Stellungnahme zum Regelungsinhalt abgegeben (B.).

[1010] Vgl. BT-Drucks. 10/1748 und 11/1556.

[1011] Vgl. die Begründung zum "Ersten vorläufigen Entwurf zu einer strukturellen Neuordnung des Waffenrechts" vom 20. Mai 1997.

[1012] Die weiteren Entwürfe datieren auf den 11. und 17. November sowie 5. Dezember 1997 und schließlich 20. Februar 1998. Vgl. hierzu Ambacher und Kohlheim, Caliber 1998, S.56f.

[1013] Vgl. hierzu Ambacher und Kohlheim, Caliber 1998, S.56f.

A. Regelungsentwurf des Bundesministeriums des Innern

Im Gegensatz zum geltenden Waffengesetz enhält der Entwurf (§§ 10ff.) für die jeweiligen Tätigkeiten etwa als Jäger, Sportschütze oder Schußwaffensammler einzelne Erlaubnistatbestände. Auch für den Erwerb, Besitz und das Führen von Schußwaffen durch Bewachungsunternehmer wurde eigens der Erlaubnistatbestand des § 15 geschaffen:

> "§ 15 Erwerb, Besitz und Führen von Schußwaffen durch Bewachungsunternehmer[1014]
>
> (1) Eine Erlaubnis zum Erwerb und Besitz von Schußwaffen und Muntion kann einem Bewachungsunternehmer (§ 34a der Gewerbeordnung) erteilt werden, wenn er glaubhaft macht, daß das Bewachungsunternehmen auf Dauer angelegt ist und Bewachungsaufträge wahrgenommen werden oder werden_sollen, die aus Gründen der Eigensicherung oder der Sicherung der gefährdeten Person oder eines besonders gefährdeten Objektes das Tragen von Schußwaffen unter Berücksichtigung der Belange der öffentlichen Sicherheit zwingend erfordern.
>
> (2) Die Erlaubnis zum Besitz darf nur für die Dauer eines Jahres erteilt werden, wenn Aufträge nach Absatz 1 nicht nachgewiesen werden. Die Erlaubnis zum Führen soll nur erteilt werden, wenn ein Auftrag nach Absatz 1 nachgewiesen ist. Nach Fristablauf hat der Antragsteller zwecks Verlängerung der Erlaubnis
> 1. die Durchführung von Bewachungsaufträgen im Sinne von Absatz 1 nachzuweisen und
> 2. glaubhaft zu machen, daß derartige Bewachungsaufträge auch in Zukunft zu erwarten sind.
>
> (3) Personen, die nach Weisung des Erlaubnisinhabers Schußwaffen führen sollen, sind vor Erlaubniserteilung der zuständigen Behörde zur Prüfung zu benennen. Satz 1 findet entsprechende Anwendung, wenn Schußwaffen und Munition nach Erlaubniserteilung überlassen werden sollen. Die Überlassung darf erst erfolgen, wenn die zuständige Behörde zugestimmt hat. § 4 Abs.2 Nr.1 bis 3 findet entsprechend Anwendung[1015]. Der Zeitraum der Überlassung und die überlassenen Waffen und Munition sind in einem Waffenbuch nachzuweisen.
> (4) Der Bewachungsunternehmer und die nach Absatz 3 für ihn tätigen Mitarbeiter dürfen erlaubnispflichtige Schußwaffen auch außerhalb eines befrie-

---

[1014] Vgl."Erster vorläufiger Entwurf zu einer strukturellen Neuordnung des Waffenrechts" (Stand 20. Mai 1997).

[1015] Sinngemäß sind nach § 4 Abs.2 Nr.1-3 des Entwurfes waffenrechtliche Erlaubnisse zu versagen, wenn der Antragsteller das vorgeschriebene Alter nicht erreicht hat, die erforderliche Zuverlässigkeit, körperliche Eignung und Sachkunde nicht besitzt.

deten Besitztums schuß- und zugriffsbereit führen, soweit dies auf Grund des Auftrages zwingend erforderlich ist".

Die Begründung zu dieser Vorschrift lautet wie folgt:

"Das private Sicherheitsgewerbe hat in der Bundesrepublik Deutschland in den vergangenen Jahrzehnten verstärkt seine Dienste auf immer mehr Aufgabenfeldern angeboten und zu einem starken Wachstum in dieser Branche geführt. Ergänzend zu der kürzlich erlassenen gewerberechtlichen Verordnung über das Bewachungsgewerbe soll durch diese Vorschrift auch im Waffenrecht dem Umstand Rechnung getragen werden, daß im Bewachungsgewerbe zunehmend Bewachungspersonal mit Schußwaffen eingesetzt wird. Weitere Regelungen erscheinen gegenwärtig aber nicht geboten".

B. Stellungnahme

Vor dem Hintergrund der zunehmenden Ausrüstung von privaten Sicherheitsdiensten mit Schußwaffen[1016] ist es sinnvoll, neben den bereits im Waffengesetz bestehenden Regelungen etwa für Jäger und Sportschützen auch die Voraussetzungen gesetzlich festzulegen, unter denen Bewachungsunternehmer und deren Mitarbeiter Schußwaffen tragen dürfen[1017]. Bedenkt man, daß Jäger ihre Schußwaffen in der freien Landschaft und Sportschützen auf abgegrenzten Schießstätten einsetzen, Sicherheitskräfte dagegen oftmals (z.B. bei Geldtransporten oder im Personenschutz[1018]) Schußwaffen in der Öffentlichkeit führen, wird der hier bestehende Regelungsbedarf ohne weiteres deutlich. Aufgrund der unterschiedlichen Ausgangslage zwischen der Bewaffnung eines Normalbürgers und der einer beruflich tätigen Wachperson, ist es - wie im Entwurf vorgesehen - folgerichtig, zwischen den Voraussetzungen für den privaten Schutzbedarf (§ 16) und dem beruflich bedingtem Bedarf eines Bewachungsunternehmers (§ 15) zu differenzieren[1019]. Daß nach dem Entwurf an die Bewaffnung von Wachpersonen höhere Anforderungen gestellt werden als beim privaten

---

[1016] Vgl. hierzu die Ausführungen in der Einleitung.
[1017] Ebenso Schenkelberg, in: Protokoll Nr.56, S.62.
[1018] Vgl. Teil 4, D.V.2.a)dd) und Teil 4, D.V.2.c)cc).
[1019] Auch in § 9 des Entwurfes, der die allgemeinen Grundsätze zur Bedürfnisprüfung aufstellt, sind Bewachungsunternehmer ausdrücklich genannt.

Schutzbedarf, wird daran deutlich, daß die Wachtätigkeit eine Bewaffnung unter Berücksichtigung der Belange der öffentlichen Sicherheit "zwingend erfordern" muß, während bei gefährdeten Privatpersonen nach wie vor nur vorausgesetzt wird, daß der Erwerb der Schußwaffe geeignet ist, die Gefährdung zu mindern. Die bisherige Praxis, das waffenrechtliche Bedürfnis von privaten Sicherheitsdiensten anhand der in § 32 Abs.1 Nr.3 festgelegten Kriterien zu überprüfen, berücksichtigt dagegen nicht ausreichend, daß diese Regelung überwiegend auf die Situation des Normalbürgers zugeschnitten ist. Das Waffengesetz gibt insbesondere keine klaren gesetzlichen Vorgaben dafür, wann bei einem Bewachungsunternehmer ein waffenrechtliches Bedürfnis vorliegt und in welcher Form er Tatsachen vorbringen muß, die ein entsprechendes Bedürfnis belegen. Man behilft sich daher zur Zeit mit einer Gesetzesauslegung[1020], bei der die Erteilung beruflich bedingter WBK und WS seitens der Behörden entsprechend unterschiedlich gehandhabt wird[1021]. Auch in der neuen Bewachungsverordnung ist die Frage, unter welchen Bedingungen private Sicherheitsunternehmen überhaupt Schußwaffen tragen dürfen, nicht geregelt. Schon aus Gründen der Klarstellung und einer einheitlichen Verwaltungspraxis wäre die Normierung der von privaten Sicherheitsdiensten für die Bewaffnung ihrer Mitarbeiter zu erfüllenden Voraussetzungen erforderlich.

Soweit § 15 darauf abstellt, daß das Bewachungsunternehmen auf Dauer angelegt sein muß, berücksichtigt dies unter anderem die relativ hohe Insolvenz- und Abmeldequote[1022] in dieser Branche. Es sollen demnach nur den Unternehmen der Zugang zu Schußwaffen ermöglicht werden, die eine gewisse "Dauerhaftigkeit" und "Seriösität" aufweisen, also die Tätigkeit mit der erforderlichen Ernsthaftigkeit und Sachkunde ausüben[1023]. In Hinblick auf die sicherheitsrechtliche Ausrichtung des Waffengesetzes erscheint es notwendig, auch diesen Gesichtspunkt bei der Bewaffnung von privaten Sicherheitsdiensten zu berücksichtigen.

[1020] Schenkelberg, in: Protokoll Nr.56, S.62.

[1021] Scholzen, DWJ 1995, 90 (91); Stüllenberg/Fox, Personenschutz, S.122.

[1022] Zu den genauen Zahlen beispielsweise für Sachsen, vgl. die große Anfrage der CDU-Fraktion, Sächsicher Landtag, Drucksache 2/5549, S.5531 und die Antwort des Sächsischen Staatsministeriums für Wirtschaft und Arbeit, S.5f und für Berlin, Abgeordnetenhaus von Berlin, Drucksache 13/854, S.1266.

[1023] Zu diesen Kriterien vgl. VG Darmstadt, GewArch 1982, 37 (39).

Was den Nachweis von konkreten Bewachungsaufträgen anbetrifft, orientiert sich der Entwurf weitgehend an den von der Rechtsprechung und Literatur aufgestellten Kriterien[1024]. Gleichwohl ist es mit Rücksicht auf eine einheitliche Verwaltungspraxis sinnvoll, diese Kriterien gesetzlich festzuschreiben, insbesondere wie zu verfahren ist, wenn entsprechende Aufträge nicht nachgewiesen werden. In Anbetracht der mit dem Führen von Schußwaffen verbundenen erhöhten Gefahren erscheint auch die diesbezüglich in § 15 Abs.2 Satz 1 und 2 vorgenommene Differenzierung zwischen der Erteilung einer WBK und eines WS als angemessen.
Schließlich wird in § 15 Abs.3 Satz 4 zwingend festgeschrieben, daß der Zeitraum der Überlassung und die überlassenen Waffen und Munition in einem Waffenbuch nachzuweisen sind. Bislang besteht nur die Möglichkeit, dem Erlaubnisinhaber eine Auflage nach § 35 Abs.2 Satz 3 zu erteilen, das Überlassen der Waffe innerhalb des Betriebes nach Zeit und Person schriftlich festzuhalten.

Abschließend ist festzustellen, daß es in Anbetracht des zunehmenden Einsatzes von bewaffnetem Bewachungspersonals und dem dadurch hervorgerufenen Anstieg waffenrechtlicher Erlaubnisverfahren empfehlenswert ist, gesetzlich festzulegen, unter welchen Voraussetzungen private Sicherheitsdienste in den Besitz von Schußwaffen gelangen können[1025]. Eine entsprechende Regelung würde dazu beitragen, der Behörde eine einfachere und schnellere Bearbeitung waffenrechtlicher Erlaubnisanträge zu ermöglichen und dem einzelnen Bewachungsunternehmer die Prüfung zu erleichtern, unter welchen Bedingungen die Bewaffnung seiner Mitarbeiter möglich ist.

[1024] Vgl. BayVGH, GewArch 1989, 37 (38) und GewArch 1988, 394 (395); VG Darmstadt, GewArch 1982, 37 (38), Scholzen, DWJ 1995, 90 (91).

[1025] Auch Schenkelberg, in: Protokoll Nr.56, S.62, sieht hier Handlungsbedarf des Gesetzgebers. Auch der Bremer Senat, Drucks.14/617, S.3 würde es begrüßen, wenn die waffenrechtlichen Bestimmungen im Hinblick auf private Sicherheitsdienste präzisiert würden. Keinen Handlungsbedarf sieht dagegen Schnekenburger, Rechtsstellung und Aufgaben des Privaten Sicherheitsgewerbes, S.262f.

Thesen

1. Private Sicherheitsdienste setzen zunehmend mit Schußwaffen ausgerüstetes Wachpersonal ein. Mangels einer (einheitlichen) Registrierung ist allerdings weder die Gesamtzahl der den privaten Sicherheitsdiensten bundesweit tatsächlich zur Verfügung stehenden Schußwaffen bzw. der an sie erteilten WBK und WS bekannt, noch gibt es repräsentative Erkenntnisse über den Mißbrauch von Schußwaffen in dieser Berufsgruppe.

2. Für bauartzugelassene Schreckschußpistolen bzw. -revolver und Gaspistolen bzw. -revolver, Gummiknüppel, Schlagstöcke, Ochsenziemer, Elektro-Kontaktgeräte und allgemein verkäufliche Reizstoff-Sprühgeräte benötigen private Sicherheitsdienste grundsätzlich keine waffenrechtliche Erlaubnis. Bei öffentlichen Veranstaltungen ist ihnen das Führen von erlaubnisfreien Schußwaffen und Hieb- oder Stoßwaffen allerdings nur erlaubt, wenn sie über eine Sondererlaubnis gemäß § 39 Abs.2 verfügen. Unabhängig von den waffenrechtlichen Vorschriften ist nach § 19 Abs.4 der Unfallverhütungsvorschrift Wach- und Sicherungsdienste (VGB 68) das Bereithalten und Führen von Schreck- oder Gas-Schußwaffen bei der Durchführung von Wach- Sicherungsaufgaben unzulässig.

3. Das Reizstoff-Sprühgerät "Chemical-Mace", vollautomatische Gewehre, Maschinenpistolen, Stahlruten, Totschläger und Schlagringe unterfallen dem Verbot des § 37 Abs.1 Satz 1 und sind damit für private Sicherheitsdienste praktisch nicht zu erlangen. Ebenso scheidet eine Bewaffnung mit sogenannten Vorderschaft-Repetierflinten aus.

4. Zum Tragen sonstiger "scharfer" Schußwaffen (Pistolen und Revolver) benötigen private Sicherheitsdienste grundsätzlich eine WBK oder einen WS. Beim Führen von Schußwaffen bei öffentlichen Veranstaltungen ist darüber hinaus eine Sondererlaubnis nach § 39 Abs.2 erforderlich. In der Praxis verfügt regelmäßig nur der Inhaber bzw. der Geschäftsführer des Bewachungsunternehmens über eine WBK oder einen WS, während für das Wachpersonal bestimmte Ausnahmeregelungen gelten. Soll die Wachperson die Schußwaffe lediglich innerhalb des bewachten befriedeten Besitztums

tragen, ist hierzu nach §§ 28 Abs.4 Nr.5, 35 Abs.4 Nr.2 b) weder eine WBK noch ein WS erforderlich. § 13 Abs.1 Satz 2 BewachVO schreibt allerdings vor, daß der Unternehmer die Schußwaffe einer Wachperson auch in diesem Fall nur überlassen darf, wenn die Waffenrechtsbehörde vorher bestätigt hat, daß die Person die für den Erwerb der Schußwaffe erforderliche Zuverlässigkeit, Sachkunde und körperliche Eignung aufweist.

5. Von großer praktischer Bedeutung für die Bewaffnung privater Sicherheitsdienste ist der sogenannte WS für Unternehmen nach § 35 Abs.3. Dieser ermöglicht es dem Bewachungsunternehmer, den Geltungsbereich eines auf ihn ausgestellten WS auf namentlich benannte Wachpersonen zu erweitern, die vorher von der Behörde auf ihre Zuverlässigkeit, Sachkunde und körperliche Eignung überprüft werden. Die Regelung des § 35 Abs.3 trägt zur Verwaltungsvereinfachung bei und stellt bei Ausschöpfung der gesetzlich vorgesehenen Überwachungs- und Sanktionsmöglichkeiten keine Gefahr für die öffentliche Sicherheit dar. Bei Verstößen gegen die aus § 35 Abs.3 resultierenden Pflichten riskiert der Gewerbetreibende vor allem den Verlust seiner waffenrechtlichen und gewerberechtlichen Erlaubnis.

6. Der Zugang privater Sicherheitsdienste zum Erwerb, Besitz und Führen von Schußwaffen hängt mitentscheidend vom Vorliegen der erforderlichen Zuverlässigkeit ab. Insbesondere eine ehemalige Tätigkeit für das Ministerium für Staatssicherheit, bestimmte strafrechtliche Verurteilungen und Verstöße gegen waffenrechtliche Auflagen und inhaltliche Beschränkungen können die Unzuverlässigkeit eines Bewachungsunternehmers bzw. einer Wachperson im Sinne von § 5 begründen.

7. Die Zuverlässigkeit eines WBK-Inhabers wird nach § 30 Abs.4 mindestens nach Ablauf von fünf Jahren, die eines WS-Inhabers mindestens nach 3 Jahren erneut überprüft. Hingegen schreibt § 13 Abs.1 Satz 2 BewachVO für diejenigen Wachpersonen, die Schußwaffen im Auftrag des Unternehmers innerhalb eines befriedeten Besitztums tragen (und hierfür nach §§ 28 Abs.4 Nr.5, 35 Abs.4 Nr.2 b) weder eine WBK noch einen WS benötigen) nur eine einmalige Prüfung der erforderlichen Zuverlässigkeit vor. Vor dem Hintergrund, daß vorrangig die waffenrechtliche Zuverlässigkeit des Personals und nicht die des Unternehmers Probleme aufwirft, sollte für diesen Fall dringend eine Wiederholung der Zuverlässigkeitsprüfung gesetzlich festgeschrieben werden.

8. Als Bedürfnisgrund im Sinne des Waffengesetzes kommt für private Sicherheitsdienste nur der sogenannte Schutzbedarf nach § 32 Abs.1 Nr.3 in Betracht. Zwar sind Angestellte von Bewachungsunternehmen in der Aufzählung der Nr.32.3.5.2 WaffVwV als Personen erwähnt, bei denen unter bestimmten Umständen eine Gefährdung im Sinne von § 32 Abs.1 Nr.3 vorliegen kann. Die Zugehörigkeit zu einer bestimmten Berufsgruppe entbindet jedoch nicht von der Notwendigkeit, eine individuelle, auf die konkrete Tätigkeit des Antragstellers bezogene Bedürfnisprüfung durchzuführen. Der Umstand, daß jemand ein Bewachungsgewerbe i.S.v. § 34a GewO betreibt oder als Wachpersonal in einem solchen Unternehmen beschäftigt ist, setzt keinen "waffenrechtlichen Automatismus" in Gang.

9. Zur Glaubhaftmachung der Tatsachen, die ein Bedürfnis begründen können, muß der Bewachungsunternehmer konkrete Bewachungsaufträge vorlegen, anhand derer die Behörde das Bestehen einer besonderen Gefährdung überprüfen kann.
Im Zuge der Bedürfnisprüfung kann privaten Sicherheitsdiensten grundsätzlich nicht entgegengehalten werden, daß sie zur Gefahrminderung auf die Durchführung besonders gefährlicher Aufträge verzichten könnten. Es entspricht der Zielsetzung des Waffengesetzes, Tätigkeiten, bei denen in erhöhtem Maße die Gefahr von Überfällen besteht, nicht durch Privatpersonen ausführen zu lassen, sondern sie professionellen Unternehmen zu übertragen.

10. Ein Bedürfnis im Sinne von § 32 Abs.1 Nr.3 kann sich insbesondere bei der Durchführung von Geld-, Schußwaffen- und Munitionstransporten, für die Bewachung von militärischen Anlagen, Rüstungsbetrieben und Kernkraftwerken und zum Schutz besonders gefährdeter Personen ergeben.

11. Grundsätzlich beinhaltet ein nachgewiesenes Bedürfnis zum Erwerb von Schußwaffen nicht zugleich auch einen Bedürfnisnachweis für die Erteilung eines WS. Aufgrund der mit dem Führen von Schußwaffen verbundenen Gefahren ist hierbei ein strenger Maßstab anzulegen. Besteht ein Bedürfnis zum Führen von Schußwaffen, ist der Geltungsbereich des WS unter Rückgriff auf § 35 Abs.2 Satz 2 auf Schutztätigkeiten mit erhöhter Überfallgefahr oder räumlich auf bestimmte, zu bewachende Objekte zu beschränken.

12. Im Rahmen der Bedürfnisprüfung ist auch die Frage nach Art und Zahl der erforderlichen Schußwaffen zu klären. Für die meisten Wachaufgaben genügt eine Bewaffnung mit Revolvern oder Pistolen.

13. Wie bei "normalen" Schußwaffenträgern beschränkt sich der nach §§ 30 Abs.1 Satz 1 Nr.2, 31 Abs.1 gesetzlich vorgeschriebene Sachkundenachweis auch bei Wachpersonen auf technische und rechtliche Kenntnisse. Bei einem berufsmäßigen Umgang mit Schußwaffen ist es jedoch unerläßlich, auch Schießfertigkeiten in den Sachkundenachweis einzubeziehen. Hierzu müßte für diese Personengruppe de lege ferenda im Waffenrecht eine Pflicht zur regelmäßigen Teilnahme an Ausbildungsschießen und ein Nachweis ausreichender Mindestschießleistungen eingeführt werden.
Solange es im Waffenrecht an einem Nachweis der Schießfertigkeit fehlt, sollte Mitarbeitern von privaten Sicherheitsdiensten mittels Auflage nach den §§ 28 Abs.1 Satz 5, 35 Abs.2 Satz 3 vorgeschrieben werden, regelmäßig an Ausbildungsschießen teilzunehmen und ausreichende Schießleistungen nachzuweisen.

14. Das Vorliegen eines Versagungsgrundes nach den §§ 30 Abs.1 Satz 1, 36 Abs.1 steht der Erteilung einer WBK oder eines WS an private Sicherheitsdienste zwingend entgegen. Ist hingegen kein Versagungsgrund einschlägig, hat der Bewachungsunternehmer bzw. dessen Mitarbeiter einen Rechtsanspruch auf Erteilung der entsprechenden waffenrechtlichen Erlaubnis.

Literaturverzeichnis

Ambacher, Josef/Kohlheim Jürgen: Das Trauerspiel um ein neues Waffengesetz in drei Akten, Caliber Nr.6/1998, S.56f.

Apel, Erich: Waffenrecht, Kommentar, 2. Aufl., Köln 1977 (zitiert: Apel, WaffR).
- Die Gaspistole: eine Schußwaffe? - Erwiderung auf Gröschner in Gewerbearchiv 1984, S.372ff. -, GewArch 1985, S. 295ff.
- Urteilsanmerkung, GewArch 1989, S.70ff.

Apel, Erich/Keusgen, Andreas: Sprengstoffgesetz (Kommentar), Bd.2, 2. Aufl., Stand: Januar 1994, Berlin, Bonn, München (zitiert: Apel/Keusgen, Sprengstoffgesetz).

Baak, Walter (Hrsg.): Werkschutzhandbuch für Ausbildung und Praxis, Köln 1975; zitiert: Bearbeiter in: Werkschutzhandbuch.

Bärlin, Gustav: Lobenswert - Anhörung in Bonn: Sachliche Atmosphäre, DWJ 1996, S.902ff.

Battis, Ulrich: Allgemeines Verwaltungsrecht, 2. Aufl., Heidelberg 1997 (zitiert: Battis, Allgemeines Verwaltungsrecht).

Bauer, Günther: Die Taktik des Werttransporträubers, W+S 1981, S.180ff.

Bauer, Günther/Haase, Karl H.: Werkschutz und Betriebssicherheit, 2. Aufl., Lübeck 1980 (zitiert: Bauer/Haase, Werkschutz).

Bayerischer Landtag: Protokoll zur 64. Sitzung des Ausschusses für Kommunale Fragen und Innere Sicherheit vom 04. Dezember 1996, Antrag der Abgeordneten Dr. Fleischer, Rieger und Fraktion BÜNDNIS 90/DIE GRÜNEN : Kein Sammelwaffenschein für Wachpersonal (Drs.13/6095) (zitiert: Berichterstatter, in: Protokoll Nr.64).

Beinhofer, Paul: Brauchen wir ein Gesetz über private Sicherheitsdienste? – Zur gegenwärtigen Diskussion um den rechtlichen Standort des Bewachungsgewerbes -, BayVBl.1997, S. 481ff.

Belling, Detlev W.: Die Entziehung des Jagdscheins wegen Steuervergehens: Zur Novellierung des Bundesjagdgesetzes, NJW 1991, S.280.

Bettermann, Karl August/Nipperdey, Hans Carl/Scheuner, Ulrich (Hrsg.): Die Grundrechte - Handbuch der Theorie und Praxis der Grundrechte, Dritter Band, 1. Halbband, Berlin 1958 (zitiert: Bearbeiter, in: Bettermann/Nipperdey/Scheuner, Die Grundrechte, Band III/1).

Bonner Kommentar: Kommentar zum Bonner Grundgesetz, Gesamtherausgeber Rudolf Dolzer, 3. Ordner: Art. 15-19, Stand: 71. Ergänzungslieferung Heidelberg Oktober 1993 (zitiert: Bearbeiter, in: BK)

Brauer, Jürgen: Die strafrechtliche Behandlung genehmigungsfähigen, aber nicht genehmigten Verhaltens, Berlin 1988 (zitiert: Brauer, Die strafrechtliche Behandlung genehmigungsfähigen, aber nicht genehmigten Verhaltens).

Breuer, Rüdiger: Legislative und administrative Prognoseentscheidungen, Der Staat Nr.16/1977, S.21ff.

Bueß Peter: Private Sicherheitsdienste - Zur Tätigkeit freier Unternehmer auf dem Gebiet der öffentlichen Sicherheit und Ordnung, Stuttgart; München; Hannover; Berlin; Weimar; Dresden 1997 (zitiert: Bueß, Private Sicherheitsdienste).

Bund-/Länder-Arbeitsgruppe: Entwurf zur Novellierung des Waffengesetzes, auszugsweise veröffentlicht in: DWJ 1996, S.786f.

Bundesministerium des Innern: Bericht an den Innenausschuß und den Haushaltsausschuß des Deutschen Bundestages zur privaten Wahrnehmung von Wach- und Sicherheitsaufgaben vom 30. April 1982, abgedruckt in: Innere Sicherheit, Nr.64/1982, S.28ff. (zitiert: Bericht

BMI I, in: Innere Sicherheit, Nr.64/1982).
- Fortschreibung 1986, abgedruckt in: W+S Information 1986, S.91ff. (zitiert: BMI II, in: W+S Information 1986).
- Erster vorläufiger Entwurf zu einer strukturellen Neuordnung des Waffenrechts vom 20. Mai 1997, veröffentlicht im Internet unter: http://www.caliber.de.

Burchard, Friedrich von: Das Umgehungsgeschäft beim Waffenexport in Drittländer aus strafrechtlicher Sicht, Frankfurt am Main; Bern; New York; Paris 1987 (zitiert: v. Burchard, Das Umgehungsgeschäft).

Császár, Franz: Waffenrecht und Schußwaffenkriminalität, DWJ 1995, S. 556.

Dammert, Bruno: Wann soll das Bewachungspersonal bewaffnet werden? Wie aktuell sind bewaffnete Dienste?, WS 1979, S.125ff.

Deutscher Bundestag: Protokoll zur 56. Sitzung des Innenausschusses vom 10. März 1997, öffentliche Anhörung von Sachverständigen zu dem Antrag der Fraktion der SPD Private Sicherheitsdienste Drucksache 13/3432 (zitiert: Sachverständiger, in: Protokoll Nr.56).

Dicke, W.: Strenges Gesetz reduziert Straftaten, Deutsche Polizei, Nr.2/1994, S.19f.
- Wir haben die Lösung - sie paßt nur nicht zum Problem, Deutsche Polizei, Nr.11/1997, S.12ff.

Diederichs, Otto: Sicherheit ist Kapital - Private Sicherheitsdienste in Zahlen und Fakten, Bürgerrechte & Polizei, Nr.3/1992, S.24ff.

Dobler, Ernst Ulrich: Schußwaffen und Schußwaffenkriminalität in der Bundesrepublik Deutschland (ohne Berücksichtigung der neuen Länder): psychosoziologische und kriminologisch-kriminalistische Aspekte, Frankfurt am Main; Berlin; Bern; New York; Paris; Wien 1993 (zitiert: Dobler, Schußwaffen und Schußwaffenkriminalität).

Dörflinger, Ernst: Handbuch des Waffenrechts in Wort und Bild, Stuttgart, Berlin, Köln, Mainz 1987 (zitiert: Dörflinger, Handbuch des Waffenrechts).

Drews, Bill/Wacke Gerhard/Vogel, Klaus/Martens, Wolfgang: Gefahrenabwehr Allgemeines Polizeirecht des Bundes und der Länder, 9. Aufl., Berlin, Bonn, München 1986 (zitiert: Drews/Wacke/Vogel/Martens, Gefahrenabwehr).

Ehlers, Dirk: Der Schutz wirtschaftlicher Unternehmen vor terroristischen Anschlägen, Spionage und Sabotage, in: Festschrift für Rudolf Lukes, herausgegeben von Herbert Lessmann u.a., Köln, Berlin, Bonn, München 1989 (zitiert: Ehlers in: Festschrift für Lukes).

Ehmke, Willi: Waffen und Waffenrecht, Texte - Kommentar - Bilddokumentation, 2. Aufl., Köln, Berlin, Bonn, München 1979 (zitiert: Ehmke, Waffen und WaffR).

Epping, Volker: Grundgesetz und Kriegswaffenkontrolle: Erfüllung des Verfassungsauftrages durch den einfachen Gesetzgeber?; Verfassungsanspruch und Rechtswirklichkeit, Berlin 1993 (zitiert: Epping, Grundgesetz und Kriegswaffenkontrolle).

Erichsen, Hans-Uwe(Hrsg.): Allgemeines Verwaltungsrecht, 10. Aufl., Berlin, New York 1995 (zitiert: Bearbeiter, in: Erichsen, Allgemeines Verwaltungsrecht).

Eyermann, Erich/Fröhler, Ludwig: Verwaltungsgerichtsordnung, Kommentar, 9.Aufl.,München 1988 (zitiert: Eyermann/Fröhler, VwGO).

Faber, Heiko: Verwaltungsrecht, 4.Aufl., Tübingen 1995 (zitiert: Faber, Verwaltungsrecht).

Frank, Gerhard: Waffengesetz, München 1973 (zitiert: Frank, Waffengesetz).

Friauf, Karl Heinrich (Hrsg.): Kommentar zur Gewerbeordnung - GewO, Gewerberechtlicher Teil, Stand: 143. Ergänzungslieferung Dezember 1996, Neuwied (zitiert: Bearbeiter, in: Friauf, GewO). - Das Verbot mit Erlaubnisvorbehalt, JuS 1962, S.422ff.

Fröhler, Ludwig/Kormann, Joachim: Kommentar zur Gewerbeordnung, Heidelberg 1978 (zitiert: Fröhler/Kormann, GewO).

Gaisbauer, Georg: Die Zuverlässigkeitsprüfung nach dem neuen Waffenrecht, GewArch 1972, S.317ff.

Gehrmann, Ludwig: Waffenrechtliche Zuverlässigkeit im Wandel der Rechtsauffassungen, GewArch 1991, S.201ff.

Giemulla, Elmar/Jaworsky, Nikolaus/Müller-Uri, Rolf: Verwaltungsrecht, 6. Aufl., Köln, Berlin, Bonn, München 1998 (zitiert: Giemulla/Jaworsky/Müller-Uri, Verwaltungsrecht).

Glavic, Jürgen J. (Hrsg.): Handbuch des privaten Sicherheitsgewerbes, Stuttgart, München, Hannover, Berlin, Weimar, Dresden 1995 (zitiert: Bearbeiter, in: Handbuch).- Sicherheitsunternehmen als zuverlässiger Partner der Polizei, Die Polizei Nr.2/1994, S.36ff.

Götz, Volkmar: Allgemeines Polizei- und Ordnungsrecht, 12. Aufl. Göttingen 1995 (zitiert: Götz, Polizeirecht).

Gromitsaris, Athanasios: Die Unterscheidung zwischen präventivem Verbot mit Erlaubnisvorbehalt und repressivem Verbot mit Befreiungsvorbehalt, DÖV 1997, S.401ff.

Gusy, Christoph: Polizeirecht, 4. Aufl., Tübingen 2000 (zitiert: Gusy, Polizeirecht).
- Verbot mit Erlaubnisvorbehalt - Verbot mit Dispensvorbehalt, JA 1981, S.80ff.
- Vom Polizeirecht zum Sicherheitsrecht, Staatswissenschaften und Staatspraxis 5 (1994), S.187ff.

Hammacher, Norbert: Der betriebliche Werkschutz, W+S 1980, S.387ff.

Haurand, Günter/Vahle, Jürgen: Die gewerbliche Aufsicht über Detekteien und Bewachungsunternehmen, DVP 1994, S.58ff.

Häußler, Ulf: Zum Entzug der Waffenbesitzkarte wegen einer Verurteilung gemäß § 142StGB, BayVBl. 1998, S.73ff.

Heinrich, Herbert: Zuverlässigkeit im Waffenrecht, GewArch 1989, S.313ff.

Helmers, Josef/Murck, Manfred: Staatliche Schutzpflicht und privates Sicherheitsgewerbe - Gesellschafts- und rechtspolitische Überlegungen, Die Polizei Nr.2/1994, S.64ff.

Henke, Wilhelm: System und Institute des öffentlichen Rechts der Wirtschaft, DVBl. 1983, S.982ff.

Hennig, Rolf: Die Waffensachkundeprüfung in Frage und Antwort für Sportschützen, Waffenscheinbewerber, Sicherheitsunternehmen, Freizeitkapitäne, Waffensammler, 17. Aufl., München, Wien, Zürich 1997 (zitiert: Hennig, Waffensachkundeprüfung).

Hinze, Rolf: Waffenrecht, Ergänzungsband 1 und 2, Wiesbaden, Stand: 35 Ergänzungslieferung April 1995 (zitiert: Hinze, WaffR).
- Urteilsanmerkung, NPA 1986, 893 Waffengesetz, § 32 Bl. 26f.
- Beurteilung der Zuverlässigkeit, DVBl.1987, S.1190ff.
- Das "Bedürfnis" im Ordnungsrecht, 2. Teil, BM 1989, S.184ff.
- Geeignetheit einer Waffe für Schutzzwecke, BM 1989, S.281ff.
- Geeignet?, DWJ 1989, S.1032ff.

Hoche, Werner: Schußwaffengesetz. Das Gesetz über Schußwaffen und Munition nebst der Ausführungsverordnung des Reichs, den Ausführungsvorschriften der Länder und den einschlägigen Vorschriften, 3. Aufl., Berlin 1931 (zitiert: Hoche, Schußwaffengesetz).

Hofmann, Harald: Allgemeines Verwaltungsrecht, 6. Aufl., Köln 1994 (zitiert: Harald Hofmann, Allgemeines Verwaltungsrecht).

Honigl, Rainer: Tätigwerden von Privaten auf dem Gebiet der öffentlichen Sicherheit und Ordnung, Stuttgart, München, Hannover 1985 (zitiert: Honigl, Tätigwerden von Privaten).

Hornmann, Gerhard: Hessisches Gesetz über die öffentliche Sicherheit und Ordnung, München 1997 (zitiert: Hornmann, HSOG).

Hübner, Siegfried F.: Lernen, wann man schießt. Welche Waffen für Werkschutz undprivates Sicherungsgewerbe?, W+S 1980, S.274ff.

Janssen, Fritz: Zwischenbilanz zu § 35 der Gewerbeordnung, GewArch 1969, S.1ff.

Jany, Heinrich: Der Geld- und Werttransport im Wandel der Jahre, DSD 1/97, S.17ff.

Kaiser, Wieland: Mehr Sicherheit im Geld- und Werttransport!, DSD 3/1997, S.21f.

Karnop, Stefan/Sanetra, Rolf: Die Zuverlässigkeitsprüfung in waffenrechtlichen Erlaubnisverfahren - Funktionsträgerschaft als Unzuverlässigkeitsindikator?, KommunalPraxis MO Nr.3/1993, S.51ff.

Kienzle, Werner: Die Gewerbeuntersagung nach der Neufassung des § 35 der Gewerbeordnung, GewArch 1974, S.253ff.

Kloepfer, Michael: Umweltrecht, 2. Aufl., München 1998 (zitiert: Kloepfer, Umweltrecht).

Kluth, Winfried: Zur Bestimmung der jagd- und waffenrechtlichen Zuverlässigkeit beiTrunkenheitsdelikten, DVBl. 1990, S.241ff.

Knaus, Gerhard: Die gewerberechtliche Unzuverlässigkeit bei Verstößen gegen zivilrechtliche Normen, München 1981 (zitiert: Knaus, Die gewerberechtliche Unzuverlässigkeit bei Verstößen gegen zivilrechtliche Normen).

Kopp, Ferdinand O.: Verwaltungsgerichtsordnung, 10. Aufl., München 1994 (zitiert: Kopp, VwGO).
- Verwaltungsverfahrensgesetz, 6. Aufl., München 1996 (zitiert: Kopp, VwVfG).

Kropac-Krymlau, Bertram: Die Bewaffnung von Sicherheitsdiensten, PROTECTOR Nr.3/1997, S.36ff.

Krüger, Ralf: Zweifelsfragen zu den Strafbestimmungen des Waffengesetzes, Kriminalistik 1968, S.410ff.

Kurth, Ulrich/Lehle, Friederike/Lehmann Herbert: Aktuelles Waffenrecht, Kommentar in drei Bänden, Stand: 27. Ergänzungslieferung (zitiert: Kurth/Lehle/Lehmann, Aktuelles WaffR).

Kusch, Ernst-Günther: Geldtransport: nicht nur Beförderung, sondern sichere Verbringung, W+S 1982, S.362ff.

Landeskriminalamt Nordrhein-Westfalen: Sonderauswertung "Raubüberfälle auf Geld- und Werttransporte", W+S 1987, S.68.

Landmann, Robert von/Rohmer, Gustav (Begründer): Gewerbeordnung und ergänzende Vorschriften, bearbeitet von Peter Marcks, Dirk Neumann u.a., Bd.I (Gewerbeordnung – Kommentar), 36. Ergänzungslieferung, München, Juni 1998 (zitiert: Bearbeiter in: Landmann/Rohmer, GewO I); Bd. II (Ergänzende Vorschriften), München, Juni 1998 (zitiert: Bearbeiter in: Landmann/Rohmer, GewO II).

Lang, Matthias K.: Die Zuverlässigkeit von Personen- und Kapitalgesellschaften im Umweltrecht: dargestellt unter besonderer Berücksichtigung der Entstehungsgeschichte und des Regelungsgehalts von § 35 Gewerbeordnung, Berlin 1997 (zitiert: Lang, Die Zuverlässigkeit von Personen- und Kapitalgesellschaften im Umweltrecht).

Larenz, Karl: Methodenlehre der Rechtswissenschaft, 6.Aufl., Heidelberg, Berlin, New York 1991 (zitiert: Larenz, Methodenlehre).

Laubinger, Hans-Werner: Die gewerberechtliche Unzuverlässigkeit und ihre Folgen, Teil 1, VerwArch 1998, S.145ff.

Lorenz, Dieter: Die öffentliche Sache als Instrument des Umweltschutzes, NVwZ 1989, S.812ff.

Mahlberg, Lothar: Gefahrenabwehr durch gewerbliche Sicherheitsunternehmen, Berlin 1988 (zitiert: Mahlberg, Gefahrenabwehr durch gewerbliche Sicherheitsunternehmen).

Marcks, Peter: Neuerungen im Bewachungsgewerberecht, GewArch 1996, S.133ff.

Marschwewski/Stadler: Presseinformation vom 21. März 1997 zur neuen Waffenrechtsnovelle, veröffentlicht in: DWJ 1997, S.102.

Maunz, Theodor/Dürig, Günter: Grundgesetz, Band II (Art. 12a-37), Stand: 32. Ergänzungslieferung, München 1996 (zitiert: Bearbeiter in: Maunz/Dürig, GG).

Maurer, Hartmut: Allgemeines Verwaltungsrecht, 11. Aufl., München 1997 (zitiert: Maurer, Allgemeines Verwaltungsrecht).

Metzner, Richard: Gaststättengesetz, Kommentar, 5. Aufl., München 1995 (zitiert: Metzner, GaststättenG). Die Rechtsprechung zur Gewerbeuntersagung nach § 35 GewO und zum Spielrecht nach §§ 33c ff. GewO, WiVerw 1981, S.43ff.

Meyer, Werner: Die neuere waffenrechtliche Rechtsprechung des Bundesverwaltungsgerichts, GewArch 1998, S.89ff.

Michel, Elmar/Kienzle, Werner: Gaststättengesetz, Kommentar, 12. Aufl., Köln, Berlin, Bonn, München 1995 (zitiert: Michel/Kienzle, GaststättenG).

Mrozek, Werner: Immer wieder Insidertips, W+S 1986, S.516ff.

Müller-Glöge, Rudi: Die verwaltungsgerichtliche Kontrolle administrativer Immissionsprognosen, Göttingen 1982 (zitiert: Müller-Glöge, Die verwaltungsgerichtliche Kontrolle administrativer Immissionsprognosen).

Mussgnug, Reinhard, Der Dispens von gesetzlichen Vorschriften, Heidelberg 1964 (Mussgnug, Der Dispens).

Neuhardt, Peter: Ausstattung und Einsatz von Schußwaffen im Werkschutz, W+S 1985, 37ff.

Neumann, Gabriele: Die Zusammenarbeit der Kriminalpolizei mit Auskunfteien und Detekteien, Lübeck 1980 (zitiert: Neumann, Die Zusammenarbeit der Kriminalpolizei mit Auskunfteien und Detekteien).

Nierhaus, Michael: Zur gerichtlichen Kontrolle von Prognoseentscheidungen der Verwaltung, DVBl. 1977, S.19ff.

Obermayer, Klaus: Kommentar zum Verwaltungsverfahrensgesetz, 2. Aufl., Neuwied 1990 (zitiert: Obermayer, VwVfG).

Olschok-Tautenhahn, Harald: Hearing im Innenausschuß: Stellungnahme des BDWS Hauptgeschäftsführers, DSD Nr.2/1997, S.6ff.

Peilert Andreas: Das Recht der Auskunftei- und Detekteigewerbes, Empirische Untersuchung, verfassungsrechtlicher Rahmen, rechtliche Befugnisse und gewerberechtlicher Novellierungsvorschlag, Berlin 1996 (zitiert: Peilert, Das Recht der Auskunftei- und Detekteigewerbes).
- Police Private Partnership, -Rechtliche Vorgaben und tatsächliche Möglichkeiten für das Zusammenwirken von Sicherheitsbehörden und Sicherheitsgewerbe, DVBl. 1999, S.282ff.

Pitschas, Rainer/Stober, Rolf (Hrsg.): Quo vadis Sicherheitsgewerberecht?, Köln; Berlin; Bonn; München 1998 (zitiert: Bearbeiter, in: Pitschas/Stober, Quo vadis Sicherheitsgewerberecht).

Pottmeyer, Klaus: Kriegswaffenkontrollgesetz (KWKG), Kommentar, 2. Aufl., Köln, Berlin, Bonn, München 1994 (zitiert: Pottmeyer, Kriegswaffenkontrollgesetz).

Ramsauer, Ulrich: Die Assessorprüfung im öffentlichen Recht, 4. Aufl., München 1997 (zitiert: Ramsauer, Die Assessorprüfung).

Reiber, Erich W.: Die Entwicklung des Deutschen Schußwaffenrechts zum 2. Bundeswaffengesetz in der Fassung vom 8. März 1976 und eine kriminalpolitische Kritik unter besonderer Berücksichtigung der Begriffe Erwerb, Besitz und Führen, Marburg 1981 (zitiert: Reiber, Schußwaffenrecht).

Roßnagel, Alexander: Radioaktiver Zerfall der Grundrechte?, München 1984 (zitiert: Roßnagel, Radioaktiver Zerfall der Grundrechte?).
- Zum Schutz kerntechnischer Anlagen gegen Angriffe von außen, ZRP 1983, S.59ff.

Rothschild, Markus A./Kahl, Lutz/Schneider, Volkmar: Freiverkäufliche Elektroschockgeräte, Kriminalistik 1996, S.428ff.

Rothschild, Markus A./Krause, Daniel M.: Schreckschußwaffen - eine unterschätztE Waffengattung, Archiv für Kriminologie 1996, S.65ff.

Sattler W./Wagner H.-J.: Tödliche Verletzungen durch projektillose Patronen, Kriminalistik 1986, S.485ff.

Schaeffer, Klaus: Der Begriff der Unzuverlässigkeit in § 35 Abs.1 GewO, WiVerw. Nr.2/1982, S.100ff.

Schäfer, Bernd: Versicherungen und Geld- und Werttransport, DSD 3/97, S.23ff.

Schenke, Wolf-Rüdiger: Verwaltung und Verwaltungsgerichtsbarkeit - Gedanken zu einem der Grundthemen des Wirtschaftsverwaltungsrechts, WiVerw 1988, S.145ff.

Schmidt-Aßmann, Eberhard (Hrsg.): Besonderes Verwaltungsrecht, 10. Aufl., Berlin; New York 1995 (zitiert: Bearbeiter in: Schmidt-Aßmann, Besonderes Verwaltungsrecht).

Schnekenburger, Franz: Rechtsstellung und Aufgaben des Privaten Sicherheitsgewerbes, Köln; Berlin; Bonn; München; 1999 (zitiert: Schnekenburger, Rechtsstellung und Aufgaben des Privaten Sicherheitsgewerbes).

Scholz, Rupert: Verwaltungsverantwortung und Verwaltungsgerichtsbarkeit, VVDStRL Heft 34 (1975), S.145ff.

Scholzen, Hans: Urteilsanmerkung, GewArch 1985, 397f.
- Unklarheiten und Rechtsprobleme beim Führen von Schußwaffen, BM 1989, S.62ff.-
- Kein Zusammenhang. Anzahl von Waffen = Indiz für Gewaltbereitschaft?, DWJ 1994, S. 556f.
- Zuverlässigkeit "Ost" - nur noch eine Frage der Zeit?, DWJ 1994, S.1364f.
- Fragliches Gewaltmonopol, DWJ 1995, S.90f.

Schriml, Gerd: Gefahrloser Transport von Geld und Wertgegenständen, WS 1979, S.142ff.

Schrötter, Gerhard: Waffen und Waffenrecht von A-Z, München 1981 (Schrötter, Waffen und WaffR).

Schulz, Walter: Aufklärung tut not!, DWJ 1994, S. 1306ff.

Schulze-Fielitz, Helmuth: Neue Kriterien für die verwaltungsgerichtliche Kontrolldichte bei der Anwendung unbestimmter Rechtsbegriffe, JZ 1993, S.772ff.

Schürer, Wolfram: Polizei und Waffenrecht, 4.Aufl., Stuttgart; München; Hannover 1981 (zitiert: Polizei und WaffR).

Schwabe, Jürgen: Das Verbot mit Erlaubnisvorbehalt, JuS 1973, S.133ff.

Seib, Herbert: Freie Jagd für Alkoholiker? - Zur Novellierung des Bundesjagdgesetzes -, JR 1991, S.231ff.

Seysen, Michael: Wahrnehmung polizeilicher Aufgaben durch private Sicherheitsdienste, KrimJournal, 4. Beiheft 1992, S.179ff.

Sieg, Harald/Leifermann, Werner/Tettinger, Peter J.: Gewerbeordnung, 5. Aufl., München 1988 (zitiert: Sieg/Leifermann/Tettinger, GewO).

Stacharowsky, Heiner: Private Sicherheitsdienste: Polizeiersatz im Wartestand?, KrimJournal 1985, S.228ff.

Stammel, H.J.: Defensivbewaffnung für gefährdete Personen, WS 1980, S.272ff.

Steffenhagen, Klaus: Das Verhältnis zwischen Polizei und privatem Sicherheitsgewerbe, DSD Nr.16/1995, S.18ff.

Steindorf, Joachim: Waffenrecht, 7. Aufl., München 1999 (zitiert: Steindorf, WaffR).
- Verbote und behördliche Gestattungen im deutschen Waffenstrafrecht, in: Festschrift für Hannskarl Salger zum Abschied aus dem Amt als Vizepräsident des Bundesgerichtshofes, herausgegeben von Albin Eser u.a. Köln 1995 (zitiert: Steindorf in: Festschrift für Salger 1995).

Steiner, Udo (Hrsg.): Besonderes Verwaltungsrecht, 5. Aufl., Heidelberg 1995 (zitiert: Bearbeiter in: Steiner, Besonderes Verwaltungsrecht).

Stelkens, Paul/Bonk, Heinz Joachim/Sachs, Michael: Verwaltungsverfahrensgesetz, 4.Aufl., München 1993 (zitiert: Bearbeiter in: Stelkens/Bonk/Sachs, VwVfG).

Stober, Rolf: Staatliches Gewaltmonopol und privates Sicherheitsgewerbe, NJW 1997, S.889ff.

Stübiger, Klaus: Schusswaffen verpflichten, PROTECTOR Nr.10/1997, S.34ff.

Stüllenberg, Klaus: Sollten private Sicherheitsdienste abrüsten?, Criminal Digest 1993, S.68ff.

Stüllenberg, Klaus/Fox, Dieter: Personenschutz: Arbeitshandbuch, 2. Aufl., Stuttgart; München; Hannover; Berlin; Weimar; Dresden 1997 (zitiert: Stüllenberg/Fox, Personenschutz)

Tettinger, Peter J.: Überlegungen zu einem administrativen "Prognosespielraum", DVBl.1982, S.421ff.

Ule, Carl Hermann: Verwaltungsprozeßrecht, 9. Aufl., München 1987 (zitiert: Ule, Verwaltungsprozeßrecht).

Wahl, Rainer: Risikobewertung der Exekutive und richterliche Kontrolldichte – Auswirkungen auf das Verwaltungs- und das gerichtliche Verfahren, NVwZ 1991, S.409ff.

Weichert, Thilo: Sechs Fragen zu privaten Sicherheitsdiensten, Datenschutz Nachrichten 2/1997, S.16ff.

Weiß, Rüdiger/Plate Monika (Hrsg.): Privatisierung von polizeilichen Aufgaben, Wiesbaden 1996 (zitiert: Bearbeiter in: Weiß/Plate, Privatisierung von polizeilichen Aufgaben).

Wilhelm, Bernhard: Grundsätze der Bedürfnisprüfung bei § 15 Waffengesetz, DÖV 1966, S.329ff.

Wolff, Hans J./Bachof, Otto/Stober, Rolf: Verwaltungsrecht I, 10. Aufl., München 1994 (zitiert: Wolff/Bachof/Stober, Verwaltungsrecht I).

Wolff, Wilfried: Allgemeines Verwaltungsrecht, 2. Aufl., Baden-Baden 1991 (zitiert: Wolff, Allgemeines Verwaltungsrecht).

Würtenberger, Thomas/Heckmann, Dirk/Riggert, Rainer: Polizeirecht in Baden Württemberg, 3. Aufl., Heidelberg 1997 (zitiert: Würtenberger/Heckmann/Riggert, Polizeirecht).

Zimmermann, Hans-Martin: Privates Sicherheitsgewerbe - Ausweg oder Fehlentwicklung?, Die Polizei Heft 2/1994, S.60ff.

FSC
www.fsc.org
MIX
Papier | Fördert
gute Waldnutzung
FSC® C083411

Kolibri 360 GmbH
Ferdinand-Jühlke-Straße 7
99095 Erfurt, Deutschland
produktsicherheit@kolibri360.de

Druck:
CPI Druckdienstleistungen GmbH
im Auftrag der
Kolibri 360 GmbH
Ferdinand-Jühlke-Str. 7
99095 Erfurt